文化全球化与高校英语跨文化教学

薛金梅　著

北方文艺出版社
哈尔滨

图书在版编目（CIP）数据

文化全球化与高校英语跨文化教学 / 薛金梅著 . --
哈尔滨 : 北方文艺出版社 , 2022.7
ISBN 978-7-5317-5652-1

Ⅰ . ①文... Ⅱ . ①薛... Ⅲ . ①英语 - 教学研究 - 高等
学校 Ⅳ . ① H319.3

中国版本图书馆 CIP 数据核字 (2022) 第 110420 号

文化全球化与高校英语跨文化教学
WENHUA QUANQIUHUA YU GAOXIAO YINGYU KUAWENHUA JIAOXUE

作　者 / 薛金梅
责任编辑 / 李　萌
封面设计 / 邓姗姗

出版发行 / 北方文艺出版社
发行电话 / (0451) 86825533
地　址 / 哈尔滨市南岗区宣庆小区 1 号楼
邮　编 / 150008
经　销 / 新华书店
网　址 / www.bfwy.com

印　刷 / 三河市元兴印务有限公司
字　数 / 259 千
版　次 / 2022 年 7 月第 1 版
开　本 / 710mm × 1000mm　1/ 16
印　张 / 17.5
印　次 / 2024 年 4 月第 3 次印刷

书　号 / ISBN 978-7-5317-5652-1
定　价 / 42.00 元

前　言

世界经济一体化、文化多元化的快速发展，以及英语的世界通用语地位的确立，对我国高校英语教学提出了培养学生跨文化交际能力的新要求。然而，我国高校英语教学长期沿袭以讲授语言知识为重点的传统教学模式，只注重培养学生的语言能力，忽视文化教学，导致学生缺乏英语文化知识，国际视野受限，跨文化交际能力薄弱，难以利用所学英语知识进行有效的跨文化交际。

在跨文化交际中，人们不仅使用语言，还使用非语言行为进行交际。非语言行为既包括眼神、手势、表情等肢体语言，也包括对时间和空间的利用。由于跨文化交际中的大部分信息是靠非语言行为传递的，而且非语言交际具有模糊性和文化规约性，并受语境的影响，因此非语言交际行为是跨文化交际误解和冲突最多的部分，也是跨文化交际研究的中心内容。了解特定文化中非语言行为的含义和规则，有助于增强跨文化交际的敏感性，提高跨文化交际的有效性和得体性。

本书从跨文化交际的角度阐述了跨文化交际与高校英语教学的相关理论，并在此基础上探究了跨文化交际与高校英语教学的融合、跨文化交际与高校英语教学改革的相关问题，提出了对跨文化交际与高校英语教学方法的创新见解、大学生跨文化交际能力培养的策略及对高校英语网络教学模式的创新见解，探索了跨文化交际与高校英语教学的发展趋势，以期为培养更多优秀的国际化人才提供参考。

本书逻辑清晰、条理分明，紧扣“跨文化交际”与“英语教学”两大关键词，并将二者有机结合，在跨文化交际背景下探讨英语教学改革的相关问题，满足了时代发展的要求，符合当今社会呼唤文化教育的主题。本书将理论与实践紧密结合，既探讨了文化差异对英语教学的重要影响，又提出了具有针对性的教学策略，对教师的教和学生的学都能提供一定的帮助。

本书在撰写过程中参阅了大量文化、跨文化交际及英语教学的相关文献资料，也引用了很多专家与学者的观点，在此表示诚挚的谢意。本书所引用的文献列于文末，如有遗漏，敬请谅解。

目　　录

第一章　文化与文化全球化

第一节　文化与复杂性

一、文化的概念

广义的文化代表着构成一个社区的智力和美学生活的创造性活动，如艺术、建筑、戏剧、舞蹈、音乐和文学。文化也代表着影响日常生活实践的信念、道德、习俗、规范和价值观。

文化的多元化是文化社区交流与文化商品消费的结果，这种交流和消费共同创造了文化变化的必要条件。传统上形式各异的移民有的是被迫的，有的是自愿的，成为不同文化交流的主要媒介。过去，工业革命催生了大量的移民工人，信息革命则将外来思想带入他乡。现在，加速的全球化进程加快了全球资本和人力的流动。这些都促进了文化变化。但是文化变化并不是立即发生在人们眼前的，而是随着时间完成的。

二、文化和社区

通常情况下，社会就像民族、国家一样，能给其成员一种归属感，但是社会由不同的社区组成，而形成这些社区的基础则是诸如种族和语言等一些元素。许多社区并没有明确的界限，其信仰与实践相互交叉。

尽管共同的文化特征将成员联系在一起，但社区仍旧是一个没有定型的实体。有时社区在社区规范下运行，有时却与社区规范冲突，但个人和集体的不懈努力克服了文化变化的阻力。个人主义“源于其整合、思考、修正其自身的民族文化，以及那些与其交流的人的民族文化的方式”。

三、文化和语言

文化和语言的联系一直是学术界的一个热点话题。现实千变万化，但必须由人们的大脑进行整理，依赖大脑中的语言系统。大脑将现实切分、组织成概念并进行归类，很大程度上是因为人们按这种方式达成某种一致，这种一致通过人们的语言社区所呈现，并由人们的语言实现编码。当然，这种一致是隐性的、不明说的，但其中的术语绝对是强制的。

当科学无法弄清思维如何工作，甚至不知如何研究思维时，语言决定思维的结论貌似可信。但是现在已经明确了如何研究思维，就不能仅仅因为词汇比思维更易察觉而夸大语言的作用了。

当不仅能够理解文化确实存在不同，而且能够据此去体验世界的不同时，人们就能更容易地明白文化中其实有很多有趣的东西，而这些东西成就了人性，即性别、地位、经验、兴趣、意愿。显然，语言与文化之间的联系对语言教育有极大的启迪作用。

四、文化和语言教育

自古以来，文化就是语言教育的有机组成部分。随着广泛的国际商贸与交流，语言教师明确意识到教授文化的重要性。在 20 世纪 90 年代，其重要性得到进一步强化，一部分原因是出现了大量的移民和被迫迁徙者，更多是因为人们开始重新审视多元文化主义。

尽管不同的文化各有特点，但它们却是紧密联系的，以至于任何一种文化都可以被视作混合文化。文化与语言的联系是紧密但可更改的。在正式的课堂语境下进行教学，语言教师既面临挑战，也收到回报，挑战是因为教师很难处理这种现实情况，回报是因为教师有机会参与学生的文化认同的建构。

由于全球化正在推动利益知识和文化资本的全球流动，语言教师的任务更艰巨了。文化全球化是一头“大象”，重重地踏进了语言教学领域，而语言教师尚未充分重视这一维度，其巨大影响不仅在于真实社区，还在于虚拟的网络社区。互联网技术给予普通人一种前所未有的收集和转发信息的能力，互联网已经变成世界各地发现社区与国家知识的巨大实体。人们不仅可以发现那些经过过滤与清洁的文化知识，还可以发现其他东西。语言教育专业领域无法承受忽视加速的全球化进程的代价。

第二节　文化全球化与进程

一、全球化的概念

全球化是被广泛热议的多维概念，横跨经济、社会、文化、政治、自然科学和历史等多个学科。全球化这个主题深远广大且富于变化，以至于没有哪个学科的理论框架能够对其进行充分阐释。简言之，全球化指的是一种压倒性的推动力，使国与国之间、经济体之间、民众之间形成一种新型的内在关系。它导致了当今社会生活多层面的改变，包括经济、政治、文化、科技、生态和个人等各个方面。

在谈论“全球互联”的进程和结果的时候，人们常常使用“全球化”这个概念，这带来了不必要的概念混淆。全球化是全方位、立体化的社会进程，它导致了世界范围内的社会相互依存和交换，并使之不断增加、延伸和强化。同时，这一进程也使民众更加深刻地认识到本土与外部世界的连接日益紧密。为了弄清全球化这个概念，有必要了解它的历史。

二、文化全球化

文化全球化指的是文化在全球范围内传播的过程，是人与人及人与文化、彼此的思想、价值观和生活方式的相互接触以前所未有的方式不断增加和深化的过程。来自远方的文化形象竟然也能在家里的电视屏幕上或在附近的电影院里活灵活现地展现，世界更像是个“地球村”。外国的文化也不再像以前那样遥远，当地的社区也不再是一座小小的文化孤岛。全世界人民都面临着空前的能让本族文化大发展的机会，同时本族文化也面临着空前的挑战。

三、文化全球化与语言教育

与其他教育工作者相比，在帮助学习者建立自身的主体性和自我认同方面，语言教师面临独特的机遇和挑战。社会组织的各种形式（已存在的形式和可能的形式）及其相应的社会、政治影响都是通过语言这一平台定义和相互角逐的。同时，语言也是人们确立自我感知、建构自我认同的媒介。这在第二语言教育中表现得更为明显，在第二语言教育中，语言和文化被更紧密地联系起来。

在全球化的离心力和向心力的拉扯中，自我身份认同的建构变得异常艰难。传统和习俗的相对安全性正在缓慢衰退，自我身份认同的核心基础——自我感知已经改变了。传统意义上，个人主要通过在群体中稳固的社会地位来感知自己。而今天，各种生活方式盛行，个人对自我身份的认同需要在更加活跃的基础上创造或再创造。

在文化全球化的今天，只有在对全球文化有认知的坚实基础上才能建造和再造个人身份的“大厦”。很少有第二语言教育的项目能从一开始就狠抓对文化全球化的认同。

如果想要认真帮助语言学习者做好准备以应对21世纪的挑战，语言教师就需要培养他们的文化全球化认同感。语言教师需要再次审视过去及当前的文化教学的实际，以便看清未来的路。

第三节　文化与跨文化交际

一、传统方法

跨文化交际是学术研究的一个新领域。它诞生于1945年，当时美国发现本国的国际外交、商业和贸易都发展到了前所未有的高度，一些政府官员、商业首领和其他美国人到海外工作，他们意识到由于缺乏对外国人文化习惯和沟通方式的了解，自己的工作效率受到严重影响。为了解决这一问题，美国国会通过了《外国服务法》，这为外交学院的建立奠定了基础。外交学院聘请了人类学家、心理学家和语言学家，专门为培训政府官员的跨文化交际提高能力收集方法和材料。这批学者奠定了跨文化交际的基础。

在整个国际外交的背景下进行跨文化人际沟通研究，得出的结论被认为同样适用于公司企业。当贸易和商业的范围在1945年被扩大之后，美国商界认为有必要训练海外员工从几个方面进行跨文化交际，其中包括谈判、社交、了解沟通不畅的原因、避免跨文化误解、保持适当的眼神接触和身体距离、注意肢体语言和礼貌原则等。由于广泛的贸易和人员往来，美国、日本等国家逐渐重视跨文化交际，如个人主义和集体主义、低语境和高语境行为及其对跨文化交际的影响。除此之外，跨文化交际还强调人与人之间的非语言交流模式，如基于人员级别来决定鞠躬角度、面部表情和身体接触等，这些都被认为是区分不同文化的方法。

在强调不同文化的人们面对面交流的微行为的同时，从传统的人类学角度出发，有学者进一步提出跨文化交际中新的重要组成部分。但是他们一般都会坚持广受欢迎的“文化差异”理论。“文化差异”理论指导人类学家关注文化信仰和实践的变化，而不是关注早期的“文化贫瘠”理论。“文化贫瘠”理论认为其他文化在某种程度上存在各种不足，因此处于弱势和欠发达的地位。像其他人类学家一样，他们也同样崇尚民族志的调查方法，主张参与式观察。他们直接系统地观察文化行为并采访当地的文化行使者。很显然，这种方法重视跨文化主义者的个人观察及对他们所听到的、所观察到的或所体验到的进行批判的解读。由此产生的结果主要是主观的、描述性的，可当作一个特定文化社区的文化建构。

事实上，一些跨文化主义者依据从政府和企业成员处收集来的数据，整理得出跨文化交际的差异，并用这一结果笼统地概括了所有人。这种做法也引发了许多批评，因为当面对非政府和非企业的文化提供者时，面试问题或调查问卷的样本数量有限和被调查者本人的经验局限，依旧容易导致出于研究需要所选择的文化不具有典型性。此外，跨文化主义也缺乏对人际互动的重视，特别是不同时空的跨文化互动，其是一个复杂的、持续的过程，不能被简单地贴标签和二分出来，不能管中窥豹。

现代文明和文化以欧洲文化的价值层次为衡量标准。欧洲文化通过将自身置于与社会中所有其他社会或群体之上来定义自身。因此，跨文化主义者很少认识到国外的理论并不能很好地解释某个特定的交流行为模式，特别是亚洲模式，但是他们仍然坚持东方文化的唯一国外解释，这导致跨文化交际围绕着欧洲中心主义展开。

欧洲中心主义在跨文化交际方面的研究至少体现在以下三个领域的学术活动中：理论概念和构造，研究材料和方法，理论研究的“他者化”现象。由于这三方面包括了跨文化交际研究的主要方面，因此亚洲学者强调要巩固本领域的理论基础。

二、后结构主义

传统的跨文化主义学者的工作具有两个弊端：赞同语言和文化之间的关联性；对异族文化采用民族中心主义的态度。任何人试图解决这些不足都要依据文化研究领域的成果，特别是语言、文化和社会的后结构主义。

跨文化主义将语言当作一个独立的系统，认为语言有自己的分类（语法和词汇）和超音段（重音和语调）功能。与其不同的是，后结构主义把语言视为一个更大的话语的一个方面。

每一个个体和每一个文本都嵌入权力、知识的话语领域并受其控制，这是依靠“规则”“声明”“理解”这三个可以在任何指定时间内定义什么是真实的真理体制来表达的，并且通过大量既定的和毫无疑问的思想体系来认识世界。

当今的文本是社会本身，以都市化、工业、商业或电视产业等形式表现出来，由此产生了一个系统，区分并给予作家、教育家等特权，也就是将人分为生产者与非生产者。其一，学科知识的工作方式是隐瞒那些阐明它们的人的立场和利益；其二，仅仅把知识看作话语的方式不具有通过阐述来颠倒是非和改变立场的能力。

因此，不同观点的后结构主义者将某些特定的主题或事件放到了更加宏观的社会结构中，尤其是把各种话语形式与权力知识的概念及主导和阻力相联系。后来的学者承认并发扬了后结构主义者的贡献。

事实上，有关这一问题的探索，即探索后结构主义思想是怎么扩大跨文化交际的性质和范围的，也有助于人们更好地应对文化全球化所带来的挑战。如何应对快速发展的全球化是当务之急，因此对于这一问题的研究探索也对整个研究领域有巨大的影响。

三、全球使命

由通信革命辅助的文化资本全球流通，正在形成一个前所未有的文化意识，促使人们尝试保障个人或民族的文化认同。当下，全球、国家、社会和个人正在经历新身份的形成过程，并形成新的跨文化关系。

在文化全球化的背景下，跨文化交际领域正面临着新的挑战和新的机遇。需要用实质性的方式抓住时机。

一个与跨文化交际研究相关的问题是“民族文化的物化”，它研究跨文化主义如何基于国家文化层面发展，认为文化差异普遍存在于世界各地，文化实践可使每个国家更加具体化和本质化，二分法将其划分为高语境文化和低语境文化，以及“单时或多时”文化。民族文化的物化长期以来促进了对亚文化多样性的关注，无论是对本国的研究还是对其他国家的研究。在全球化的世界中，文化认同的形成是全球性的，国家、社会和个人的现状之间的相互关系是复杂的。因此，专注于一个本质化、不变的民族文化必然会产生扭曲的跨文化关系和跨文化交际风格。

另一个使当前全球化世界文化交际模式受到质疑的问题是：人们没有意识到文化全球化和信息技术已经在现代社会中造就了文化知识、技能等方面的新趋势。重要的是，这种现象不仅催生了那些文化资本迅速发展的个人，同样也使他们对自己的文化身份更加自信。用一个过时的种族中心主义的世界观来解读跨文化交际注定是徒劳的。

毫无疑问的是，近年来，跨文化主义领域出现了一种逐渐增强的意识，那就是要求跨文化交际对全球文化的大环境和复杂的情况更加敏感。但是学者还没有总结出可行的理论或计划，一部分原因是跨文化交际学家发现自己处于矛盾的境地。

四、教育应用

对于一般的文化教学来说，语言教学工作的理论原则和课堂实践主要来自文化概念中的文化同化、文化多元化和文化杂糅。

通用语言—文化导向的作用是拒绝社会、政治和历史因素支配的跨文化交际。这显然不足以应对文化全球化的复杂性带来的改变，这些改变往往通过身份、机构、他者化和代表性等问题表现出来。同时，通信模式改变所带来的全球化和“互联网化”也是限制之一。因此，需要开发一个框架，用于分析、解释并教授跨文化交际，而这个框架要同时考虑到瞬息万变的全球文化环境。

如果说传统的跨文化主义在分析和进行跨文化交际的教学中强调了通用语言—文化导向的重要性，那么后结构主义者强调了更广泛的社会政治定位，这在文化全球化时代看起来很有希望。既然有迫切需要解决的全球性问题，那就必须考虑实现有效的跨文化交际。综上，笔者对当前教育观的局限性做了简短描述，并指出有必要制定一个新的框架，这样有可能产生一个对文化全球化所带来的挑战足够敏感的、有效的教学干预。显然，人们需要通过寻找跨文化交际和文化全球化的关系来找到一个有意义的关系节点，重新思考理论原则和教学实践。

第二章　跨文化的理论知识

第一节　跨文化教育

一、跨文化教育的定义

尽管跨文化教育的实践具有悠久的历史，但跨文化教育的理论探讨直到20世纪70年代才开始出现，真正形成学理性的研究是在20世纪90年代联合国教科文组织的文献之中。联合国教科文组织发布的国际教育大会建议书《教育对文化发展的贡献》正式提出了跨文化教育。该文件在界定跨文化教育之前先界定了文化教育，指出文化教育中必须包括跨文化教育。该文件指出："文化教育包括对文化遗产的知识和鉴赏的介绍，以及对现代文化生活的介绍；熟悉各种文化得以传播和发展的过程；承认各种文化具有同等的尊严，以及文化遗产与现代文化之间牢不可破的联系；艺术教育与美学教育；伦理与社会价值观教育；传媒教育；跨文化教育或多元文化教育。"该文件也写出了来自联合国教科文组织对跨文化教育的学术性说明：跨文化教育（包括多元文化教育）是面向全体学生和公民而设计的、促进对文化多样性的相互尊重与理解和丰富多彩的教育。进行这种教育不应只是提供一些补充性的内容，或局限于辅助性教学活动、某些学科，而应推进到所有的学科教学和整个高校的结构。这种教育要求教育工作者和所有有关的合作伙伴，包括家庭、文化机构与传媒，共同负责。基于普遍的理解，跨文化教育（包括多元文化教育）包括为全体学习者所设计的计划、课程或活动，而这些计划、课程或活动在教育环境中能促进文化多样性的发展，增强对于可以确认的不同团体的文化的理解。此外，这种教育还能够促进学习者的文化融入和学业成功，增进国际理解，并使与各种歧视现象做斗争成为可能。其目的应是从理解本民族文化发展到鉴赏相邻民族的文化，并最终发展到鉴赏世界性文化。

这一界定具有广泛的指导性，宽泛地界定了跨文化教育，特别说明了跨文化教育的目的。显然，对目的的阐释有利于规范定义的内涵，因为目的是概念界定是不可或缺的主要内容。这一界定对联合国教科文组织倡导的广泛开展跨文化教育有着重要的导向性作用，它强调对跨文化交往中的观念态度的培养，要求引导学生"尊重、相互理解""鉴赏相邻民族的文化""鉴赏世界性文化"，同时提出了跨文化教育的重要意义，即"增进国际理解""同各种歧视现象做斗争"。这一界定还指出了跨文化教育的范围：既在高校教育中开展，也在"家庭、文化机构、传媒"等社会教育中开展。这一定义将多元文化教育包含在跨文化教育范畴之中，实际上将一个国家之内不同民族之间的教育也包含在跨文化教育范畴之中，而不是只探讨民族国家文化层面的跨文化教育。这是从文化的本质上对跨文化教育范畴的科学把握与界定。这一界定是历史性的突破，是人类社会第一次在国际范围倡导跨文化教育。这一界定极大地拓展了联合国教科文组织所倡导的国际理解教育（强调不同文化群体的相互理解），不仅强调对其他国家文化的理解，而且强调尊重、鉴赏其他国家的文化和世界性文化。这一界定提出了"世界性文化"的重要概念，倡导从人类的存在的层面把握人类的类文化，因为世界本质上是全人类的世界。在一定意义上，世界性文化可以理解为对人类文化概念的超越，因为世界不仅是人类的，而且包括人类与大自然的关联、人类不同群体之间的国际性关联。不过，这个界定没有规范跨文化教育的本质，没有界定跨文化教育的基本内涵，实际上只是对跨文化教育范畴的解释。

这个界定是联合国教科文组织的定义，这恰恰导致其具有局限性。这个界定探讨了跨文化教育的目的，但没有明确提出"通过跨文化教育而学习异族文化"这个跨文化教育的主要的基础性目的，也就是说，这个界定的阐释并没有包含全面的跨文化分析要素。这是因为国际组织需要保持国际立场，不介入国家文化主权之内的文化选择。也就是说，这个界定对跨文化教育目的的分析还应该进一步扩展，应该包括如何学习借鉴外来文化来发展自身的文化，这恰恰是一个文化群体展开跨文化教育的根本目的。

我国出版的《教育大辞典》也收录了“跨文化教育”这个词条，该辞典对跨文化教育的定义是：①在多种文化并存的环境中同时进行多种文化的教育，或以一种文化为主，兼顾其他文化的教育；②在某个文化环境中成长的学生，到一个语言、风俗、习惯和价值观、信仰都与原环境不相同的文化环境中去接受教育；③专门设置跨文化的环境，让学生接受非本民族语言、风俗、习惯和价值观的教育。这一定义是描述性的，力图通过列举多种跨文化教育的形态（多元文化教育形态、留学生教育形态、外来文化教育形态）来定义跨文化教育。

这一界定比联合国教科文组织对跨文化教育界定的范围宽泛一些，明确地将留学生教育这一特殊教育形式放在跨文化教育的形态之中。不过，这一定义对各种不同的跨文化教育形态的共性没有进行规范性说明，更没有揭示跨文化的本质，没有说明跨文化教育的目的，在总体上没有超过联合国教科文组织的界定。

二、跨文化教育的可能域界与基本价值

文化是一个多层次的概念。通常而言，任何一个人类群体都有自己的文化。由此可以看到不同的文化关联：东方文化与西方文化、中国文化与外国文化、汉族文化与少数民族文化、湖北文化与湖南文化、长江文化与黄河文化、三峡山区文化与江汉平原文化、校园文化与社区文化、教师文化与学生文化、广义的知识分子的文化与非知识分子的文化、教育研究者的文化与教育实践者的文化等。这些关联都可以形成跨文化交往，从而成为跨文化教育的可能域界。

不同文化的体现者可能与不同的文化群体存在不同的跨文化冲突。仅分析比较尖锐的跨文化冲突，就可能存在以下域界的冲突：作为东方文化体现者，我国在家庭价值观上可能与某些西方文化体现者存在跨文化冲突；作为中国文化体现者，我国在历史观问题上可能与某些其他国家文化体现者存在跨文化冲突。由此可见，跨文化冲突涉及文化的各个层面。

当然，跨文化教育也涉及文化的各个层面。跨文化教育主要是指不同国家文化之间的教育活动，也包括同一国家之内不同民族等文化之间的教育活动（多元文化教育或跨民族教育），并延伸至同一国家之内不同社会群体文化之间的教育活动。也就是说，跨文化教育可以是不同国家、不同民族、不同地域或性别等社会群体之间的教育活动。例如，对中国的青少年学生进行关于美国文化、英国文化、日本文化、阿拉伯文化等的教育活动，对居住于内蒙古的汉族学生进行关于蒙古族文化的教育活动，对城市学生进行关于农村文化的教育活动，都属于广义的跨文化教育活动。也就是说，跨文化教育不仅要关注国家之间的跨文化教育、民族之间的跨文化教育，还要关注不同区域等之间的跨文化教育。

当前我国不仅应该关注中国文化与外国文化的跨文化教育，还应该关注中国国内不同民族之间的跨文化教育。跨文化教育的域界如此广泛，使得跨文化教育的文化价值非常高。实际上，跨文化教育所有的可能域界都能体现出跨文化教育的价值。

从这些域界可以看到，跨文化教育的基本价值主要表现为广泛深入地开展跨文化教育，有利于消解跨文化冲突，遏止跨文化对抗，促使人类的跨文化实践走向人道的跨文化交往，使人类文化丰富多彩、和睦共存、相互学习借鉴，最终促使人类的类文化和不同民族的文化更加和谐。这些基本价值主要表现在以下两个方面。

（一）促进跨文化交往

开展跨文化教育能够全面促进人类的跨文化交往，从而尽可能消解当前人类社会存在的尖锐、复杂、长期的跨文化冲突，尽可能地遏止灾难性的跨文化武装对抗，全面促使人类的跨文化实践走向人道的跨文化交往。

（二）促进文化发展

正如联合国教科文组织所指出的，开展跨文化教育有利于促使人类文化丰富多彩、和睦共存、相互学习借鉴。人类文化的丰富多彩是必然，和睦共存是丰富多彩的前提，相互学习借鉴则是人类文化发展的重要动力。

尽管跨文化教育在不同层面展开，但最终都将整体促进人类文化的发展，这包括两个层面：一是人类的类文化的和谐发展，二是人类不同民族文化的和谐发展。概括来说，就是永无止境的追求与不断完善的进展。跨文化教育倡导人类不同民族文化的相互理解、学习、借鉴与参照，促进不同民族文化的发展，而不同民族文化的发展必然将促进人类文化的整体性发展，整体性发展必将促进人类的类文化的发展，也就是联合国教科文组织所倡导的“世界性文化”的发展。

第二节 跨文化传播中的语境

一、语境分类

语境是语言的一种客观属性，是现实生活中语言交际的基础。从广义上讲，语境指使用语言的主客观环境，是人们在言语交际过程中与理解某一特定的交际话语有关的一切语言内和语言外因素的总和，包括上下文、交际地点、交际对象、社会文化、风俗习惯、价值观念、行为准则等多种因素。

从比较小的范围来说，对语义的影响最直接的是现实的语言环境，也就是说话和听话时的场合及前言后语。此外，大至一个时代、社会的性质和特点，小至交际双方个人的情况，如文化教养、知识水平、生活经验、语言风格和方言基础等，也是一种语言环境。与现实的语言环境相对称，这两种语言环境可称为广义的语言环境。

综上所述，从语符内与语符外两个角度探讨语境的构成，语境不仅包含了交际双方所共有的语言知识，即对所用语言的句法规则、词汇、音系规则及对语言的上下文的了解（这实际上就是语篇语境）等，而且包含了语言外知识，即与特定的交际情境有关的知识和特定的交际情境之外的一般的背景知识。语境是一个基于语言交际活动而产生并用语码编织的主客观环境，论述了语境的四个区别性特征，即语境的相对封闭性、语境的外延和内涵的可调整性、语境中语码信息流动的严格方向，以及语境中语用主体的特定性。

一般说来，交际中信息的传递是在语境中实现的，语境因素影响并制约人们对词义的推导和阐释，离开了特定的语境就无法准确地传递信息。这里主张把语境分为三种，即语篇语境、情境语境和文化语境。

二、语境与文化语义的阐释

（一）语篇语境与文化语义的阐释

语篇指任何不完全受句子语法约束的、在一定语境下表示完整语义的自然语言。语篇语境可以是口头的语篇，也可以是书面语篇，语篇可长可短，唯一的原则是它必须在特定的语境下具有意义，即语篇是人们在使用语言进行交际的过程中所创造的任何一个语义相对完整的语言的统一整体。上下文语境指与一个词语前后搭配的词语，或是一个词与另一个词同现搭配的可能性，也可以是该句所在的语篇前后的语句、语段。语篇是一种静态的语境。

英语单词普遍存在一词多义现象，其中有基本义、引申义、比喻义等，词义的推导和阐释往往受制于特定的上下文关系。具体的语境可以使词语意义单一化、具体化，脱离了具体的语境，词语的意义就是多重的、不确定的。

人类的语言交际是一个认知过程，是以相关语境条件为前提对认知语境要素不断进行选择而获得理解的动态过程，语境假设的不一致往往会引起交际的失败。在一部分人的话语中，engage、see、follow 分别表达“忙碌”“会见”“听懂”，而另一部分人将其理解为“订婚”“看见”“跟随”，由此可见语境对词义的分辨作用。因此，要确定一个词语词义上的单一性和确定性，就必须将它放到具体的语境中。同样，一字多义在汉语中也相当普遍，以汉语中的“吃”为例，词典中有多个意义和搭配，翻译此字既需要借助字典，也需要上下文的启示。举例如下：

吃饭 ——have a meal

吃药 ——take medicine

吃馆子 ——dine out

吃喜酒 ——attend the wedding banquet

吃醋 ——be jealous

吃回扣 ——get commission

吃耳光 ——get a slap in the face

吃官司 ——get into trouble with the law

吃惊 ——be startled

吃苦 ——bear hardship

吃亏 ——suffer losses

吃不消 ——be unable to stand

吃不开 ——be unpopular

连吃败仗 ——suffer one defeat after another

模糊的语境可以使词语多义化，有时因为句子的语境不明确，一个多义词的两个含义在句中都讲得通，这样一来就产生了歧义。有时说话人可能积极运用词语的多义性，以获得修辞中的双关效果。如“An ambassador is a man who lies abroad.”，这句话里的 lies 是个多义词，既可以表示“撒谎”，又可以表示“驻扎”，说话者正是利用了词语的多义性造成表达上的双关性。但是多义词语一旦进入特定的语境，由于受具体语境的制约，往往只有一个义项能与其他词语相结合，显示出明确的语境意义。举例如下：

a broken man—— 一个绝望的人

a broken soldier—— 一个残疾军人

broken money—— 零钱

a broken promise—— 背弃的诺言

broken English—— 蹩脚的英语

a broken spirit—— 消沉的意志

由此看来，除了字面意义，词语在特定的上下文中有时会偏离原有的概念意义而产生临时的语用意义。翻译过程不仅是译文语码的选择和确定过程，还是合适的译文语境的构建过程，二者相辅相成，共同为准确传达原文的意义服务。

（二）情境语境与文化语义的阐释

情境语境是指具体的参与交际的人、发生的事、交际的渠道和场景、交际者的个体心理与相互关系等，以及在交际推理过程中产生的认识。这是一种动态语境，它包括在语言交际中影响听话者理解说话者的话语意义及交际意图的各种主客观因素。在日常交往中，情境语境还包括眼神、面部表情、手势等副语言环境。在语言研究和语言教学中，客观情境语境和主观情境语境应该受到同样的重视。

（三）文化语境与文化语义的阐释

文化语境是指某一言语社团特定的社会规范和习俗，包括语言运用的社会文化背景、历史文化传统、思维方式、价值观念及社会心理等。文化语境是社会结构的产物，是整个语言系统的环境，具体的情境语境则来源于文化语境。文化语境在跨文化交际起着非常重要的作用，因为语言与社会互相依存，文化语境会影响人们言语的表达方式和词语的内涵色彩。文化语境影响人们对词语感情色彩的理解。不同的文化感知对同一形式的语言符号可能产生不同的理解，而感知的重要标准由文化背景决定。对同一个词、同一种表达方式，具有不同文化背景的人会产生不同的联想。

由于风俗习惯、心理因素、文化背景等不同，同一事物在不同的文化中被打上了不同的文化烙印，因此对语言形式的准确理解不仅需要正确的语言知识支持，还需要对这种语言的文化语境有所了解，相关的文化语境知识可以帮助人们准确地了解词汇的文化内涵。如“The United States is a graying society, so she has set up a loneliness industry.”，gray 原义为“头发花白”，如 gray hairs（花白的头发），这里的 graying society 表示老龄化社会，graying problem 表示老龄化问题，graying population 表示老龄化人口。因为西方国家社会竞争激烈，人们认为老人缺乏竞争力，所以忌讳说老，一般用委婉语，于是老人被说成 the elderly people、senior citizen、pensioner。而在中国社会，年龄被看作智慧和阅历的象征。

第三节 跨文化言语交际

一、跨文化交际的内涵

所谓跨文化交际就是指具有不同文化背景的人们之间的交流。20 世纪 60 年代以来，随着科技的发展和全球化的深入，跨文化交际已经成为人类社会生活不可缺少的一部分。由于跨文化交际频发，人们对跨文化交际的研究也日渐增多，其逐渐发展成为一门独立的学科。跨文化交际行为与汉语推广战略之间存在关联，所以跨文化交际的研究也与汉语国际教育这种跨文化的活动密切相关。有效而得体的跨文化交际能力是教师应有的基本素质。

（一）跨文化交际的定义

在一般语境下，跨文化交际所含之意应该包括跨越民族文化、跨越性别文化、跨越地域文化等方面。那么在跨文化交际研究中，究竟应该如何定义跨文化研究呢?

通过整理目前学界的研究成果可以看到，跨文化交际的通行定义有以下几种。

第一，跨文化交际是指那些文化观念和符号系统的不同足以改变交际事件的人们之间的交流。

第二，跨文化交际是一种交流性的和象征性的过程，涉及具有不同文化背景的人们之间的意义归因。

第三，跨文化交际就是具有不同文化背景的人们之间的交际。

第四，跨文化交际是具有不同文化背景的人们之间符号性交流的过程，有效的跨文化交际的目标是在相互的情境中给不同的个体创造共享的意义。

归纳以上几个定义，跨文化交际的定义应该涵盖以下几个方面。首先，跨文化交际是不同文化背景的人们之间的交流；其次，跨文化交际是通过象征符号来实现的；再次，跨文化交际是一种双向的互动的动态过程；最后，跨文化交际的目标是创建共享的意义。

可以将跨文化交际的定义简单概括为不同文化背景的人们之间的交际，这里讲的跨文化交际实际包含两个层面：一个层面是不同国家和不同民族之间的交际，如中国人与日本人、美国人与阿拉伯人之间的交际，这是横向的跨文化交际；另一个层面是在同一个国家或民族中，不同性别、年龄、职业、地域的人们之间的交际，这是纵向的跨文化的交际，如男性和女性之间的交际差异，男性侧重信息传递而女性侧重建立和谐关系。宽泛地讲，不同人群之间的交往都是跨文化交际。

（二）跨文化交际的特点

从跨文化交际的定义出发，可以概括出跨文化定义的几个特点。

1. 跨文化交际存在即时互动性

虽然跨文化的交际包括团体之间和个体之间的交际，但是跨文化交际更多地侧重人与人之间面对面的交际层面。跨文化交际是人与人之间面对面的交际，因而具有即时互动性的特点。研究跨文化交际的学者强调跨文化交际主要是指不同文化背景的人们面对面的交流。这里所说的面对面的交流既包括语言交际层面，也包括非语言交际层面，所以跨文化交际的过程也就是交际双方双向交流和互动的过程。

2. 跨文化交际双方存在差异性

由于跨文化交际是具有不同文化背景的人们之间的交流，而不同的文化本身就具有差异性，因此跨文化交际过程必然存在差异性。跨文化交际研究学者陈国明指出跨文化交际的特点之一就是差异性，这种差异性具体体现在以下几个方面：首先，跨文化交际涉及交际双方的深层文化，如文化传统、信仰等方面的差异；其次，跨文化交际涉及行为方式和习俗方面，如手势使用、节日习俗等方面的差异；最后，跨文化交际涉及个体文化身份与角色方面的差异，如性别、年龄、职业、地域等方面的不同。

3. 跨文化交际中存在信息不对称性

跨文化交际双方存在深层文化背景、个体行为方式及个体身份与角色等方面的差异，这些因素必然会导致跨文化交际过程中出现信息不对称的状况，因此跨文化交际很容易产生误解和冲突。跨文化交际研究学者陈国明认为差异性是导致跨文化交际出现冲突的主要原因。

正是由于在跨文化交际中存在信息不对称性，所以在跨文化交际中充满了交际双方发生冲突的可能性。虽然交际双方并无恶意，甚至在某些时候还是善意的，但是由于交际双方的差异性，在自己文化中得体而礼貌的行为到了另一种文化中可能成为无礼的举动。

4. 跨文化交际促进文化的融合与发展

虽然跨文化交际充满了误解甚至冲突，但是其又是一种能给人带来深刻变化的行为。跨文化交际的经历使交际双方具有更开阔的视野、更丰富的阅历、更成熟的性格、更复杂的思维、更宽容的态度。跨文化交际行为使人们能更深刻地感受到世界上存在着不同的文化方式，并且学会理解和欣赏这种文化的差异。当然，跨文化交际不仅促进交际者人生的丰富和完善，在更高的层面来说，这种交际行为还会促进不同文化间的交融，最终促进整个人类文化的融合和发展。

（三）跨文化交际过程中的注意事项

在跨文化交际的过程中，由于交际双方存在差异，交际双方会有误解和冲突，如果这种误解和冲突发生在国与国之间的交际行为中，必然会给交际双方造成不良影响。为了避免跨文化交际过程中产生这些冲突，人们需要了解跨文化交际过程中的一些注意事项，即交际过程中的禁忌。

在交际活动中，禁忌几乎是无处不在的。在同一种文化中，由于地区或者次文化的差异，禁忌会略有差别，在不同的文化中禁忌的差异就更大了。由于禁忌在跨文化的交际过程中会变为或大或小的障碍，因此人们不得不注意它，进而避开它，以期交际顺利进行。

人们在与不同文化背景的人进行交往时会无意识地用本民族的文化准则、社会规范和社会语言规则等来判断和解释别人的言语行为，因而容易造成交际失误。同样的行为在不同的文化中会产生不同的交际效果，如中国文化中常将“你吃饭了吗？”（Have you eaten?）、“你上哪儿去？”（Where are you going?）等作为问候语，但如果对说英语的人讲“Have you eaten?”（你吃饭了吗？）、“Where are you going?”（你上哪儿去？），不但没有问候的意思，反而会起反作用。

具体而言，在跨文化交际过程中的禁忌既包括语言方面的禁忌，又包括语言行为等方面的禁忌。

1. 跨文化交际中的语言禁忌

由于语言是跨文化交际的载体，因而在跨文化交际过程中应该注意一些语言的使用禁忌，具体包括称谓方式禁忌、词汇禁忌、话题禁忌等，下面将进行具体说明。

（1）称呼语禁忌

人们在进行跨文化交际时，首先应注意的语言禁忌是中西方不同文化背景下称呼语的差异。汉语中的称呼语禁忌在历史上主要涉及名讳。历朝历代对帝王、师长、官吏等绝对不能称名，必须加以回避，即所谓的“避讳”。这种称呼语的禁忌在今天变为晚辈对长辈、下级对上级、学生对老师绝不能直呼其名，否则便会被视为不尊重。一般来讲，晚辈称呼长辈时应以辈分称谓代替姓名称谓，而且无论说话人之间有无血缘关系，都可以使用“爷爷”“阿姨”等称呼语。在人际交往中，出于尊敬，人们通常以对方职务或以“同志”“师傅”相称。

英语中基本不存在名讳问题，在多数情况下，对男士都可以用“Mr+ 姓”称呼，对已婚女士用“Mrs+ 姓”称呼，对未婚女士用“Miss+ 姓”称呼即可。在西方国家，对于关系比较亲近的人，无论身份、地位存在何种差异，都可以直呼其名，以示平等友好。但对王室成员、地位很高的神职人员及社会地位较高的人士一般以爵位名和职业名称呼，如 doctor、professor 等，要用其头衔加上姓，或单用头衔称呼。

（2）交谈话题禁忌

在中西跨文化交际过程中，有一些交际的话题会成为交流过程中的禁忌，在这方面英语和汉语存在较大差别。

西方文化强调个人价值至上，他们强调个性的张扬，因此表达个体“我”的时候，“I”在书面语中无论何时都要大写，强调独立的个性。个人隐私是绝对不能让别人干涉的，除非本人主动表达了交流的意愿。具体而言，这部分的词汇大致包括个人的年龄、财产、收入、婚恋等内容，

而在中国文化中，上述内容在社交中常常被作为关注的话题加以讨论。当然，中国人也有忌讳的话题，尤其是涉及个人尊严的“短处”“痛处”“缺点”“毛病”等方面的话题。但在医生询问患者情况或注册登记等情况下，婚姻状况、年龄、职业等内容就不再是禁忌的话题。

2. 跨文化交际中的非语言禁忌

在跨文化交际过程中，除了要注意上述语言禁忌，还要注意一些非语言的行为禁忌，这些禁忌具体包括社交场合禁忌和传统习俗禁忌。

（1）社交场合禁忌

在一些具体的社交场合应该遵循一定的社交礼仪，切忌违反社交礼仪。当然，在中西文化中，社交场合的礼仪也存在一定的差异。

拜访某人的情境中会有一些中西文化方面的差异。在英语国家，拜访某人需事先预约，不能突然拜访，如果有访客突然造访，就会令受访者感到十分不快，一些受访者甚至会拒绝拜访者，这是因为英语国家的人认为突如其来的拜访会打乱自己的安排，给自己的工作和生活造成极大的不便。久而久之，没有预约就直接拜访别人便成为英语国家的禁忌，如果有人突然拜访某人，就会被受访者认为是粗鲁无礼的。而在中国，熟悉的人之间相互拜访一般没有提前预约的习惯，人们对此习以为常，有些人还会认为突然造访会令受访者感到惊喜。但是随着社会经济的发展，人们生活节奏变快，在商务场合及一些严肃的社交场合，预约也成为一种习惯，因为人们普遍认为这样做比较得体，会令交际双方都感到方便舒适。

在跨文化交际场合，还有一些中西文化中存在差异的地方值得注意。例如，在家庭聚会或其他类似的社交活动中，英语国家的人尤其忌讳别人谈论其行业内的事情或公事，这是因为人们认为谈论只有自己熟悉而别人听起来却是天方夜谭的话题会令人感觉无趣，增加了交际的障碍，没有办法达到交

际的目的。而且人们通常认为只谈论自己行业内的事情或者公事是狭隘的表现，这样的人一般不受交际场合的欢迎。然而在中国的社交场合却并没有这种规定，人们并不是特别反感别人在社交场合谈论一些行业内容或者公事。当然，中国人也厌恶别人在公共的社交场合卖弄自己的知识，夸夸其谈。

除了社交原则和社交话题的区别，中西方的一些具体的社交礼仪也存在着很多差别，应当引起足够的重视。例如，在跨文化交际的社交活动中，人们常常在社交场合施握手礼。在英语国家有一个关于握手礼的禁忌，即不能越过两个人拉在一起的手，去和第四个人握手，英美国家的人普遍认为这种交换握手的方式可能会为交际双方带来不幸，但是在中国的社交场合一般不存在这种禁忌。

在跨文化交际的场合，尤其是在英美国家男士的交际场合中，还需要特别注意吸烟的礼仪。在男士的社交场合，为他人点烟通常被视为符合社交礼仪的举动，但在英语国家一直存在一次不能为三个人点烟的禁忌。在英美国家男士的交际场合，当一个人划着了火柴或者打着了打火机时，一次只能连续为两个人点烟，如果同时还要为第三个人点烟，就需要再重新划一根火柴或重新打着打火机。英语国家的人普遍认为如果用一根火柴连续为三个人点烟就会给其中的某个人带来不幸。但是在中国却不存在这种社交禁忌。

（2）传统习俗禁忌

非语言禁忌除了上述的社交场合禁忌之外还包括传统习俗禁忌，这些传统习俗禁忌具体表现在节日禁忌、饮食禁忌和礼品禁忌三个方面。

由于中西方文化背景的差异，中西方还存在着不同的节日禁忌，这一点在跨文化交际场合尤其要引起注意。世界上每个国家或民族都有自己的节日，几乎在各种文化中都会庆祝新年，但具体到各文化系统又有独特的传统节日，如中国的春节、西方的圣诞节等。无论是共同的节日还是各自传统的节日，人们都怀着不同的心情和愿望庆祝。

二、跨文化言语交际概述

就交际途径而言，跨文化交际可分为跨文化言语交际和跨文化非言语交际两类。言语交际成为跨文化交际研究的核心内容之一的主要原因是言语与文化的紧密关系。同时，言语交际也是跨文化交际最重要的方式，言语的使用遵循一定的文化规则，言语的使用范畴制约着人们对周围世界的感知。可以看出，言语是文化的载体，是交际的工具，言语体现着特定的文化内涵。

对教师来说，最重要的是跨文化的言语交际及教学目标的培养，因为两者都是培养学生跨文化交际能力一种体现。理解言语交际的跨文化差异和文化的关系格外重要。

（一）言语与价值观

每种言语中都存在着大量的格言、警句和俗语。言语与文化的关系最直接的表现是这种文化价值取向的直接表达，通过这些语句可以了解人们对世界的看法、态度和价值取向。个体主义和集体主义是两种不同的价值取向。

汉语和英语中都有表达时间观念、奋斗观念、健康观念等的格言或谚语，说明不同文化的人们会有一些共同的价值观。

虽然很多不同文化的格言和谚语表达了不同的价值取向，但是也有很多不同言语中的格言、谚语表达了相似的价值观。例如：有志者事竟成（Where there is a will, there is a way.）；活到老学到老（Man is never too old to learn.）；一寸光阴一寸金（Time is money.）；早睡早起身体好（Early to bed and early to rise, makes a man healthy, wealthy and wise.）。

（二）语义和文化

在语言的各要素中，词汇对跨文化交际的影响很突出，语言的功能之一是表达意义，不同语言和文化的人在进行跨文化交际时，所说的词汇与文化的关系也是比较密切和直接的。语言还会受到文化和语境的制约，所以语言的含义不是作为一个具有普遍性的因素存在的，人与人之间可能会因为对语言含义的误解而产生交流的障碍。

造成跨文化交际中的误解的是附加意义，并不是人们一般情况下所理解词语的概念意义。词语的意义有很多层次，并不是单一存在的。

（三）敬语和谦辞

在很多国家，人们会根据对方的辈分、年龄、地位及与对方的亲疏关系来选择适当的敬语。由此可以看出对敬语的运用不是一般语言交流可以替代的，是非常重要的礼仪。

影响中国人选择敬语的重要因素是权力和距离，在中国，对于辈分、年龄、职位比自己高的人一般要用“您”，孩子对父母说话要用“您”，学生要对自己的老师称呼“您”等。韩国人在使用敬语方面有更严格的等级观念，同辈的学长、同学的哥哥姐姐，只要是年龄比自己大的人一律使用敬语。

汉语学习者遇到的难点是汉语敬语和谦辞的使用。教师在跨文化交际中要做到以礼待人，了解所任教国家的敬语和谦辞使用的场合和对象，了解自己国家的文化，使学生避免在交际时出现错误，提高他们的汉语交际能力。给汉语学习者讲明汉语中敬语和谦辞的用法和语境，表现良好的文化修养。

（四）禁忌与委婉语

禁忌是人类社会普遍存在的文化现象，了解不同文化的禁忌，可以深入理解不同文化。人们在隐私、生老病死等许多方面多有避讳，委婉语可以避免在跨文化交际中产生不必要的误会，相应的委婉语可以理解不同文化的价值取向。

（五）语用与文化

了解不同文化的语用特点和规则是避免跨文化交际中语用失误的重要方法，语言除了表达意义，还有用来实施行为的功能。不同文化的语用规则是有差异的，体现为语言使用的规则受到文化的影响，体现在语言表达的文化内容等诸多方面。

1. 礼貌原则与策略

人们说话需要遵循合作原则，讲究礼貌是各文化中的普遍现象，在影响语用规则的众多因素中，有的时候为了维护礼貌原则，人们甚至可以牺牲合作原则。礼貌起着维护交际双方平等地位和促进友好关系的重要作用，由此可见，礼貌原则是非常重要的。礼貌原则包括这些准则：同情准则、得体准则、一致准则、慷慨准则、谦虚准则、赞扬准则。

在强调平等的文化中，社会距离可能是影响礼貌策略的主要因素。在等级观念比较强的文化中，权力距离是影响人们使用礼貌策略的最重要因素。对于影响礼貌策略的两个因素，不同文化的人们的理解和重视程度是不同的。

2. 称呼语

称呼是语言交际中频繁出现的言语行为，英语中的称呼形式分为三类：一方称名，一方称“职衔 + 姓”；相互称“职衔 + 姓”；相互称名。在大多数文化中，“职衔 + 姓”都是礼貌且正式的称呼形式。在社会交往中使用亲属称谓反映了家庭关系在人际交往中的重要性，是大多数集体主义文化的特点。

对别人使用得体的称呼是礼貌的基本要求，亚洲部分国家都有亲属称谓泛化的倾向，如中国、韩国、泰国、越南等。称呼也反映了不同文化的人们对社会关系的理解。相对而言，东亚国家使用“姓 + 职务”的称呼形式较为频繁。中国人往往根据对方的辈分、年龄和场合来选择合适的亲属称谓，在社交中经常使用的亲属称呼有“爷爷、奶奶、大伯、大娘、叔叔、阿姨、大哥、大姐”等。中国的称谓语分为七类：职业称谓、亲属称谓、姓名称谓、职务称谓、人名称谓、通称、不称。在跨文化交际中存在较大差异的是职务称谓、姓名称谓、泛亲属称谓。称呼语分为面称和叙称两种，不同的文化在称呼的使用方面具有不同的特点。

在英语国家，对于父母的朋友，孩子可能会使用“Uncle+ 名”或者“Aunt+ 名”的形式来称呼，但是亲属称谓很少在社交场合使用。美国人在地位相同或不同的人之间都倾向于互称名字，“老”在西方文化中是一个比较忌讳的概念，所以对老年人直接称呼“爷爷、奶奶”的情况也很少见。英国人在称呼方面更正式一些，对老年人和社会地位高的人经常采用“职衔（头衔）+ 姓”的称呼方式。其他西方国家，如法国和德国，也比较喜欢使用正式的称呼。

3. 称赞语

称赞语在语言形式上是高度格式化的。它的功能包括打招呼、感谢、表示抱歉、引出话题等。称赞语的主要功能是建立良好的社会关系。在跨文化交际中，作为人际交往中一个重要的言语行为，称赞语是使用非常频繁的言语表达，称赞对象、内容回答方式等都有跨文化的差异，使用不当会造成尴尬或误解。

研究英语称赞语中出现最多的五个形容词 nice、good、beautiful、pretty、great，其中 nice 和 good 占这五个词出现频率的 42 %。

上面讨论的主要是称赞语的使用频率、对象和内容等方面，其中美国对称赞语的使用频率远远高于日本。在称赞语方面，日本主要是对对方的才能和表现方面的称赞，美国人主要是外貌和个人品质等方面的称赞。但是美国人称赞外貌不是评价别人的长相，大多是称赞衣着打扮的变化。称赞行为中最大的跨文化差异体现在对称赞语的回答方式上，英语国家的人一般采用接受的方式，回答“thank you”，中国人常常进行否定，回答“哪里哪里、不敢当、过奖了”等。

第四节　跨文化非言语交际

由于跨文化交际中的大部分信息是靠非语言行为传递的，因此应了解特定文化中非语言行为的含义和规则，非语言交际行为是产生跨文化交际误解和冲突最多的领域之一。

在跨文化交际中，受到语境的影响，人们不仅使用语言，还使用非语言行为来进行交际，因此非语言交际也是跨文化交际研究的中心内容。非语言行为包括对时间和空间的利用，包括眼神、手势、表情、触摸等肢体语言。非语言交际具有模糊性和文化规约性，有助于提高跨文化交际的有效性和得体性，增强跨文化的敏感性。

一、非语言交际概念

非语言交际和语言交际都是跨文化交际的主要形式，是人类交际的重要组成部分。以下几种比较有代表性的定义能够帮助人们理解非语言交际的特点。非语言行为：通过有意和无意的编码与解码进行多种交际的行为。非语言交际：一切不使用语言进行的交际活动。对环境利用形成的非语言刺激，涉及所有交际情景中发出者自己生成的非语言交际，刺激发出者或接受者的潜在信息价值。

以上定义强调了非语言交际的特点：非语言交际具有互动性；非语言交际不包括语言；非语言交际是在特定情景中产生的，包括各种非语言的交际行为；非语言交际可能是有意的，涉及信息的发出者和接受者的编码和解码过程，也可能是无意的，与语境有密切的关系。

非语言交际与跨文化交际密切相关，一般认为主要有四类。

第一，身体语言，包括身体接触、面部表情、眼神交流、手势、姿势、外貌服饰等。

第二，伴随语言，包括话轮转换、语速、音量、音高等，指的是伴随语言发出的没有固定语义的声音。

第三，时间学，人们对最后期限、准时、计划性、预约等问题的看法和处理方式等，指的是人们如何对待和使用非正式的时间。

第四，空间利用，包括家具排列、座位安排、人体距离、个人空间等方面。

二、非语言交际的特点

（一）非语言行为可能是有意的，也可能是无意的

非语言行为中有些意图明确，有些只是生理反应或个人习惯。在跨文化交际中，有时候非语言行为是无意的，往往会产生误解，这种情况一般在无意的非语言行为被理解为有意的行为时才会出现。

外国人常常误以为中国人说话音量大是在吵架，其实是中国人习惯大嗓门说话。人们面带微笑来表示友好和亲切，佩戴首饰来体现自己的品位和时

尚，这些基本都是有意识的非语言行为。

（二）非语言行为受到语境制约

有些非语言行为在有些语境中是合适的，非语言行为的含义和规则不仅受文化的影响，还受语境的制约。在进行非语言行为交流时，应该考虑具体的语境，语境因素包括交际双方的社会阶层、地位、教育程度、性别、年龄、个人爱好和性格等。

在理解不同文化的非语言行为的特点时，不能做过度概括。西方文化强调准时，但是社交聚会时的迟到却是可以接受的。西方人见面喜欢拥抱和亲吻面颊，但是男性和男性之间的亲吻是禁忌。

（三）非语言行为具有文化规约性

每种文化的非语言行为都有特定的含义和规则，其含义受特定文化的影响，也就是说，非语言行为与意义之间没有必然的联系。在西方文化中，耸肩的动作表示“无可奈何”或者“我不知道”，在亚洲文化中，很少有人做这个动作，这个动作也没有特别的含义，

非语言行为在一种文化中是得体的，到了另一种文化中却可能会变成冒犯的，非语言行为具有文化规约性。

（四）非语言行为具有模糊性

非语言行为可能是有意的，也可能是无意的，来自两种不同文化的人在谈判时如果一方保持沉默，另一方很难理解这种沉默是表示赞同还是表示反对或拒绝。所以人们对非语言行为的含义或意图很难确定。由于非语言行为的意义受交际语境的影响，与语言行为的明确性和系统性相比，非语言行为具有模糊性，给跨文化交际带来了困难。

三、非语言交际的功能

大部分交际信息是通过非语言行为传递的，非语言交际是交际中不可缺少的组成部分。非语言交际不仅具有以上特点，还具有以下这些重要功能。

（一）传达真实的内在感情

当语言交际和非语言交际同时发生的时候，非语言交际具有强大的情感力量，人们往往通过非语言行为来表达内心的感情和态度。语言行为表达的是内容，非语言行为表达的是态度和与别人的关系。

人在面对自己不喜欢的一件东西时，出于礼貌，会说“真好看，我很喜欢”，但是他看到礼物的瞬间不经意间皱了眉头，于是对方便能从他的表情中判断出他对这件礼物是否真的喜欢。

（二）进行会话管理

在跨文化交际中，行为专家通过观察得出结论：手势、眼神、表情、谈话距离、沉默等非语言线索都对会话交流起指引、解释和强化的作用。非语言交际的一个重要功能是会话管理，不同文化背景的人会使用不同的非语言行为来管理会话。

（三）营造交际印象

在跨文化交际中，非语言交际的另一个功能是营造印象或达到吸引对方的目的，取得对方的信任。面试时面试者的着装、举止是否大方、得体，能否使交际愉快地进行下去，会给考官留下非常重要的“第一印象”。

四、非语言交际与语言交际的关系

跨文化交际的两种主要渠道是语言交际和非语言交际。在很多情况下，语言交际和非语言交际有各自不同的特点。非语言交际与语言交际相辅相成，非语言交际对于语言信息起着补充、规范、代替、重复等作用，它们并不是彼此孤立的，非语言交际的主要功能之一是支援语言交际，非语言行为伴随着语言交际的进行而发生。

（一）补充

非语言行为能够对语言信息进行补充。例如，当做错事情时，人们说“对不起”，并露出不好意思的表情，这种歉意的表情是在强调人们想要表达的道歉之意。

（二）规范

非语言行为对语言交际起着规范的作用。例如，公司开会，有一员工把手指放在嘴边示意同事安静下来。

（三）代替

非语言行为代替语言的表达。例如，交警指挥手势示意司机停车并以眼神示意。

（四）重复

非语言行为重复语言信息。例如，当有人问路时，人们的手会指出方向，手的动作是在重复所说的信息。人们经常一边点头一边回答，这也是非语言动作对语言信息进行重复的例子。

第五节　跨文化交际研究

一、跨文化交际研究的历史

20 世纪 70 年代，随着全球政治、经济、文化一体化的发展，跨文化交际活动日渐频繁，跨文化交际研究诞生并在此后的几十年间迅速发展成为一门独立的学科。

（一）国际跨文化交际学的诞生和发展

跨文化交际的英文是“intercultural communication”，“intercultural”意为“文化间的”，“communication”意为“交流”，在全球一体化的语境下取“跨文化交际”的意义。

跨文化交际这一文化现象虽然古已有之，但是其发展成为一门独立的学科是在 20 世纪 50 年代末。20 世纪 60 年代，国际跨文化交际研究迅速发展，在此期间，一些非常重要的跨文化交际学著作发表，为跨文化交际学科的正式建立奠定了理论基础。

随着国外跨文化交际研究著作的发表，一批较有影响的跨文化交际学者陆续推动跨文化交际的学科体系和教学体系的发展。20世纪60年代末，全美国只有5所大学开设跨文化交际学课程。而到了20世纪70年代末，美国已有450家教育机构开设了这门课，有的大学甚至还设置了硕士和博士学位。美国的跨文化交际研究专业的学术期刊开始发行，专业的跨文化交际研究组织成立，并定期组织开展学术研讨会议，以促进跨文化交际研究成果的推陈出新，如定期出版的《国际和跨文化年刊》《跨文化国际期刊》《跨文化心理期刊》《交际年刊》《言语与交际》《言语交际西方季刊》《人类交际研究》等。这些刊物所刊载的论文、调查报告及资料数据，无论在质量、数量还是在规模上都直接促进跨文化交际研究学者之间的交流。

（二）中国跨文化交际学的诞生和发展

与国外相比，国内的跨文化交际研究起步较晚。国内的跨文化交际学首先是由英语教学界于20世纪80年代初引入国内的。

从20世纪80年代初发展到现在，跨文化交际研究在我国迅速发展，国内高校陆续开设了跨文化交际的课程。20世纪80年代，我国开设跨文化交际学课程的高校有5所，分别是北京外国语大学、黑龙江大学、哈尔滨工业大学、上海外国语大学与福建师范大学。20世纪90年代，我国几乎每所高校的英语专业都开设了跨文化交际课程。

二、跨文化交际研究的内容

目前跨文化交际研究的主流是理论研究与实践研究并举，它以沟通行为和文化的互动为研究对象。由于跨文化交际的内涵涉及跨文化传播的内容，所以跨文化交际的研究内容既包括不同背景的人们之间的交际，又包含国际文化的传播。

第一，跨文化交际学——探讨来自不同文化的人们互动的关系。例如中国人和美国人，或韩国人和巴西人之间的互动。

第二，国际传播学——探讨来自不同国家代表人之间的互动关系。例如联合国各国代表之间的互动。

第三，种族间传播学——探讨一个国家或地区内多数和少数民族之间的互动关系。例如美国欧洲裔与美国非洲裔之间的互动。

第四，少数民族间传播学——探讨同一国家内少数民族之间的互动关系。

第五，逆向传播学——探讨跨文化交际转入种族间传播的过程。

综合各位国际跨文化交际研究学者对跨文化交际学科研究内容的阐述，可以将跨文化交际学科的研究内容概括为以下几点。在跨文化交际研究中，跨文化语境下的文化、交际、跨文化交际的概念的界定是其中的主要内容，因为这几个核心概念的定义涉及跨文化交际研究存在的必要性与意义。

（一）如何界定跨文化交际研究中文化的概念

文化的内涵虽然包罗万象，但是跨文化研究领域最常使用的是主观文化与客观文化、主导文化与亚文化这两组相对的概念。

跨文化交际领域经常使用的一组概念是客观文化和主观文化。客观文化是指文化的社会制度及人工制品。主观文化是指文化的心理特征，包括观念、价值及思维方式。其实在跨文化研究中主观文化与跨文化交际的关系更密切。

跨文化交际领域另一种常用的文化分类是将文化分为主导文化和亚文化。所谓主导文化是指在一个社会中掌握权力的人群所代表或体现的文化。所谓亚文化是指一些群体在分享主导文化的同时体现出的独特的文化特征。

在跨文化交际研究领域，区分主导文化与亚文化对跨文化交际具有重要意义。因为人们很容易把同一国家、同一民族的人看作具有相同文化特征的群体，将跨文化比较主要集中在对不同国家和民族之间的比较上。

（二）如何界定跨文化交际研究中交际的概念

交际的概念虽然包罗万象，但是在跨文化交际研究中，交际的内涵主要包括以下几个方面。

第一，交际是一种动态的过程。在这个过程中，人们试图通过使用象征符号与他人分享自己的内在状态。

第二，交际是编码和解码的过程，但是这种编码和解码的过程并非单纯的传递和接受，而是包含意义的协商和共建。

第三，沟通是双方交换符号建立的一个有相互依赖关系且互相影响的系统。

以上几种交际的概念从不同侧面概括了交际的本质特征：首先，交际是一个动态的过程；其次，交际是一种以符号为载体的活动；再次，交际是编码和解码同时发生的互动性活动；最后，交际包含了意义的协商和共建。

（三）如何界定跨文化交际的概念

跨文化交际作为跨文化交际研究中的核心概念，虽然不像文化和交际那样难以界定，但是学界对跨文化交际的理解也众说纷纭。简单地说，跨文化交际就是指来自不同文化背景的人们互相交流、互相影响的过程。其中的不同文化背景可以是不同地区、不同民族、不同信仰、不同性别等。互相交流可以指两个人之间面对面的交流，也可以指两个群体之间在政治、经济、文化上的沟通。这种交际可以是日常生活中的非正式交流，也可以是学习、工作场所中的正式交流。由此可见，如何界定跨文化交际这个基本概念是跨文化交际研究中最重要的研究内容之一。

除了文化、交际和跨文化交际这三个核心概念，还有一些基本概念在跨文化交际研究中也十分重要，如文化身份、交际风格和文化调适等。

（四）比较文化研究

比较文化研究在跨文化交际研究中也占有十分重要的位置。由于具有不同文化背景的人在进行跨文化交际的过程中会自然而然地进行不同文化间的比较，比较文化研究成为跨文化交际研究中非常重要的内容。这部分内容与不同文化间交际者的关系也最为紧密，因而具有非常重要的实践意义。具体而言，有不同性别间的比较文化研究、不同国家间的比较文化研究等。

1. 不同性别间的比较文化研究

由于受到结构主义思潮的影响，不同性别间的比较文化研究成为跨文化交际研究领域的研究内容之一。由于两性在生理上存在差异，两性在社会分工中必然存在差异。在社会分工中形成的主流文化认知是男性应该在社会上努力拼搏，挣钱养家，而女性则应该在家承担家务。社会分工的差异导致两性承担的社会角色的性格也存在不同，在一些文化认知中，男性在性格上应该自信坚韧，女性在性格上应该温柔贤惠。

在不同性别文化占主导的时期，社会文化也呈现不同的风貌。例如，在男性化文化占主导的时期，社会强调人应该有雄心壮志，敢于竞争，勇于接受挑战，财富的多少和社会地位的高低是衡量一个人成功与否的标准，人们仰慕成功者，唾弃失败者。在女性化文化占主导的时期，整个社会强调融洽和谐，更同情弱者。在社会地位层面，男女基本平等，角色分工并不明显，教育孩子和操持家务是男女双方共同承担的责任，女性也可以选择从事富有挑战性的工作。

这两种不同的价值取向在家庭、高校和工作场所都有不同的体现。在男性化文化中，男孩和女孩在家庭和高校接受不同的教育，因为他们以后的角色分工不同，男孩常常被教导要敢于挑战，勇争第一，女孩则要文静端庄、温柔贤惠。在女性化文化中，性别间角色的区别比较模糊。

在工作场所，男性化文化鼓励竞争；而在女性化文化的工作场所，团结协作成为默认的原则。

2. 不同国家间的比较文化研究

不同国家间的比较文化研究在比较文化交际研究中的研究成果较多，这是由于其在跨文化交际研究中具有十分重要的实践意义。从现有的跨文化交际学研究成果来看，以美国为代表的欧美文化和以中国为代表的东亚文化呈现不同的文化特征。

在以美国为代表的欧美国家，个人主义文化较为盛行。个体作为社会构成的细胞是非常重要的。在个人主义文化的熏陶下，人们更加崇拜个体主观能动性的作用，他们主张每个个体都应该独立自强，强调个体间权力的平等。

在这种文化的熏陶下，父母教育孩子从小树立自立自强的思想，并鼓励孩子不畏艰险，勇于挑战，鼓励他们自己做决定。在个人主义文化的熏陶下，以美国人为代表的欧美群体大多个性鲜明，敢想敢做。

在以中国为代表的东亚国家，集体主义文化较为盛行。个体作为社会的基本构成要素固然重要，但是集体的力量大于部分，故而人们耳濡目染地形成了“集中力量办大事”的观念。

通过上面的分析可以发现：集体主义文化强调整体的和谐，更倾向于鼓励个体间形成合作关系，客观上会压抑个体个性的释放，所以这种文化的交际方式较为委婉含蓄，更注重交际过程中交际双方的感受；而个人主义文化强调个体潜能的发挥，更倾向于鼓励个体间形成竞争的关系，客观上会激发个体潜能的释放，所以这种文化的交际方式较为直接，更注重交际双方最终的交际成果。

三、跨文化交际研究的方法

跨文化交际研究的对象是具有不同文化背景的人们的交际过程，而文化又是动态的、变化的、开放的，这无形中增加了跨文化交际研究的难度。如果没有与之相应的研究方法，跨文化交际研究就无法正常进行。跨文化交际研究是在传播学的基础研究之上发展起来的一门新兴学科，如果没有一套成熟的、行之有效的研究方法，那么跨文化交际研究是没有办法得到长远发展的。由于跨文化交际内涵的丰富性，跨文化交际研究所涉及的内容也是十分庞杂的，这些使跨文化交际学成了一门涉及人类学、社会学、文学、传播学、语言学、心理学等学科的交叉学科。

总而言之，对于跨文化交际这门新兴的交叉学科来说，科学的研究方法尤为重要。

第一，实证分析法。这是跨文化交际学研究中最基本也是最重要的方法。实证分析法要求研究者重视调查研究在跨文化交际研究中的作用，研究者要从客观的文化现实出发，充分利用材料，探寻这些形式的内在联系。在进行具体的实证分析时，通常需要经过实地调查研究、统计资料和数据分析、电脑模拟和处理、模式构建等步骤。

第二，比较对照法。这是跨文化交际学研究中最常用的方法。比较对照法是指在研究中对具有某种内在联系的两种或两种以上的文化进行对比研究，以辨明它们内在的差异性。值得注意的是，在跨文化交际研究中运用比较对照法需要从人类文化的整体出发，探究各文化支系统的现状及发展趋势，辨明各文化支系统的内在关联及差异性。

第三，系统整合法。在跨文化交际学研究中，在比较对照法的基础上还需要运用系统整合法对各文化支系统进行整合。在这一过程中，应遵循从普遍到特殊的原则，将文化的宏观系统和微观系统结合起来，进行系统的整合研究。在进行跨文化交际的系统整合研究之时，有几个常用的方法可以参考，如从某种文化入手进行系统整合，或者对多元文化构成的类文化系统进行系统整合，又或者是对多元文化分支系统中各自的文化现象进行整合研究。

第四，本质揭示法。由于跨文化交际涉及错综复杂的文化现象，因此在研究中认识这些文化现象的本质就显得尤为重要。因为现象是本质的表象，脱离对现象的认识就不可能对本质有深入的理解。在跨文化交际研究中，应该把各文化现象当作认识各文化本质的向导，通过对各文化现象进行分析捕捉各跨文化交际现象的内在本质。

第五，追根溯源法。在跨文化交际研究中运用这种方法时，需要研究者在对各文化现象进行横向的共时态分析的同时进行纵向的历时态研究，即在对各文化现象进行对比分析的同时，追踪这些文化现象的历史缘由，以及其在历史发展过程和阶段中的表现形式。由于不同民族、国家间的文化与其地域生态环境、政治、历史、信仰等密切相关，因此在追根溯源的研究中，需要从不同的地理环境、不同的历史背景、不同的文化传统及民族信仰入手，追根溯源，探究跨文化交际中各文化现象的本源。

四、跨文化交际研究的必要性及意义

20 世纪以来，全球一体化的进程日益加速。不同国家、民族、地区之间在政治、文化、科技等领域的交往日益频繁，世界逐渐形成一个多元化的格局。但是不同的国家、民族由于具有不同的历史渊源和不同的社会习俗，形成了特定的文化背景，这会为跨文化交际带来潜在的障碍，甚至有可能导致文化冲突的发生，给人类带来不必要的灾难。正是在这样的时代背景下，跨文化交际研究萌发，跨文化交际的频繁发生要求学者必须研究不同文化背景形成的价值取向、思维方式及交际方式的差异。

跨文化交际障碍的产生、低效的交际过程、交际双方的误解与冲突，这些通常是跨文化交际中的文化差异造成的。因此，学习跨文化交际的知识，认识跨文化交际的本质，了解跨文化交际的过程，是为了克服跨文化交际的障碍，避免跨文化交际的失误，寻求解决跨文化交际冲突的途径。学习跨文化交际是为了学习、了解异域文化和交际规则，适应和尊重异域文化，维护本族和本地域文化的发展，减少矛盾和纠纷，以有效而成功地交际。

具体而言，研究跨文化交际有以下几个方面的意义。首先，从个体间的跨文化交际来说，通过学习跨文化交际的知识可以发现跨文化交际失误的原因，有利于解决在跨文化交际中产生的问题，解释交际双方在交际过程中出现的文化冲突，消除误解，实现交际双方的沟通和谅解，最终实现成功且有效的交际。

其次，从个体的交际实践来说，个体通过学习掌握跨文化交际的基本原则和策略，应对各种不同场合、不同种类的交际，以达到成功、高效的交际目标。

最后，从国家间的交际层面来说，学习跨文化交际可以帮助各国克服文化障碍，实现政治、经济、科技等领域顺畅而有效的交流和沟通，还可以帮助人们增强文化意识，学会尊重他人的文化行为和习俗，改进交际方式和交际策略。

第三章　跨文化英语教学

第一节　跨文化英语教学的基础理论

语言与文化相互依存、不可分割，学习语言也是学习文化。随着科技的高速发展，中西方之间的跨文化交际将成为未来世界发展的主流趋势。不同地域、不同文化背景下的人们相互交流也是全球化发展的必然结果。然而文化背景的不同，文化冲突现象的存在，影响了不同文化间的交流沟通。跨文化交际与英语教学密不可分，在英语教学中应该增加跨文化交际的教学，提高学生的跨文化交际能力。

一、文化与跨文化英语教学

当今世界各地交往日益密切，了解各国的文化已经成为重要的教学内容，跨文化交际教学越来越受到学生的关注。文化教学就是通过比较不同文化间的相同点和不同点，对文化进行解读，增强不同文化间的理解与沟通，使学生具有包容不同语言、文化思想、行为的意识和进行有效沟通的能力。

（一）文化教学的概念

语言是社会的产物，是特定社会文化的载体。语言蕴含着一个民族丰富的文化价值及独特的文化意义。不同的语言代表了不同的文化，语言受文化影响，其本身也是精神文化的一部分，语言与文化密不可分，二者相互影响、相互作用。当学习一门语言时，人们也是在学习品鉴一国、一族的文化，当教师在教一门语言时也是在传递一种文化理念，学习一门外语就意味着学习跨文化交际，学习一种不同于自己民族的文化，学习另一种思维方式和习惯。因此，文化教学是语言教学和跨文化交际能力培养的基本内容与目标。

（二）文化教学在英语教学中的作用

高校英语文化教学实质上是一个语言适应文化交际的过程。掌握英语的重要方式就是真正理解语言的文化背景。英语教学的目的是应用，各个民族的文化都有各自的特征，特别是中西方文化，差异很大。英语语言的教学与文化的教学密不可分、相辅相成。高校英语教学在强调语言本身的传授、使学生掌握英语语言技能的同时，也应融入英语国家的文化，重视培养语言能力以外的社会人文素质。只有让学生掌握不同的文化知识，才能使其灵活运用语言进行交际。现代社会跨文化交际已经成为一种趋势，为了使学生具有较强的跨文化能力，在英语教学中需注重英语文化内涵的教授。培养学生的跨文化交际能力是英语教学的最终目的。

（三）文化教学的主要内容

根据国内文化教学内容结构层次有表层结构、中层结构和深层结构的理论，文化教学也应该由表及里、由浅入深地展开。语言的三分法即符号关系、符号意义、符号运用，将初级阶段的文化学习的内容划分为以下几个方面：礼貌用语、手势语言、衣食住行的习惯、学生的日常生活、业余文体生活、节假日活动、家庭关系、亲友关系。学习的高级阶段包括社会制度、经济制度、法律制度及主要法律、世界观、人生观、价值观、态度、与社会的合作、现代科技成果、禁忌。

文化教学目标分为培养文化意识，解释目标语文化和本国文化，分析目标语文化。有人也提出文化教学的目标为培养学生的文化理解力，培养学生获取文化信息的能力。高校英语中的文化教学可以激发学生学习英语的积极性，满足学生对学习的要求，随着文化知识的积累和丰富，学生对语言会理解得更透彻、更深刻，有利于促进学生英语水平的提高。

（四）跨文化英语教学的实施

1. 重视文化教学，端正学生的文化学习态度

教师要使学生认识到文化在跨文化交际中的重要性，在课堂中有意识地把文化教学融入教学活动。教师要了解学生的学习态度，尤其是他们对待英

语文化的态度。由于生活环境和生活习惯及所受的教育不同，学生对待英语文化的态度也可能不同。在这种情况下，教师需要端正学生对文化的态度，让他们认识到，文化作为社会的产物，不可避免地要反映一个社会的信仰、价值、风俗、传统、机构等。学习英语文化不是去全盘接受他人的理念或价值，而是了解他人的文化，丰富对这个世界的认识，从而更有助于与不同文化背景的人进行沟通与交流。

2. 完善教学大纲，加强教材建设

高校英语教学大纲应对语言运用能力和文化素养提出具体要求，修正文化教学观，在教学目的部分明确提出跨文化交际能力的教学目标。高校英语教学大纲规定的教学目标影响着教学法的选择和运用，而教材是实施教学大纲的载体。教材编写的指导思想、教学目标、选材内容与练习方法对教学活动起着至关重要的作用。所以，教师在选材方面应多选一些有实际作用的语言教材，而不是“中文的思想 + 英文的形式”。为了使学生更容易地学习英语的文化知识，了解文化的根源，应在高校英语初级教育阶段加入英语国家文化选修课程。

3. 选择合适的文化教学材料

在教学材料的选择上，教师不要局限于以英语为母语的人编写的材料，因为这些材料大都反映欧美人的生活理念、价值标准、社会制度等。过多地输入这些材料，可能使学生误以为这就是英语文化，从而忽略了其他母语为非英语的国家的文化。另外，学习材料的选择需要考虑本民族的理念和价值观。一些对西方学习者来说无伤大雅的图片和语言可能对某些民族或团体来说是不能接受的。此外，也应当注意到对于欧美文化的过度输入也可能导致学生对本族文化遗忘或轻视，因此有必要使学习者在学习英语的同时了解本土文化。但提倡选择与本民族文化有关的学习材料并不是否认对涉及其他民族文化材料的输入和认知，毕竟文化多元化意识是成功交际的关键。

4. 进一步改进教学方法

文化教学方法大都是通过实践并结合社会学、文化学、教育学和心理学的相关理论研究开发出来的。教师可根据文化教学内容、学生学习水平采用灵活有效的各种方法。

（1）文化讲座

讲座作为传授知识的一种有效有段，对于文化教学来说也是必不可少的。跨文化交际能力的培养需要学生了解和掌握相关文化知识、文化的本质特点和功能、文化的内容、不同文化的价值观、习俗规范等，这些内容都可以通过讲座的形式传授给学生，有利于学生进行的系统文化知识学习。但是这种形式带给学生的都是间接经验，学生容易产生厌倦的感觉，所以还要辅以其他方法来强化讲授内容。

（2）开展文化讨论

可以采用学生定期组织、教师指导的方式开展文化教学。这个方式既可以是就某个文化专题分组讨论，也可以是模拟角色。针对具有明显文化差异的现实情境，教师进行合理的筛选，学生在课堂上分小组，组织语言、扮演不同角色，对情境进行模拟。通过这种轻松有趣的形式，将特定的语言融入特定的文化环境，使学生恰当、轻松地运用语言，便于学生加深对西方文化中礼仪、社交特点的理解，从而培养学生的跨文化意识和能力。通过这两种方式，让学生自觉地置身英语环境中，使其在不知不觉中感知英语文化的魅力。文化讨论组的建立能更好地调动学生个体的积极性，使他们积极地吸收文化养分，进而解决跨文化语言学习中的问题。

（3）典型案例分析

通过分析实际跨文化交际中发生的具有典型意义的案例，说明跨文化交际中误解产生的原因，可以帮助学生了解两种不同文化在某个方面的不同期望和表现。具体做法是：首先，对有不同文化背景的交际双方之间所产生的误解及情境进行描述；其次，给出四个解释误解产生原因的选择，让学生根据自己的理解进行选择。这些案例使学生感到非常有兴趣，能够使学生在选择时进行思考，有利于跨文化敏感性的培养。

（4）文化包和文化群

教师可以向学生讲述本族文化与目的语文化之间的某个本质差异，并借助多媒体手段向他们呈现这一差异的具体表现，然后给学生提出若干相关问题，由此展开讨论。主题选择非常灵活，教师根据需要，可以选择具体的文化主题，如习俗、日常语言交际、非语言交际行为等，也可以选择抽象的思维模式或价值系统。但是对于教师而言，设计合适的文化包是一件费时费力的事情。文化群由讨论同一文化主题的若干个文化包组成。文化群方法的采用特别有利于学生全面、系统地学习和了解目的语文化，但是同样存在费时费力的问题。

（5）模拟游戏

模拟游戏是一种亲身体验式的活动，其充分利用假想，扩大视野，促进能力的提高。学生通过模拟游戏可以感受到一些自己尚未经历的情境，从中获取经验和认识，这对于文化学习者来说至关重要。以文化冲撞为例，文化冲撞是跨文化交际中的一个普遍现象，它虽然给跨文化交际者带来困难，但是有利于文化调适的完成和跨文化交际能力的培养，经历过文化冲撞的人往往具有较强的文化敏感性，更愿意接受跨文化培训。所以，要为文化学习者创造一种文化冲撞的氛围，让他们感受文化冲撞带来的影响。

文化学习是一个潜在的、循序渐进的过程。在不断的接触和认知中，学生才能逐步了解另一种文化并慢慢地接受它。文化输出也应该由浅入深、循序渐进，让学生先认识一些表层文化，然后逐步挖掘其深层的文化内涵，如果输入的文化过多过深，则可能增加学生的学习负担，令他们丧失学习的兴趣。以上各种方法以跨文化能力培养为主要目的，经过变通和再设计与英语教学有机结合，成为跨文化英语教学的方法。

5. 文化知识输入和交际实践相结合

高校英语课程教学要求的目标是以学生语言技能、语言知识、情感态度、学习策略和文化意识的发展为基础，培养学生的英语综合运用能力，提高其人文素养，增强其实践能力。英语学习者交际能力的培养即跨文化能力的培养是汉语文化背景下英语教学的主要目标之一。交际能力的一个重要特征就是使学生在与对方交流的过程中能根据话题、语境、文化背景等进行得体、恰当的语言表达。在教学中，教师不仅要讲授课文的重点词汇、语法，而且要加入文化背景知识的介绍和讨论，同时要加入中西方文化差异的对比，并对西方的某些文化内容进行延伸、拓展。例如对于西方节日的介绍，可从其产生的来源、相关人物、庆祝方式等方面进行，同时可以让学生自己收集相关资料，并与中国节日文化进行比较，教师再进行归纳总结。

6. 拓宽渠道，利用多种资源来学习跨文化交际知识

国家对高等教育加强重视并加大投资，应充分利用先进设备来辅助英语教学，如多媒体设备、网络教室、远程教学辅助平台等。多媒体技术能提供文字、声音、动静态图像一体化的界面，教师可灵活切换教学中所需要的内容，使课堂及教学更充实、逼真，更具吸引力。学生可以从网上查阅或下载相关的文化资料，也可以通过观看视频资料更直接生动地理解抽象、深刻的文化内涵，这种信息量和影视效果是传统课堂所无法比拟的。在教学方法上，教师应充分利用科技带来的便利条件。教师在课堂上可以通过用多媒体播放电影和视频短片的方式让学生了解其他文化，提供真实的材料让学生去接触多元化的语言与文化。形象生动、真实有趣的视频与文字信息有机结合，作用于学生的多种感官，为学生提供了原汁原味的文化认知素材，激发学生无尽的学习热情和持久的原动力，吸引学生积极参与并主动探索各种活动，从而优化课堂结构，提高教学质量。很多复杂的文化现象通过电影、录像、声音解说，就让人一目了然、豁然开朗了。音像结合的多媒体电化教学手段比其他任何一种教学媒体都能更加全面而真实地展示语言信息。多媒体教学创造了传统教学模式手段无法比拟的、纯正的语言环境，大大提高了文化教学的效率。多媒体教学具有时空无限制的优点，学生可以在课堂外随时利用多媒体教学资源进行学习、咨询、求教，大大拓宽了学生的视野，并提高了学生学习的效率。

电影和视频是了解外国文化最直观、最便捷的手段。但是教师在选择影片和视频时必须慎重，影片和视频所播放的应该是有助于沟通和交流的文化背景知识，而非那些有本民族传统和价值的材料。同时，这些影片应该是学生感兴趣的。这些影视材料也应该反映文化多样性，即教师应该选择代表不同民族文化的影视作品，而非单纯的英美影片。

除此之外，学生可以学着通过电子邮件、网络聊天等方式与其他英语使用者进行交流；在教学中可以引导学生阅读各类英文读物，扩大学生的阅读面，让学生从各方面接触西方社会的文化。博览群书才能更广泛地了解不同的文化，理解社会现象背后隐藏的文化差异，这样有利于培养学生的跨文化交际意识和能力，使他们对文化的了解更深刻。

7. 探索创新合适的文化评估方式

目前还没有一个统一的标准和评估方式来考查学生的英语文化水平。测试以考查学生的文化知识记忆能力为主，而这远远达不到文化教学的目标，即培养学生的跨文化交际意识与能力。因此，文化测试导向应探索倾向于以实用为主的方法，如可以对某一文化主题进行讨论，让学生分角色表演，创造机会鼓励学生与其他不同文化的英语学习者进行交际等，对其文化运用能力进行评估。

8. 延伸教学空间，拓宽学生学习和运用英语的渠道

除了课堂教学，教师要定期举办中西方文化比较、英语文化概要等关于英语文化知识的讲座，邀请著名学者、专家、外籍人员向学生介绍英语国家的历史、习俗、人文风情等文化知识。无论是在课堂上与外教交流还是直接参与课外真实生活的交流，都可以帮助学生加深对语言规则和行为模式、文化背景的理解。积极地利用课外英语资源，鼓励学生多了解英语国家的文化背景，利用课中和课余时间积极组织英语角活动，让学生在练习语言的过程中有效地克服母语的干扰、语言的障碍，并培养英语交际能力。同时还可以增加欣赏英语歌曲、名人演讲、英语短剧表演、电影片段等学习形式，让学生在实践中深刻地体会英语国家的文化知识。成立一些英语交流组织，如英语沙龙、英语角等，可以不定时邀请外籍教师、留学生参与，他们身上最能体现自己民族的文化特征，这是与中国教师相比最大的优势。因此，学生应积极寻找与外教交流的机会，可选本校的外教，也可以在网络上寻找适合的语言交流伙伴。通过实践体会他们的思维方式和语言表达方式，深刻感受英语文化的魅力，只有融入英美文化，学生的跨文化交际能力才能真正得到提高。总之，交流是深入浅出的、潜移默化的、较好的教学方式。

9. 培养教师的文化教育综合素质

教师肩负培养提高学生跨文化交际能力的重任，因此在教学中教师首先要努力提高自身的理论水平，更新教育观念，树立“英语教学是一种文化教育”的思想，并把这种思想传递给学生。教师不仅应该精通传统的英语教育，还应该熟悉国外文化。英语教师作为学生跨文化交际能力的培养者、跨文化的传播者，其自身的跨文化交际意识和能力至关重要。在教学过程中应该有意识地加入对文化背景的解释，并与相关的中国文化进行对比，这样学生就很容易在学习中了解英汉文化的异同。因此，要培养教师本身的跨文化意识，可通过自修、培训等各种办法提高教师的水准，使其在授课时自觉融入英语文化的背景，及时给学生输入文化知识。

语言的教与学的具体实施主要由教师及学生共同承担。在这样一个培养学生跨文化交际能力的大环境下，在教学上就要改变传统的教师讲、学生考前突击的教法，而改为以学生为主、教师指导的方式。帮助学生收集资料，自觉地吸收中西方文化的营养，教师由“前台的圣人”转向“后台的向导”，同时加强对双重文化的学习。只有具备这两种能力才能在教学过程中对学生发挥启发、引导的作用，才能充分调动学生的积极性，有效地组织以学生为中心的课堂教学，发现问题、解决问题，提高学生的人文素养。要全方位实施双向互动，语言的学习过程就是文化学习和交流的过程，是活的语言实习过程。同时，高校应该为英语教师提供更多的机会去进修、交流或出国学习，更新英语教师的知识体系，提高理论素养。英语教师本身的文化视野对跨文化交际会产生直接影响。所以，英语教师要有意识地扩大自己的知识面，以适应跨文化教育。教师还应积极利用现代化的手段来拓展英语文化视野。

随着中国经济的发展和对外交流的不断深入，当代社会呼吁培养更多既有专业知识又有扎实外语基础的复合型人才，因此重视高校公共英语文化教学，培养大学生跨文化英语交际能力，是现在高校公共英语教学的一个趋势。

二、跨文化交际英语教学

（一）跨文化交际的内容

文化从广义上讲是“人类在社会历史发展过程中所创造的物质财富和精神财富的总和”，从狭义上讲是“一种生活方式，是我们生存、思维、感觉和与别人发生关系的环境，是联结人们的黏合剂”。归纳起来，跨文化交际包括以下五个方面的内容。

第一，语言交际，包括词汇、习语、语法、语段、文章等。

第二，非语言交际，包括面部表情、眼神、手势、姿势、体态等。

第三，交际习俗与礼仪，包括打招呼、称赞、称谓、访友、做客等。

第四，社会结构及人际关系，包括家族关系、亲戚关系、朋友关系、同事关系和社区关系等。

第五，价值观念，包括人们的信仰、看法、观点等。

（二）跨文化交际英语教学的步骤

一个人的母语文化认知图式是自然形成的，而目的语文化的认知图式是一种特定的思维模式。所以，在教学过程中应充分发挥想象，设计各种各样的活动来提高学生对英语学习的热情，加深他们对英语的理解。下面为教学活动的步骤。

1. 准备阶段

针对教学内容中所包含的文化知识，教师首先要了解学生的掌握程度，其次可以采取教师讲解、问卷测试、直接问答、词汇联想、图片实物展示等方法让学生对将要学习的内容有一个初步的了解。

2. 讲解阶段

教师针对所学内容的特点采取不同的方法，使学生的学习效率最大化。

（1）对比法

涉及语言交际方面的内容，如汉语里“像老黄牛一样勤恳”“力大如牛”，在英语里为“work as a horse”“as strong as a horse”。这是因为中国人用牛耕地劳作，而英国人却是用马来耕作的。同样，汉语有“害群之马”的俗语，英语中则为“black sheep”。

涉及非语言方面的内容，如外籍教师穿着很随便，在公开场合甚至可以穿短裤，上课时有的还坐在课桌上，嘴里嚼着口香糖。中国教师则不会这样。

在交际习俗与礼仪方面，中国人在饭桌上喜欢互相劝酒，但这在西方人眼里就是强人所难的举动。在西方国家，孩子在家可以随便称呼父母长辈的名字，而这在中国是很不敬的行为。在西方国家，两个好朋友一起出去吃饭喜欢“AA 制”，而这在中国人看来是不讲朋友情面的事情。

在价值观念方面，多数西方人个人价值至上，追求个人成功，而中国人倾向于社会、集体价值至上。

（2）翻译法

英语学习者存在的一个共同问题是：当他们在做翻译练习时，目的语中没有生词，但英汉两种语言在词汇、语法、句型结构等方面有很大差异，导致翻译出来的语句不符合目的语的习惯。所以，教师可以采用翻译法进行教学，对典型句子的翻译在提高学生翻译水平的同时也能提高学生的文化意识。举例如下：

我很想你。I very think you.

你怎么去上学啊。You how go to school.

你给我站住。You give me stop.

给你点颜色看看。Give you some colour see see.

以上都是学生在初学阶段很容易犯的翻译错误，主要是对英语语言及文化缺乏了解导致的。

（3）互动法

英语教师与学生互动交流，让学生联想具有类似文化差异的中西方不同词汇或语言现象，以增强英语教学效果，提高学生的英语学习水平。

3. 习得阶段

跨文化差异学习的最终目的是使学生掌握文化差异，从而在交际中更加得体。而这些差异的理解和掌握也要通过不同的课内外活动的练习而习得。

例如：角色扮演；努力创造跨文化交际的机会，如创造条件使学生有与外籍人员面对面交流的机会；使用一定比例的国外原版教材，并努力提高自编教材的真实性；充分利用现代化教学手段；充分利用外籍教师；引导学生阅读外国文学作品、报刊文章，推荐学生观看体现文化背景、风土人情、社会习俗等内容的电影；开展丰富多彩的课外活动，如文化讲座、知识竞赛等，引导学生逐渐养成自觉吸收不同文化的学习态度。

（三）跨文化英语教学框架

高校英语教学的目的是通过专业英语学习或以内容为基础的英语学习，学习者进一步巩固和提高英语基础知识和应用能力，通过各种形式的文化学习和跨文化交际体验来增强跨文化意识和跨文化交际能力，从而发展成为具有较强跨文化交际能力和独立专业学习能力的人才。走出高校后进行英语学习的目的是通过参加各类培训或通过各种社会和工作实践，学习者进一步巩固和提高英语交际能力和跨文化交际能力，同时增强自主学习的能力，培养终身学习的思想。这一框架不仅是英语教学的需要，也是培养新时代跨文化交际人才的需要，因此应引起英语教师及英语学习者的高度重视，成为英语教学和学习的基本内容。

第二节 跨文化英语教学的策略

一、跨文化英语教学的原则

在外语课堂上进行文化教学应遵循四个原则，即认知原则、同化原则、比较原则及宽容原则。在双向文化导入的教学模式中，应遵循相互尊重、求同存异和去粗取精的原则。文化教学有十个目标：了解生词和短语的文化内涵；了解在一般情况下的行为准则；培养对目标文化的兴趣并加深对目标文化的了解；了解跨文化交际的区别；了解文化内部的习俗和区别；了解类似科研的课题；学会用综合的观点看待目标文化；具备对有关目标文化论述的评估能力；学会设身处地地对待目标文化和目标文化国的人民；有对目标文化进行研究的学术能力。

语言形式本身蕴含丰富的文化含义及语言使用离不开文化环境的事实决定了语言教学必然涉及文化教学，文化教学可以通过语言教学进行。在英语教学中加强文化教学对加深语言内涵的理解、增强英语教学的实用性、提高学生的跨文化交际能力，都将起到重要作用。高校英语文化教学要注意遵循如下原则。

（一）文化平等原则

世界上各个民族的历史文化传统不同，生活环境、发展程度不同，但各种文化都是平等的，不同的文化并无好坏之分。各民族文化都是经过一代又一代传承、积淀形成的。文化平等意识是双向文化导入的基础。跨文化交际是两种不同文化间的交流，是本土文化与目的语文化间的交流，其实质是在相互平等、相互尊重的基础上充分理解对方而不改变自己的平等交际。每一种文化都是其社会生活发展的产物，是用来满足该文化群体的生活和精神需要的，因此不能用好坏的标准来评判。中西方文化都有自己的特点，因此对待中西方文化既不能自卑也不能盲从，在教学中要客观地以无歧视、无偏见的态度来对待异族文化。只有相互尊重、相互学习，才能共同繁荣，所以相互尊重原则是双向文化导入的基础。

在跨文化交际中，必须克服以本民族的文化标准来衡量或判断对方言行的想法，避免用本民族标准来判断好坏对错。只有在相互尊重的基础上，才能以平和的心态去审视、吸收另一民族文化的精华。因此，在英语教学中，必须让学生树立文化平等意识，只论异同，不论褒贬，以中立的态度理解和学习西方文化，同时要学会用英语去讲述中华民族的灿烂文化。

（二）吸收原则

全盘目标文化与全盘本位文化都是不可取的，一国文化只有在适应世界文化多元化的同时保持自己的独立性和民族性，才能更好地生存。去粗取精是必然结果。在中西方文化发展的过程中，由于受当时社会的政治、经济及科技的制约，必然有一部分内容具有时代局限性，有些内容甚至是有悖科学发展的。在英语教学中，注意摒弃过时的、不健康的文化信息，重视正面的、积极的文化信息的对比，吸收英语文化的精髓，为我所用。

“求同”在文化教学中容易把握及实施，学生也较容易理解。“存异”是在教学中应该着重讲授的方面。对待异于本民族文化之处，首先要认知、理解，分清楚哪些是可接受的，哪些是不可接受的，对待其中的一些闪光点甚至应是欣赏的。

（三）有效性原则

英语学习的最终目的是使学生具备跨文化交际能力。有效的交际除了共享同一语言系统，还依赖于交际双方对宽泛的交际环境，具体的交际环境、情境因素，以及规范系统这些相关因素的理解和掌握。宽泛的交际环境包括文化环境、心理环境和自然地理环境因素等；具体的交际环境、情境因素是指交际双方的社会地位、角色关系、交际发生的场合、所涉及的话题等；而规范系统是指某一社会成员规定的行为方式，以使其能被本社会的其他成员所理解。跨文化交际双方要想进行有效交际，必须实现以上这些方面的共享。因此，英语教学中文化内容的选择必须包括价值观念文化、地理文化、情境文化、社会规范文化（言语规则和非言语规则），充分考虑文化内容的有效性。

（四）适度原则

语言教学并不仅仅是文化教学，应该坚持以语言教学为主、文化知识为辅的方针，不应为介绍而介绍，应重视教材教学的需要。

（五）循序渐进原则

除了要注意文化教学内容引入的有效性，其引入内容的重点、方式及数量都必须与学生的英语语言能力相适应，必须根据学生的语言水平、接受能力和领悟能力及文化内容本身的层次性和一致性来确定文化教学的内容，由浅入深，遵循循序渐进的原则。例如，自然地理文化、情境文化分别属于表层文化和中层文化，其内容相对具体，容易理解，可先安排这类内容，让学生熟悉并了解这两类文化差异，在此基础上导入文化中深层次部分的内容，即社会规范文化和价值观文化。根据学生的语言水平、接受和领悟能力，确定文化教学的内容，培养学生对目标文化的兴趣，由浅入深，由简单到复杂，由现象到本质。

总而言之，语言和文化相互影响、相互作用，理解语言必须了解文化，理解文化必须了解语言。在英语教学中增强学习者的文化意识，是促进跨文化交际的任务。

二、跨文化英语教学的策略

在具体的日常教学中，可以从以下几个方面入手。

（一）从词汇方面入手

要注意词的意义及内涵，英汉两种语言在词义上并不是一一对应的关系，挖掘词语的内涵，有利于正确理解词语。“white”的意思为“白色，白色的”，象征着干净、纯洁，但是“white elephant”却不是“白色的大象”的意思，在英语中它喻义“昂贵而无用，但又不易处理的物品”。“white horse”意思为“海上的白浪头”，“white lie”意思为善意的谎言，“white-haired boy”意思为“大红人”。同样，汉语“白费事”“白痴”“白花钱”中的“白”在英语中也不能和单词“white”相对应。从词汇开始文化学习，可避免学生望词生义，理解错误。

（二）从习语方面入手

从习语的角度着手进行文化教学是有成效的。因为习语是语言发展的结晶，具有强烈的文化特征，学生学习习语既能学到语言又能学到文化，并能从大量的语言材料中看到语言与文化的密切关系，从而加深对英语民族文化与本民族文化的了解，提高语言的交际能力。英汉两种语言中丰富的习语体现了不同的文化特征。例如：汉语中“掌上明珠”的英文为“the apple of someone’s eye”；“手气好”的英文为“have the Midas touch”；“说话兜圈子”的英文为“beat about the bush”；“心怀叵测”在汉语中意思为“没安好心”，英文为“have an ax to grind”，直译为“有一把斧子要磨”；“厚着脸皮去干”

的英文为“have the gall to do”，其中“gall”是“胆汁”的意思，这里直译为“有足够的胆汁去做”，因为中世纪欧洲的医学认为，如果胆汁分泌过多，人就会傲慢无礼或不知羞耻；“没骨气”的英文为“have no guts”，其中“guts”是“内脏”的意思，人们将其引申为“勇气、毅力或力量”。针对这种现象，教师应指导学生做好这方面素材的收集，进行比较分析。

（三）从社交礼节及习俗方面入手

社交礼节是指某文化或成员在特定类别的交际活动中共同遵守的规则与习惯，中西方社交礼节因受各自文化的影响和制约，存在一定的差异。例如：男女共同出门，男士要请女士先走，并说“Lady first.”；对于别人的称赞，西方人会很高兴地接受且回应“Thank you.”；接受别人的礼物要当面拆开并表示对送礼人的感谢；在与西方人交谈时，忌讳打破砂锅问到底；等等。这些基本的西方社交礼仪和习俗的学习既能使学生了解西方习俗，也能激发学生学习英语的兴趣。

三、英语教学中跨文化交际能力的培养

（一）英语教学与学生跨文化交际能力的培养

对于跨文化交际学的研究不仅有助于人们预见和解决现实生活交际中出现的诸多问题，增强人们对世界各国文化的了解，也可以拓宽语言研究的社会面，将语言研究和跨文化研究有机地结合起来。这不仅在理论上有必要，而且对于英语教学实践有实际意义。对这门学科的深入研究，不仅提供了探讨语言交际的新的理论依据与角度，而且使英语教学的内容得以充实与丰富。跨文化交际与英语教学密不可分，这是因为英语教学不仅传授语言知识，更要培养学生的交际能力，尤其是灵活有效地运用外语进行跨文化交际的能力。因此，从这个意义出发，将英语教学看作跨文化教育的一环更加恰当。随着改革开放的深入发展，中国迅速走向世界，社会对大学毕业生的英语实际运用能力提出了更高的要求。但是在这些方面，我国的教育明显滞后。一方面在于普遍的应试教育带来的负面影响，另一方面在于传统的外语教育观还紧

紧地束缚着教师的手脚。目前，英语教学中存在的问题概括起来有三个方面。首先，当前英语教学把学习语法和词汇当作外语学习的全部。这样教育出来的学生不仅发出信息的能力很差，获取信息的能力也很差，综合交际能力低下。其次，学习方法陈旧。受传统汉语学习的影响，学生的注意力往往集中在词、句的理解上，而较少注意篇章；学生往往重视信息的接收，却忽略信息的发出。最后，虽然学生综合语言能力较强，但是跨文化理解能力差，缺乏社会技能。语言失误很容易得到对方的谅解，而语用失误、文化的误解往往会导致摩擦，甚至造成交际失败。

（二）跨文化英语教学与传统英语教学的区别

长期以来，在高校英语教学实践中，教师更多地重视对学生进行听、说、读、写、译等语言基础知识的训练，认为学生只要掌握了语音、词汇和语法规则，就能理解英语和用英语进行交际，而忽视了文化教学，尤其是对学生跨文化交际能力的培养。实际上，由于学生缺乏语言的文化背景知识，不了解中西方文化的差异，因此在英语学习和交际中屡屡造成歧义、误解、语用失误。例如：听到别人赞扬时，西方人一般表示接受赞扬，中国人则一般表示受之有愧；中国人召唤他人走近时常用手心向下、手指向内连续弯曲的手势，西方人则用四指弯曲食指向内勾动的手势；“freeze”的释义是“结冰、冰冻”，而在西方人的日常用语中表示“站住、不许动”。

跨文化英语教学与传统英语教学在教学目标和教学内容上的不同决定了它们教学的原则和方法不同。跨文化英语教学既要关注英语教学的语言文学目标，又要重视英语教学的社会人文目标，它在教学原则和方法上与传统英语教学最大的区别体现在以下几个方面。

1. 语言教学与文化教学有机结合，语言与文化互为目的和手段

英语语言的学习是文化学习的手段，文化学习和跨文化交际是英语学习的目的；文化学习为英语学习提供了丰富多彩、真实鲜活的素材和环境，是英语交际能力培养的重要保证。语言教学与文化教学的结合贯穿英语教学的各个阶段、各个环节。

2. 跨文化英语教学特别重视调动学生的各种学习潜能和机制，多层次、多渠道地进行教学

语言的学习和文化的学习都是一个终身学习的过程，学生不可能永远依赖教师进行学习。自主学习能力的培养和文化学习方法的探索是跨文化英语教学的重要内容，所以跨文化交际能力的培养需要高校教育与社会实践的结合，跨文化英语教学特别重视调动学习者的各种学习潜能和机制，充分利用各种教学手段，多层次、多渠道地进行教学。跨文化交际能力的培养过程就是学习者的认知、情感和行为不断变化的过程，它需要学习者积累知识、转变态度、调整行为、发展技能。这种学习要求只有通过开发和应用多种教学手段才能得到满足，日益发展的多媒体网络技术为此开辟了新的途径。

3. 跨文化英语教学重视学生本族文化的作用

比较和对比是实现这一教学目的的主要方法，学习者在英语语言学习和文化学习过程中，不断地对本族文化现象与其他文化的相关现象进行比较和对比，形成对本族文化的再认识。

4. 跨文化英语教学体验探索式的教学方法的作用非常明显

跨文化英语教学虽然是说教式教学方式与体验探索式教学方法并举的，但后者的作用非常明显，因此高校英语教学不能只注意语言教学，对文化背景知识的了解是培养学生跨文化交际能力的前提。只注意形式而不注意语言的内涵，是学不好外语的。在高校英语教学中，必须加强文化教学（文化背景、文化差异和文化比较），帮助学生在学习语言时了解和掌握与本国国情不一致的他国事物、现象和文化，提高对文化的敏感性，利用他们发自内心地想了解其他民族的兴趣和动力，提高和完善其语言交际能力，真正实现英语教学的目的。英语教学必须重视文化之间的差异，要注意不同文化背景、社会价值观和思维模式的关系。教师应该充分利用各种手段加强语言文化导入，向学生进行文化渗透，将语言、文化融为一体，让学生能同时学到语言知识和文化知识，从而提高学生的跨文化交际能力，使学生在实际中正确运用语言。

（三）跨文化交际英语教学策略

英语教学的根本目的就是使学生与不同文化背景的人进行交流，实现有效的跨文化交际；全面提高英语教学的水平，大幅度提高学生的外语实际应用能力。这不仅是中国经济发展的迫切需要，也是跨世纪的中国高等教育的一项紧迫任务。为了实现这个目标，要真正认识到外语是跨文化教育的关键一环，把语言看作一个与文化、社会密不可分的整体，并在教学大纲、教材设置、课堂教学、语言测试及第二课堂里全面反映出来。

人类的交际不但是一种语言现象，也是一种跨文化现象。英语教学的目的是交流，而在我国目前的教学体系中，高校英语教学把侧重点放在语言知识的传授上，忽略了跨文化交际能力的培养。因此，教师要转变自己的观念，切实认识到文化冲突的危害性和培养学生跨文化交际能力的重要性，同时要采用相应的策略和方法。

1. 转变观念

在我国，英语教学大多只在课堂上进行，教师起着绝对的主导作用。教师倘若只把重点放在语法和词汇教学上，学生就不可能掌握语言的实际运用，也无法获得跨文化交际的能力。因此，授课教师要转变观念，切实认识到文化冲突的危害性和培养学生跨文化交际能力的重要性。通过加强学习，不断进行知识更新，提高自身的综合文化素质，切实全面地把握英语文化知识教育的量与度，以及教学的具体步骤和方法，加强师生互动，增强课堂氛围，注意课下引导和点拨，全面提高英语教学水平，以达到预期的教学目的。

2. 改进传统的教学方法

一直以来，高校英语教学都注重语言知识的传授，而忽略跨文化交际能力的培养。为了改变这种局面，教师应该改进单一、呆板的教学方法，从质和量两个方面对课堂教学中的文化教学加以控制，并利用电影、互联网等先进的现代化教学手段来充分调动学生的学习积极性和主动性。同时，可以举办一些专题讲座，以满足学生的求知欲，为培养具有较高跨文化交际能力的人才搭建知识平台。

3. 引导学生广泛接触西方文化知识

高校学生有充分的可支配时间，仅仅依靠教师在课堂上的教学来培养跨文化交际能力是远远不够的，教师要引导学生充分利用课外时间，广泛阅读西方文学作品、报纸杂志等材料，从中汲取文化精华，提高文化素养，扩宽文化视野，增强跨文化交际能力。另外，还要鼓励学生直接与外教交流，听外教做报告或讲课，这种方法能够起到潜移默化地促进跨文化交际能力提高的作用。

（四）跨文化英语教学的原则

跨文化英语教学与传统的英语教学在教学目标和教学内容上都有着很大的不同，因此在教学方法和原则上也必然有所不同。跨文化英语教学的基本出发点是将英语作为国际通用语进行教学，将培养跨文化交际能力作为教学的最终目标。正因为如此，教学内容大大超出了交际法英语教学所圈定的目的语和相关目的语文化的范围。虽然目的语和文化仍然是跨文化英语教学的核心内容之一，但是只包括目的语和文化的教学不能满足英语作为国际通用语和跨文化交际的需要。跨文化英语教学将教学环境扩大到整个国际社会，不仅包括以英语为母语的国家和地区，也包括将英语作为第二语言的国家。这样的教学内容和教学目的不可能完全通过传统的知识传授和机械训练的方法来实现，引导学生掌握语言学习和文化学习的方法，培养他们独立思考和自主学习的能力，是保证跨文化英语教学成功的一个重要条件。一般来说，教师是教学的主要执行者，是教学的主体。但是在跨文化英语教学中，学生的中心地位要凸显出来，英语教学也要遵循如下原则。

1. 以学生为中心，以引导学生进行自主学习为主要教学模式

学生是教学过程的真正主体，教师的教学、教材的编写和教学方法的设计与选择都必须围绕学生的实际需要进行。在跨文化英语教学中，学生的英语语言学习需要得到应有的重视，在整个教学过程中，学生对母语和本族文化的体验和理解、对目的语文化和其他文化的态度、个人综合素质的提高，包括立体思维方式的形成和跨文化交际能力的培养，甚至对整个

人生的态度等，很多与学生的过去、现在和未来密切相关的主题都是教学设计和教学活动的考虑因素。就教师而言，引导学生进行自主学习是其主要任务，虽然知识的传授和规则的讲解仍然必不可少，但是教学的中心应该转向学生自主学习能力的培养。这一点对于跨文化英语教学来说非常重要，原因之一是当今世界信息爆炸式增长，知识不断更新，培养学生终身学习的思想，使其掌握独立学习的方法，成为教育界普遍关注的一个方面。另一个原因是，跨文化英语教学的目标和内容相对于传统的英语教学而言扩大了无数倍，而教学时间基本不变，不可能有大幅度的增加，因此学生在校期间对很多教学内容无法接触和学习，教师只有通过授之以渔的方式，才能确保教学目标的最终实现。这也是将学生离开高校后的英语和文化学习也纳入整个教学体系的原因。

2. 语言教学与文化教学有机结合

语言和文化在跨文化英语教学中互为目的和手段。英语发展成为国际通用语的原因之一是跨文化交际日益频繁，来自世界各地、各民族、各文化群体的人需要将这一通用语作为沟通和交流的媒介，因此英语学习的目的之一就是进行有效的跨文化交际。而且，由于英语语言学习本身涉及文化的学习，所以完全有理由说英语语言的学习是文化学习的手段，文化学习和跨文化交际是英语学习的目的。反过来，文化学习为英语语言学习提供丰富多彩、真实鲜活的素材和环境，大量文化材料被引入英语教材和课堂，不仅使英语学习趣味盎然，而且是英语交际能力培养的重要保证。总之，跨文化英语教学包含语言教学和文化教学，两者相辅相成，不可分割。所以，在教学设计和课堂教学中语言教学和文化教学必须有机结合，这种结合体现在英语教学的各个阶段、各个环节。虽然根据学习者的认知水平和学习需要，不同阶段和不同课程对语言和文化各有侧重，但是在跨文化英语教学中没有单纯的语言课或文化课，只要具有这种意识，就总能找到两者的结合点。

3. 注重思维方法，遵循交际规则

文化会影响人们对外界事物的看法和认识，处于不同文化中的人在思维方式方面必然会有差异。思维方式是沟通文化与语言的桥梁。西方文化的思维方式注重逻辑和分析，东方的思维方式则表现出直觉、整体性。西方人比较直接，属于直观性；中国人含蓄委婉，思维方式带有意会性。思维方式是文化的一部分，渗透于人们生活的各个领域，当自身的思维方式和交际对象的思维方式发生不同程度的冲突时，便会引起跨文化交际的种种障碍。中西方思维方式不同，为了跨文化交际的顺利进行，应该遵守交际规则，尊重交际对象的文化。

4. 调动学习者的各种学习潜能和机制，多层次、多渠道地进行教学

这一原则有三个前提：学生具有多种学习潜能和机制；跨文化英语教学包含态度、知识和行为多个层面；教学可以通过听、说、读、写、感觉和思维等多种渠道进行。每个人都有三个方面的八种智能机制。

①个人智能（personal intelligences）

第一，内省智能（intrapersonal/introspective—self smart）。

第二，社交智能（interpersonal/social—people smart）。

第三，音乐智能（musical/rhythmic—music smart）。

②学习智能（academic intelligences）

第一，逻辑智能（logical/mathematical—logic smart）。

第二，语言智能（verbal/linguistic—word smart）。

③表达智能（expressive intelligences）

第一，身体语言智能（bodily/kinesthetic—body smart）。

第二，视觉空间智能（visual/spatial—picture smart）。

第三，自然主义智能（naturalist—nature smart）。

通常高校教育只注重发挥学习者的学习智能机制，即他们的逻辑思维和语言理解及表达能力，忽略了其他智能机制的作用。实际上，稍加分析便不难发现，以上八种智能机制只要使用恰当，就都可以成为有效的学习工具，尤其对于文化学习来说，个人的、情感的和自然的机制更是实现教学目标所不可缺少的。这些不同层面的机制很少单独起作用，它们往往相互补充、相互配合，优化学习过程。学习者的内在学习机制需要外部条件（如教学手段）的配合和刺激才能有效发挥其促进学习的作用，科学技术的飞

速发展和社会文化环境的不断改变为此提供了条件。多媒体和网络技术的发展有利于视听教学材料的开发，使虚拟现实成为可能。同时，丰富多彩的社会文化环境和不断发展的国际、国内旅游及文化交流都为学习者发挥个人、学术、情感和自然等学习机制创造了条件，使他们不但能够调动多种感官去学习语言和文化，而且还能获得语言交际和文化交流的亲身体验。总之，跨文化英语教学要求各种学习机制及多重外部环境和手段同时起作用，实现内因和外因的有机结合，使语言教学和文化教学达到最佳效果。

跨文化英语教学强调学习者要在认知、情感和行为各个层面上共同进步。教师在制订课程计划和设计教学活动时必须考虑这三方面的教学需要，帮助学习者达到跨文化交际能力和个人综合素质发展所要求的知识的积累、态度的转变和能力的提高。

5. 充分考虑学习者的认知发展水平和语言文化学习的规律

不同年龄层次的学习者在认知水平、情感发展和经历、经验上都有很大的差别，这些差别必然导致教学内容和教学方法的不同。一般情况下，对于年龄较小的学习者来说，与他们的生活和学习息息相关的、具有可比性的、具体的、直观的教学材料较为合适。随着学习者认知水平的发展、心理承受能力的增强和人生体验的增加，语言和文化教学内容的深度和广度逐渐扩大到一些间接的、复杂的、需要进行抽象思维的意识形态领域。就文化教学而言，这种相关性和适合性的原则至关重要。跨文化交际能力的培养是一个漫长而复杂的过程，在这个过程中，学习者对母语和本族文化的理解和体验是学习过程中不可缺少的一部分，学习者在学习外国文化的同时，还一直处于一种自我认识、自我反省、自我批评、自我完善的状态中，任何与他们的经历和认知能力相去甚远的教学内容和方法都将背离以“自我”与“他人”比较对照的文化学习原则。

（1）平衡教学内容，在向学习者提出挑战的同时，给予他们适当的支持和帮助

任何教学活动都涉及教学内容和教学过程两个方面。为了取得最好的教学效果，内容的安排和过程的设计必须考虑对学习者的挑战和支持程度。理

想的教学应该是挑战和支持得到很好的协调。如果内容复杂，难度较高，那么教学活动或过程就应该相应降低难度，给学习者较多的支持；相反，如果内容简单、难度较低，教学活动就应该具有较高的挑战性。只有这样，才能保证学习者从教学中得到最大的利益。否则，复杂的教学内容被置于挑战性很强的教学活动中进行学习，学习者就会有很强的恐惧心理和挫折感，不利于调动他们的学习积极性；相反，如果内容简单，教学活动又缺乏挑战性，那么学习者的学习潜力得不到发挥，他们也会觉得乏味，学不到东西。处理好教学内容与过程、挑战与支持之间的辩证关系是跨文化培训的重要理论和原则，对于跨文化英语教学来说同样适用。

（2）说教式的知识传授法与体验探索式的教学方法相结合

说教式方法是一种通过讲座、讨论等形式进行知识传授的方法，它主要能促进学习者的认知和理解，有利于学习者学习、掌握语言和文化知识，分析和理解文化差异，这种方法与逻辑推理中的演绎法类似。不足之处在于：在说教式教学中，学习者在很大程度上处于一种被动接受的状态，对知识的获取和对概念的分析理解是其主要形式。在这样的教学活动中，跨文化英语教学所要求的学习者在态度和行为层面上的进步和发展的目标难以实现。正因为如此，跨文化研究者主张采用一种类似归纳法的体验式教学法。这一方法以学习者为中心，创造真实或虚拟的跨文化交际情境，让他们去感受、体验其过程，从而使认知、情感和行为各个层面受到刺激，弥补说教式教学法的不足。

（3）培养跨文化意识和敏感性，探索文化学习方法

跨文化英语教学中文化教学的目标和内容非常广泛，如果将这些目标和内容都作为教学的知识范畴，学习者在有限的学习生涯中是不可能全部完成的。在教学中要帮助学生掌握独立学习的方法，树立终身学习的思想，培养跨文化意识和敏感性，这是文化教学的重点。文化教学的另一个重点是加强对文化学习方法的培养。文化学习的目的不是使学习者成为人类学家和社会学家，但是使其掌握一定的文化研究和学习方法是非常必要的，文化作为动态发展的过程，要求学习者在学习和跨文化交际能力的培养中结合高校教育

和社会实践。教师在教学过程中必须有意识地引导学习者对文化现象进行分析、解释，对不熟悉的文化内容进行探索，并不断对自己的学习过程进行反思，及时总结经验，这就是所谓的元认知学习过程。文化学习的方法有很多，其中文化人类学所采用的参与观察法，以其体验式、探索式的优点而成为一种被广泛推崇的方法。

（4）教学内容和过程情境化与个人化

跨文化英语教学的特点之一是将语言学习和文化学习与学习者的个人体验和发展需要紧密结合起来。它不仅间接影响学习者综合素质的发展，而且紧紧伴随学习者个人一同成长，通过不断促使他们对自己的态度、行为、价值观和人生观进行反思，直接影响他们的综合素质。跨文化英语教学对个人综合素质培养所起的作用是通过教学内容情境化和个人化来实现的，因为只有置于具体的情境之中，文化内容才能焕发活力，才能显现出文化对社会和个人的调节和指导功能，才能使学习者身临其境地感受文化的作用，才能刺激学习者的多种学习机制；只有将教学内容和过程与学习者的个人经历结合起来，才能激发他们学习目的语文化和其他文化的兴趣，才能为他们将本族文化和其他文化进行对比创造机会，才能促使他们反思自己的态度、行为和价值观念。此外，情境化和个人化也是语言教学的需要，一方面，这有利于保持学习者的学习积极性；另一方面，情境英语教学将语言教学内容置于真实的社会文化环境之中，使学习者不仅学到了语言知识，而且更多地掌握这些语言知识的具体应用规律、交际法和功能。

（5）对比本族文化与目的语文化，不断反思本族文化

跨文化英语教学的一个突出特点是使本族文化从学习背景中凸显出来，通过与其他文化进行比较，形成一种跨文化的氛围。这种跨文化的氛围有三方面的好处：一是联系本族文化和个人体验进行外国文化和语言的学习不仅能刺激和保持学习者的学习积极性，而且使学习者对所学内容记忆更牢固，理解更透彻，应用更灵活；二是跨文化交际要求学习者了解本族文化与其他文化接触时可能发生的冲突和可以采取的相应措施，只有在外国文化学习过程中不断反思和对照自己的本族文化，才能对文化差异的具体表现有全面深

入的了解；三是增强对本族文化的意识和反思有利于学习者消除或减弱民族中心主义思想，客观认识自己的价值观念和行为习惯，从而培养一种开放、灵活的思维模式。跨文化英语教学的任务之一就是增强学习者对本族文化的意识和理解，而比较和对比是实现这一目的的重要手段。

（6）尊重学习者，注意因材施教

学习者的文化体验和价值观、世界观和思维等个人因素在跨文化英语教学中起着非常重要的作用，是文化教学的基础。跨文化交际能力的培养需要从学习者现有的文化体验出发，通过将本族文化与目的语文化和其他文化进行对比来增强跨文化意识。正因为如此，在教学过程中一定要尊重学习者的个人体会、文化背景、价值观念、思想感情等，不能对学习者及其思想感情持有轻视、蔑视、否定及批判的态度。

此外，任何学习者都有自己的学习风格和方法偏好，在以学习者为中心的跨文化英语教学中，因材施教非常重要。教师还可以在迎合学习者学习风格的基础上，有意识地向他们介绍一些适合他们的其他学习风格，让学习者了解不同学习风格和方法的优点和不足，鼓励他们尝试其他学习方法，增强他们学习的灵活性。

（五）英语教学中学生跨文化交际能力提高的方法

1. 采用对比法，介绍不同的背景知识

各个民族由于地域、生态环境、政治制度、历史背景、风俗习惯、价值观念、行为模式等不同，其文化特征也不一样。只有通过对比才能发现本国文化与目的语文化之间的异同，从而获得一种跨文化交际的文化敏感性，加深对中外文化的理解，提高文化意识。教师可以在课堂上引入相关典故、风俗，更多地介绍风土人情，捕捉中西方背景知识的不同点，让学生通过对比来了解双方文化的差异，加深对目的语国家文化的认识，从而养成得体的语言习惯。具体内容包括：①体态语对比，即对比中国人与英语国家人喜怒哀乐时的手势与表情、交谈时的体距差距，以及体态语的表意异同；②中外称谓语、问候语和告别语的差异；③中国人与英语国家人对称赞的不同反应；④中外家庭成员之间称呼习俗的差别；⑤英语国家的人在行为举止、待人接物等方面与中国人的异同；⑥中国人与英语国家的人思维与观念的差异。用对比法可提高学生对中西方文化背景知识差异的敏感度，使学生所学的外语更地道。

2. 窄式阅读法

窄式阅读法理论是有利于文化理解的阅读方法，其内涵为集中阅读同一话题的多篇文章，通过阅读理解文本中那些显性和隐性的文化信息，提高文化意识。它对于二语习得非常有效，可以集中提供某一专题的文化内容及其背景知识，使学生可以在较短的时间内熟悉某一文化专题的词汇、题材、风格及文化内容。这种方法有利于学生对目的语国家文化背景知识进行全面的把握，拓宽知识面，开阔眼界。

3. 营造文化氛围，体验异国文化

英语教师的任务是给学生创造、提供真实的、逼真的语言交际环境及情境和创造性地运用语言的机会，使学生在语言使用过程中自由表达他们的思想情感。结合教学内容让学生改编对话进行表演，使学生身临其境地感受语言和文化，同时注意其中有意义的文化细节，提高学生对文化的敏感性和意识，这其中包括问候、致谢、称呼等习语和委婉语、禁忌语等的得体运用。

高校英语教学的课时非常有限，不能仅仅依靠教师在课堂上的教学来培养跨文化交际能力，学生还必须充分利用课外时间广泛阅读西方英语文学作品、报纸杂志和时事评论等材料，从中吸取文化知识，增强文化素养，拓宽西方文化视野，提高跨文化交际能力。

具体到跨文化交际能力培养的实践操作上，学生认同文化教学与语言教学有机结合的方法。

（1）运用文学作品分析进行文化教学

文学作品分析是语言教学的一个常见手段，很多英语教学活动都是通过分析语篇进行的。文学作品蕴含丰富的文化内容，语言形式经典，因此在文学作品分析过程中同时进行语言教学和文化教学是必要的，也是可能实现的。传统的语言教学也有文化内容的讲解，只是教师并没有将其列入教学目标。

在教学中，应将二者结合起来。

（2）词汇教学与文化教学的结合

任何语言的词汇都承载着丰富的文化信息，每个词所包含的文化内涵是任何词典都无法穷尽的。词汇及词汇的使用具有浓厚的文化特点，教师在进行词汇教学时必须介绍该词的文化内涵，尤其是要呈现词汇在真实文化语境中具体使用的情况。在目前的英语教学中，教师通常只是给学生解释从词典上抄来的解释，很少能将其中深刻的文化意义传达给学生。学生对于枯燥的词汇知识被动接受，无法在真实的交际中运用。在词汇的教学中，教师除了将词汇的本义、内涵全面介绍给学生，还应该多设置一些真实的文化语境进行操练，使记忆词汇转变为词汇使用。例如，在学生学习描写人物的形容词时，教师可以选择一些真实的历史人物或当下学生感兴趣的人物，让学生进行描述。这样学生不仅掌握了词汇的含义，还有机会了解它们的内涵；不仅使词汇学习生动有趣，而且将文化学习落到实处。

（3）阅读教学与文化教学的结合

阅读教学被认为是最容易与文化教学相联系的教学活动之一，只要选择包含文化内容的阅读材料就可以实现语言教学和文化教学的有机结合。但是目前很多教师还不能很好地利用阅读教学的优势进行文化教学，或是受传统的语言教学方式影响，阅读教学重视学生的阅读速度、理解力、语法、词汇、句型，忽略了篇章中蕴含的文化信息。要真正实现阅读教学和文化教学的有机结合，必须在确定教学目标和教学内容时考虑文化教学的需要。在实际教学中，教师可通过设计阅读前和阅读后任务将学生的注意力吸引到篇章的内容上，进行相关的讨论和学习。

（4）听说教学与文化教学的结合

听说活动使学生有机会切实感受跨文化交际过程，提高交际能力。就文化教学而言，我们要选取真实的、能够反映目的语文化或本族文化的听说材料。在编写这类听说教材时也要注意考虑学生的语言水平和语言学习的需要，其中包含的文化内容要将语言学习的需要与文化教学的需要结合起来，使学生系统地学习文化知识，增强文化能力。跨文化英语听说教学应该充分利用多媒体教学手段，这不仅有利于提高学生进行语言交际的积极性，更是跨文化交际能力培养的需要。它将跨文化交际的真实情境形象地呈现给学生，有利于学生提高跨文化交际能力。

（5）写作教学与文化教学的结合

写作教学通常贯穿于外语学习的各个阶段。不同阶段写作的体裁、内容和要求都各不相同，但是都可以与文化教学相结合。初学者可以通过所学的词汇和语法知识讲述自己的经历，表达自己的思想，从而巩固所学的语言知识。在学生完成作文后，教师一方面可以指出作文中的语言使用错误，另一方面可以就文章的内容引导学生进行讨论和比较。

随着跨文化英语教学思想的不断深入，以后会有更多更好的方法。教师和学生要转变教学观念，真正做到语言教学和文化教学有机结合，既要促进学生外语交际能力的提高，又要培养他们的人文素质。只有这样，学生的跨文化交际能力才能得到提高。

4. 教学中导入文化背景知识

语言是文化的载体。通过学习一门外语，学生可以了解异国的文化与社会，有利于在将来的多元化社会中学会理解他人，学会互相尊重，寻求合作与发展，共同维护世界和平。语言又是文化的写照，不仅反映文化的形态，而且语言结构部分或全部地决定人们对世界的看法。语言和文化是密不可分的，人们用语言来记录和评价客观事物，语言的应用无不受文化体系的影响和制约，因此要掌握两种语言，必须掌握两种文化。只有跨越目的语国家的文化障碍，才能做到交际的得体与妥当；只有提高语言语用能力，才能在真正意义上实施素质教育。反之，学生会因语义、语用及思维习惯和文化习惯的差异在交际中出现失误与不得体。在英语教学中，文化是指所学语言国家的历史地理、风土人情、传统习惯、生活方式、文学艺术、行为规范、价值观念等。接触和了解英语国家文化有益于对英语的理解和应用，有益于加深对本国文化的理解和认识，有益于培养世界意识。在教学中，教师应根据学生的年龄特点和认知能力逐步扩展文化知识的内容和范围，使学生了解英语国家文化及中外文化的异同；教学中涉及的英语国家文化知识，应与学生的日常生活密切相关，并能激发学生学习英语的兴趣。要通过扩大学生接触异国文化的范围，帮助学生开阔视野，使他们提高对中外文化异同的敏感性和鉴别能力，进而提高跨文化交际能力。

5. 语言教学中的跨文化导入

语义学把词汇的意义分为概念意义和联想意义。概念意义就是词汇的语言意义，而联想意义是与语言使用有关的意义。英语词汇的文化内涵就属于联想意义的范畴，它包含某一文化对某一事物的评价。英汉两种语言中有许多意义相同或相近，但联想、比喻意义不同的词语，如 blue（蓝色）在很多固定用法中含义各异，举例如下：

The **blue baby** nestled in his mother' s arms.（患有先天性心脏病的婴儿）

She has **blue blood** in her veins.（贵族血统）

Mary is a **blue stocking**.（才女、女学者）

He is the manager' s **blue-eyed boy.**（心腹）

在词汇、语法等教学中同时导入跨文化知识，可对学生产生潜移默化的作用。

6. 语言教师的素质提高和角色转换

教师是教育的执行者，教育教学能力是衡量英语教师能力的最主要因素。他们的专业发展在很大程度上决定教育教学质量，决定学科的发展，决定学生的发展程度。要重视英语教师自身的专业发展，是“研究型”教师自身努力的方向。在我国目前的教学体系中，英语教学多半只在课堂上进行，教师起着绝对的主导作用。若教师只把重点放在语法和词汇教学上，学生不可能学会语言的实际运用，也无法获得跨文化交际的能力。因此，授课教师必须转变自己的观念，切实认识到文化冲突的危害性和培养学生跨文化交际能力的重要性，不断提高自身理论及文化素养，努力使自己从课堂的主导者、机械的知识传授者转变为学生学习活动的辅助者、指导者。

实现跨文化交际是大学英语教学的根本目的。全面提高英语教学的效率和质量，提高学生的外语语用能力，是当前中国教育的重要任务。在英语教学中导入跨文化的内容，有利于学生打开眼界，拓展思路，提高学生的综合素质，使其得到一定的艺术修养和中外文化精髓的熏陶，具备一种新的文化意识；有利于提高学生的实践能力和创新能力，减少语用错误。教师需要正确认识跨文化交际教育在外语教育中的重要地位，转变对跨文化交际教学在当前教学中地位的认识，并在课堂教学及课外辅导中全面反映出来，为培养具有跨文化交际素质的人才而不断努力。

第三节　英语中的跨文化教学的必要性

语言之所以成为人类交际的工具、文化的载体，是因为社会成员按照自己民族文化的模式对语言加以运用。语言不仅是在一定范围内社会约定俗成的语音符号和书写符号，它还反映使用该语言的地区的地域特征、经济发展、风土人情和社会风俗。可以说语言反映社会文化，同时受社会文化的制约。只有具备一定的跨文化交际能力，说话者才能有效避免不同文化背景造成的交际障碍和交际摩擦，顺利实现交往的目的。因此，把高校英语教学与文化教学相结合，将有关跨文化交际的知识内容有目的、有计划地融入当前的高校英语教学课程中，有助于学生开阔眼界，扩大知识面，加深对世界的了解，借鉴和吸收外国文化精华，提高文化素养，最终促进其语言应用能力的大幅度提高。

一、跨文化教学是高校英语发展的需要

人类语言的表达形式必然要受到其所置身的社会文化形式的制约。中国人在进入跨文化交际的语境时，因为文化碰撞而产生的误会矛盾时有发生。在跨文化交际研究中，学生都明白一个事实，那就是因为文化而产生的误会要比因语言语法错误产生的误会严重得多。语言语法的错误的结果最多就是词不达意，想要表达的东西无法顺畅地通过语言来将其表达出来。可是，因为文化问题而导致的误会，就会上升为有关民族尊严的问题，往往会使本族人与异族人之间产生严重误会甚至敌意。若想在跨文化交际中有效地避免诸如此类的文化矛盾或冲突，减少跨文化交际过程中有着不同文化背景的人之

间的误会或摩擦，最为有效的方法就是让交际者具备一定的跨文化交际能力，有较为丰厚的文化修养与素质，对交际对象的民族文化与传统有较为深入的理解与认识，只有这样才能够达到有效交际、顺利实现跨文化交际目的。这样一来，高校英语教学就不能够局限于语言知识技能的教学，而应在教学过程中有效地融入有关英语民族的文化教学的知识内容。将英语教学同本国文化教学成功地结合起来，有利于开阔学生的文化视野、扩大学生的知识面、从多角度增强学生对世界的理解与认识，在对异域民族文化的学习与借鉴过程当中培养、提升自我的文化素养，已经成为当前的英语教学界的共识。

二、高校英语跨文化交际教学是当前中国社会经济发展的客观需求

毫无疑问，21 世纪以来，随着我国社会各个层面的改革的继续深化，经济的飞速发展，国际性的事务交流越来越频繁。我国的社会发展需要有一支庞大的、具备跨文化交际能力的队伍参与国际贸易交流，需要一支具备高素质跨文化交际能力的队伍来解决越来越多的国际性事务，以此来更好地增强国际间的交流与合作，使我国的跨文化交际得以顺畅进行。

当然，我国所需要的这种跨文化交际人才，不仅要具备相当的语言沟通交流能力和优化知识结构组成的能力，还必须具备国际性的文化理念与思维，对异域民族文化与传统、日常礼仪与交际原则等都有一定的了解，也就是具备相当的跨文化交际能力。跨文化交际能力是一种双向的沟通交流能力，不仅要对目标交际对象的民族文化有较为深入的理解与认识，而且对于本民族的文化知识与传统，也必须有一定程度的理解，这样才能够在跨文化交际过程中更好地实现双向的交流与互动。在跨文化交际中，要想得体顺畅地同外国人进行交流，仅仅具备流利的语言表达能力与较为丰富的交际对象的语言词汇是根本不够的。若想保证跨文化交际的顺畅进行，必须能要对目标交际对象、历史文化习俗和价值观念等有深入的理解与认识，这样才能够很好地避免在交际过程中因为文化的差异而产生的误会冲突。因此，要培养出优秀的跨文化交际人才，使其在跨文化交际中具备强大的国际竞争力，以更好地

跟上时代发展前进的步伐，更好地满足我国飞速发展的经济、科技及文化对于跨文化交际人才的需求。基于此种发展现状，在高校英语教学过程中有效地融入跨文化交际的教学内容，将跨文化交际教学提升到高校英语教学课程内容的一定高度，逐渐将高校英语教学传统教学方法的听、说、读、写能力训练转移到对于跨文化交际能力的全面人才培养重点上来，培养出适应时代发展需求、具备跨文化交际综合素质与能力的国际性人才，是高校英语教学改革应该关注的重点内容。高校英语跨文化教学除了对目的语民族的文化给予相当的重视，还必须对不同民族之间存在的文化差异给予足够的关注，在文化教学的过程中关注民族文化的差异性，从多个角度、多个层面来增强学生对不同民族文化的理解与认识，从而更好地拓展学生现有的知识结构，帮助学生在英语学习的过程中更为有效地培养跨文化交际的能力与素养，为我国的国际化人才培养打下坚实的基础。

三、高校英语跨文化教学是促进大学生社会性发展的需求

任何一个人都是社会的人，具备着一定的社会属性，同社会的发展紧密相关，在社会中扮演一定的角色，并相应地承担其应有的社会责任。因此，作为个体的人与作为集体的社会之间形成了一种彼此相互联系、相互依赖、共同发展的关系。每一个人都生活在一定的社会当中，既然在社会中生存并且想谋求个人的发展，就得不断地进行学习，而学习则根本无法离开社会的各个方面。基于此，教师有责任也有义务在教学过程当中引导学生通过学习来不断认识社会各个层面的真实情况，对于那些同学生日常生活紧密相关的社会现象，应该适当地引导学生进行必要的理解与认识，这是对学生人生经验与阅历的一种极为有效的丰富途径，对于发展学生的自身认识能力，丰富他们的情感、知识，增强其自我分析能力及对他人、对社会的认知，都有着极大的促进作用。在此基础上，教师才能够更好地引导学生构建自己良好的行为习惯体系，从而培养学生自我良好的社会道德体系、人生观与价值观。对于高校学生来说，大学教学就是促成其社会性发展的有效的助推力之一。对于当前的高校学生来说，他们面对的社会交往关系

及现象更为复杂，多元化的社会交往决定了交往方式的多样化与复杂化。通过跨文化交际教学来培养学生面对社会不同人群与不同的语言群体时应有的交际能力，培养学生在人与人交际合作时的正确态度与意识，从高校与社会各个层面来帮助高校学生提升自我的跨文化交际能力与素养，对于他们更好地认识这个世界、跟上社会与时代发展的步伐及对于自我素质的发展都有着很好的作用。由此可见，我国倡导的高校英语跨文化教学同当前学生培养的社会化目标是同步的，最终的目的就是帮助学生树立正确的理想与信念，培养学生追求平等、尊重差异、相互合作的思想观念与意识。高校英语跨文化教学的目的也是培养当代大学生的文化知识素养综合能力，将每一个学生潜在的能力与其自身所蕴含的聪明才智最大限度地挖掘并发挥出来。无数的教学实例已经表明，在高校英语教学中实行跨文化交际教学，不是一个空泛的概念或者仅限于理论层面的空谈。而且，社会与时代的发展也为具有跨文化交际综合素养的人提供了越来越多的机会与平台，国际性的交流与合作越来越频繁。在高校英语教学中给予跨文化交际教学以更多的关注与重视，不断地从更深的层面来增强、培养学生对不同的民族文化的认同感、包容性，培养他们在面对异域民族文化时应有的包容意识与精神，懂得拥有不同文化背景的人、民族之间彼此相互尊重、平等交流合作，这也是高校学生面向未来发展的一项较为基本的社会生存能力。这是促进不同语言民族之间的文化交流与合作、发展，推动国际间的交流与合作的一项基本能力与素质，是当代大学生社会性发展的必备生存能力之一，是更好地适应时代与社会发展步伐的要求。

四、高校英语跨文化教学是实现民族自强自立的需要

中国要想更成功地实现中华民族在世界之林的伟大复兴，构建起民族的自立自强精魂，高校英语教学是必不可少的环节。因为英语作为当前世界通用语，任何国际性的交往都需要通过这一有效的语言沟通工具来搭建桥梁。中华民族的发展融入世界的整体态势，离不开英语这一世界通用语。但在学习英语的过程中不仅要有能力博古通今、融汇中西，还要能够做到对西方文

化的辩证吸收，这样才能够真正建立起自我强大的文化意识。在学习英语的过程中，要对西方文化及语言对中国文化形成的巨大冲击有一个较为清楚的认识，对其形成的垄断性地位有明晰的判断与鉴别。要清醒地认识到西方文化对我国传统文化形成的巨大的冲击，这一冲击对于中国来说如同一把双刃剑，对于中国的经济科技发展及外贸等来说具有较大的积极促进作用，可是对于中国的意识形态领域来说则是一个巨大的挑战。

随着我国的综合国力飞速提升，一些国际交往越来越频繁。在此种情态下，我国对于具有跨文化交际能力的人才的需求也就愈加强烈。我国需要能够面向世界、对于异域民族有着较为深入理解的人才来参与到我们的国际交流中。因此，高校英语教学就提出了新的教学目标，即培养跨文化交际人才，将跨文化交际教学的内容提升到一定的高度，使学生在学习实践中培养起其面对多元文化的包容性。鉴于此，在我国当前的高校英语教学中实施跨文化教学，是一件极具深远意义的事情。

五、高校英语跨文化教学是顺应高等教学国际化发展趋势的需要

面对全球一体化发展的趋势，提升高等教学国际化的主流意识是当前世界性的高校得以进一步深化发展的新的理念基础。由此可见，在高校英语教学中实施跨文化教学，已经成为一个国际性高校发展的必然方向。跨文化教学在高校的有效实施，对于高校办学理念具备世界性的眼光、融入世界办学教学的洪流当中具有积极的推动作用，通过跨文化教学的实施，高校可以不断地吸纳西方先进教学理念与办学模式，站在理性的角度来对我国的高等教学及传统文化等进行分析认识，并且能够以世界性的战略眼观来看待、分析全球性及民族性的综合问题，从而在理论与实践相结合的同时找到中国本土办学、教学同世界各国办学、教学成功经验的融汇点，以此来更好地把握住世界性的主流意识发展，更好地在办学教学中进行创新，并在创新发展过程中办出自我的个性特色，来为推动我国当前的大学教学做出努力。特别是伴随着全球性的一体化发展态势，办学也在全球一体化的发展过程中呈现出新

的发展趋势，很多高校都在寻找同国外高校共同合作办学的新机会，中外合作办学正在不断进行中。在此过程中，无论是从办学的主体来说，还是从参与办学、作为教学接收者的客体来说，都共同面临着多元化的局势，办学背景存在着多元化的局面，办学对象也出现了多元化的情势，信息来源、思维方式、社会习俗等也是如此。中外合作办学的过程无不呈现多元化的特点，因此在这样的办学理念及办学氛围中培养出来的人才，由于多元化的作用，必然受到多元文化思维影响作用而具备多元化的意识，有利于学生形成开放、包容的文化思想。由此可以看出，对中外合作办学这一新的办学模式中的跨文化教学进行深入的关注与研究，对于高校英语跨文化教学是一件十分有意义的事情。

第一，由于全球一体化发展的大趋势，我国高校面对的不仅是国内市场带来的巨大挑战，而且在全球化的发展过程中，我国高校已经被全球一体化潮流裹挟着融入世界性的市场潮流。具有跨文化交际能力的国际性人才已经成为全球范围内的一种需求，而不再只是某一个民族或者是某一个时间段的需要了。毫无疑问，这必然对全球各个国家与民族的高等教学提出改革与发展的迫切要求。立足于全球性的高度推动各个国家的高校发展与改革。第二，中外合作办学的教学模式是以双向互利、文化平等、交流融合、共同发展为基础与目标的新的办学教学模式。现在，跨文化教学已经被经济开放型国家首肯为进入国际性交流、融入国际发展态势必要的战略性工具与手段。

面对全球一体化发展的大趋势，各个国家的商品、信息、服务乃至人员的跨国界开放，促使大学生成为全球一体化发展过程中增强国与国之间交流、理解，加强合作的媒介。甚至可以说，现在的大学教学，已经前所未有地成为一个国家提升综合国力的代表性标志。在当前这种多元化办学模式的作用下，各大高校都在通过多种方式方法，将派出与引入结合起来融入自己的办学教学模式当中，以更好地增强高校在世界性发展态势中的竞争软实力。越来越多的高校已经开始意识到，面向未来的大学生，应该是具有全球意识与国际交往及跨文化交际能力的人才，这一人才培养目标必然会推动高校英语跨文化教学的发展，推动文化教学在大学教学中的作用。英语作为具有“世界普通话”之称的全球通用语言，可以说是全球先进科技文化发展的重要组成部分。国内也有学者认为科技创新的思想及研究成果与英文表达有着一定的关系。

此外，无论是谁，若想使自己的研究成果得到更多的认可，就必须进行国际性的学术交流。科学工作者如此，教育工作者也不例外，否则就无法融入国际的学术视野，得到国际同行的承认。这不仅是一种外在的交际形式，更是一种思想、一种学术思维的融汇与交流。而英语是国际交流的主要工具，顺应这一大的国际性的交流需求，在学习英语的同时，文化学习也是非常必要的。英语只是一种交流的工具，文化作为思想的承载，是交流的内核。因此，在高校英语教学过程中需要对文化教学进行强化与突出，从而使作为文化载体的英语能够在国际性的交流与合作当中真正发挥其传播媒介的作用，让不同地域、不同民族的文化在语言的交流中得以沟通、认识、传播，真正发挥语言的交际功能，推动我国文化、科技的国际性交流与合作。而且，根据跨文化交际实践的经验总结，我国的高校英语教学应该注重采用比较研究的方法来进行教学，以更好地开阔学科视野，增强其交叉学科的融入性，在对学生进行高校英语语言文化知识教学的同时，有效地加入有关人文学科的相关知识，使我国的各所高校能够增强其彼此之间、学科专业之间的相互沟通与交流合作，彼此之间相互增补。在我国高校英语教学过程中，将英语的语言教学同文化教学更为有效地融合成一个有机的整体，使高校教学培养出来的人才朝着复合型人才的方向发展，使高校英语的跨文化教学能够真正在国际交流与人才培养方面发挥其应有的作用，共同为促进我国社会经济的飞速发展做出应有的贡献。

基于此，我国各大高校对于跨文化教学都应予以足够的重视，使高校培养出来的人才既能够充分掌握跨文化交际中交际对象的民族文化，在交际中减少因为文化而产生的矛盾冲突，同时具备相当的本民族文化传统的深厚底蕴，并且能够用目的语在世界范围内对中国文化进行传播，使更多的国家与民族、来自全国各地的不同语言群体都能够对中国的优秀传统文化有较为深入的理解与认识，这才是进行跨文化交际的真正目的。在此基础上，我国各大高校还有着另一项使命，那就是在进行跨文化交际教学的过程中正确地引导学生掌握不同民族与国家之间存在的文化差异性，使学生在认识、尊重、接受文化差异性的同时，能够冲破差异性的障碍，认识到差异性的存在其实是语言规律的作用。只有更好地认识并且掌握了这种差异性背后的语言与文化存在的共同性本质规律，才能够真正掌握一种语言及其背后所蕴含的文化。这样的人才才是我国在激烈的世界综合性人才竞争中所需要的、具有创新意识与创新能力的人才，也只有这样的人才才能在世界新的文化格局中发挥跨文化人才所应有的作用。

面对一体化的新的世界格局的形成，跨文化人才的培养是我国各高校极为迫切的教学任务。但是有一个不得不承认的事实，那就是英语教学中的跨文化教学必须承认不同语言群体之间存在的巨大的文化差异性。而且在现实的世界范围内的跨文化交际中，因为文化差异性而导致的交际矛盾与冲突仍然是不可避免、时有发生的事实。而解决跨文化交际矛盾冲突发生最为有效的方法就是高校英语的跨文化教学。通过多种行之有效的跨文化教学方式，学生能够对不同的民族文化之间存在的差异性有一定的认识与理解，并且在跨文化教学过程中养成尊重异域民族文化传统，形成包容、开放的跨文化意识，从而在进入跨文化实践中能够更好地为增进国际间的认识与理解而努力。对于这一切，每一个国家的高校都肩负着不可推卸的责任，这是时代赋予高校的使命。因此，高校教学应该承担起为增进国家与世界其他国家之间交流与沟通而培养跨文化交际人才的责任，这是各大高校面向未来教学迎来的教学国际化发展的新的态势。所以，在高校教学中，应有效地融入高校英语的跨文化教学，并对此给予应有的关注与重视，转变传统的教学模式与教学理念，积极采取行之有效的措施，为培养跨文化交际人才做出应有的贡献。

第四章　跨文化交际英语教学思维

第一节　跨文化英语教学的基础理论

语言变化与社会发展同步进行，英语作为一门应用型学科，必须以社会发展的需要和学习者个人进步的需要为出发点，以帮助学习者适应社会的政治、经济及文化发展为己任。跨文化交际成为当今世界的时代特征，跨文化交际能力成为学习者适应这一时代发展的必备能力，跨文化英语教学在这种背景下应运而生。

一、高校英语跨文化教学理论基础

（一）语言与文化、语言教学与文化教学的关系

语言与文化之间密不可分的关系已经得到广泛认可。传统英语教学的基础学科语言学也从单纯的语言形式研究的禁锢中解放出来，衍生出了社会语言学、语用学、心理语言学等分支学科，相关学者进行了大量跨学科研究，使语言与思维、社会、文化和交际之间千丝万缕的联系逐渐被认识。任何一种语言的产生和发展都依赖于该语言群体及其赖以生存的社会文化。语言不仅具有表情达意的交际功能，它还是感知和思维的表现系统。前者是语言的外显功能，以语言输入和输出为形式；后者是语言的潜在功能，属于认知心理活动。两者相辅相成，构成语言使用的全过程。

任何人之间的交际都是从个体对外界环境进行选择性的感知开始的，这个感知活动受个体的语言、文化和经历的影响。各种身体器官感知的结果经过大脑活动转换成概念或思想，这个过程构成语言表达的第一阶段，即输入、内化阶段。要让对方知道自己的思想，还必须借助语言系统外化自己的感知结果和思想，这就是语言使用的外化、输出阶段。这一过程首先是将已经形

成的概念和思想转换成能用外化的一个新的符号系统。这不是真正意义上的语言学习，在这种情况下，学习者学到的只是一套脱离了原来赖以生存的文化内容的符号系统，学习者只能用它来表达本族文化的一些思想内容，却无法将其作为与目的语语言群体进行交流的工具，因为离开了该语言所反映的社会文化现实，这一新的符号系统就好像一个没有血肉的、僵化的躯干，失去了其原有的活力和价值。

英语学习的目的多种多样，但是就正规的高校英语教学而言，提高学生英语交际能力是一个共同的目标。英语交际能力的提高必然要求学习生了解目的语反映的文化意义，通过对目的语文化与本族文化进行对比，调整和修改自己的认知图式和参考框架。只关注语言符号和语言形式而忽视语言使用中的文化内涵的教学显然是毫无意义的，英语教学应该与文化教学有机结合。

跨文化交际能力这一概念将跨文化交际学和英语教学两门学科联系起来，使两个原本独立的学科开始相互渗透、相互借鉴，英语交际能力作为跨文化交际能力的重要组成部分，逐渐受到跨文化培训人员的重视；文化与语言血肉相连，文化知识的学习和跨文化交际能力的培养理应成为英语教学家族的成员。

（二）跨文化英语教学是英语教学发展的需要

英语教学是一门极其复杂的应用型学科，涉及学生的认知心理、教师的教育观念、社会的政治经济环境等诸多方面，因此英语教学理论的建立需要借鉴很多不同学科的研究成果。而且由于英语教学的宗旨是为社会和学生个人发展服务，培养社会发展所需要的人才。所以，随着社会的飞速发展，英语教学工作者也应及时更新观念，调整教学大纲和教学方法，以跟上时代发展的步伐。这就是社会化过程的基本含义，也是英语教学为提高学习者综合素质所做出的贡献。

跨文化英语教学无论是从语言与文化的关系和英语教学的需要来看，还是从社会发展的外部环境来看，都是十分必要的。一方面，文化作为英语教学的有机组成部分，为语言学习提供了真实而又丰富多彩的语境，使语言学习与真实的人和事物联系起来，从而刺激了学习者学习英语的积极性，增强了他们的学习动机，因此有利于促进英语语言教学，提高教学效果；另一方面，将语言教学与文化教学结合起来符合跨文化交际能力培养的需要。因为不学习目的语，不通过交际实践，只通过媒体等渠道了解目的语文化，只能是一种间接的文化学习，学习者不可能获取跨文化交际的亲身体验，因此很难在情感和行为层面满足跨文化交际能力的要求。在英语教学中进行跨文化培训既满足了语言学习的需要，又促进了跨文化交际能力的提高，从而充分发挥了英语教学的潜力。

二、跨文化英语教学：目标和内容

确定目标和标准是教学计划和教学实践的第一步。跨文化英语教学在美国和欧洲等国家发展很快，但这一术语的使用目前并不统一。这里所指的跨文化英语教学在吸收这些理论思想的基础上，将跨文化英语教学思想的发展又向前推进了一步，形成了具有中国特色的跨文化英语教学框架，确定教学目标、界定教学内容是这一框架的两个重要环节。

（一）跨文化英语教学的目标

跨文化英语教学的总体目标是提高学习者的英语交际能力（语言文学目标，初级目标），培养学习者的跨文化交际能力（社会人文目标，高级目标）。跨文化英语教学是交际法英语教学的延伸和发展，是促进跨文化交际能力培养的一个重要手段。这并不意味着英语交际能力的培养应该附属于跨文化交际能力的培养，是一个次要的教学目标。实际上，在跨文化英语教学中，两个目标的实现同等重要。英语交际能力以目的语和文化的学习为核心，以语言交际能力和阅读能力的提高为重点，是英语教学实用的语言文学目标。跨文化交际能力的培养作为英语教学的高级目标，是指通过文化对比增强跨文化意识，学习文化知识，培养多视角的、灵活的、立体的思维能力和与不同文化群体进行交际的技能，发挥英语教学对于学习者个人素质和综合能力培养所具备的潜力，这是英语教学的社会人文目标。虽然在一定程度上，英语交际能力是跨文化交际能力的前提和基础，但是跨文化交际能力的培养过程同样可以促进英语交际能力的提高，因此它们之间是一种相辅相成、相互渗透、共同发展的关系。

对英语交际能力的研究经历了一个完善的发展过程，基本上已经形成一套相对稳定、成熟的理论体系，这些理论在英语教学实践中得到了检验和充实。同样，跨文化交际能力作为跨文化交际研究的主要课题之一，也受到许多研究者的重视。由此可见跨文化交际能力在英语教学和跨文化交际两个学科领域之间所起的桥梁作用。尽管英语交际能力和跨文化交际能力都已在各自的领域得到了极其充分的研究，但是跨文化英语教学的目标和内容并非两者的简单相加。由于语言与文化教学的有机结合是跨文化英语教学的本质特征，因此一个相互渗透、融为一体的语言和文化教学框架才是教师追求的目标，语言与文化的有机结合应该从确定教学目标开始，贯穿英语教学的其他环节和整个过程。

英语中用 goals、aims 和 objectives 三个词来表达不同层次的教学目的。前面已经提到了英语教学的两个目标，即 goals，这是对教学目的的一个总体、抽象的描述。只有对抽象的目标进行具体的分析，才能将其转化成可供英语教育工作者教学设计的依据和参考，这些细化了的目标就是教学目的（aims）。与这些目的相伴而生的是衡量达到这些目的的标准。目的和标准的确定非常重要，因为它一方面是对总体目标的细分，是总体目标实现的衡量标准；另一方面又是对教学具体实施的指导，是确定课堂教学目的（objectives）和教学活动的基础，同时也是教学评估和测试的基础。这种承上启下的作用决定跨文化英语教学要得到英语教学界的普遍认可，成为一个健全、合理和实用的英语教学法，就必须有明确的教学目的和标准。

教学目的和标准的确定基本上属于一种政府行为，一般由政府教育机构发起，委托数名专家组成项目组进行调查研究，提交报告，最后再由教育部门审定和颁布，并监督实施。这说明教学目的和标准的确定受社会文化和政治经济等客观环境的影响，虽然跨文化英语教学的本质特点适用于任何国家和地区，但是其教学目的和标准及教学方法在不同地区可能有所不同。同样，在中国的国情下，跨文化英语教学也应该具有自己的特色。

1. 知识层面

语言意识就是知道语言的基本特点和功能，理解语言和语言使用与社会文化之间的关系；文化意识是指知道文化的基本概念和特点，理解文化与语言之间的相互作用；目的语文化知识包括了解目的语文化的交际风格，了解目的语文化的非语言交际特点，了解目的语文化的社会习俗，了解目的语文化的社会结构，理解目的语文化的价值观念，了解目的语文化的历史、地理和环境，了解目的语文化的文学和艺术，等等。

2. 能力层面

英语交际能力包括语言能力、非语言交际能力、社会文化能力、交际策略；跨文化交际能力指的是能够分析和观察文化现象，能够对目的语文化和其他文化与本族文化进行比较，能够反思并更好地理解自己的民族文化和个人文化参考框架，能够接受文化差异，将文化差异与不同的价值、意义系统联系起来，能够根据交际场合和交际对象调整自己的言行，能够以跨文化者的身份参与跨文化交际。一个文化协调员能够采用灵活的、多角度的立体思维方式，意识到不同文化没有好坏优劣之分，只有异同。以上跨文化英语教学的目标框架以培养学习者英语交际能力和跨文化交际能力的总目标为宗旨，从认知、行为、情感三个层面对教学目标和目的进行了描述，为教学内容的选择、教材的编写、教学方法的设计、教学测试和评估及教师培训等环节提供了依据和参考。

（二）跨文化英语教学的内容

跨文化英语教学的目的包括知识、能力和态度三个层面，因此教学内容也应该全面考虑学习者这三方面的需要。跨文化英语教学内容由四个模块构成：目的语、目的语文化、其他文化和跨文化交际能力。目的语和目的语文化这两部分内容与现行英语教学的内容基本吻合，通过对这两方面内容的学习，学习者能够掌握目的语知识，并能使用该语言与目的语群体进行有效交际，这就是英语交际能力。值得一提的是，这两个模块分别增加了“语言意识”和“文化意识”两项内容。将语言意识列为教学内容是希望学习者通过学习目的语反思自己的母语，了解语言的普遍规律，尤其是了解语言与社会和文化之间的关系。同样，培养学习者的文化意识是为了让他们了解文化的构成、文化的作用、文化的发展规律等知识。文化意识是培养跨文化意识和跨文化交际能力的基础。此外，文化交流作为目的语文化教学内容的组成部分，指的是学习者本族文化和目的语文化之间的交流，即学习者在学习目的语文化知识的同时不断寻求机会，或由教师创造机会去体验目的语文化，并且反思本族文化，对目的语文化与本族文化进行比较，以增强对文化差异的敏感性，培养对目的语文化的移情态度。值得注意的是，文化交流与语言使用应该属于同一个内容范畴，因为它们通常是相伴而行、同时进行的，文化是交流的内容，语言是交流的手段。

英语教学内容的第三个模块是其他文化的教学，这是跨文化英语教学不同于其他以文化为基础的英语教学的特点。如果说英语交际能力以目的语和目的语文化的掌握及应用为目的，那么跨文化交际能力则是一种以学习者母语和本族文化及目的语和目的语文化的学习、交流、反思和体验为途径，同时兼顾学习和了解其他语言和文化的特点，进而超越各种具体文化束缚的灵活的交际能力，是以与来自世界各地的人进行有效交际为目的的能力。如果英语教学完全排除其他文化的内容，势必会造成学习者徘徊于本族文化和目的语文化之间，而忽略了其他文化的存在，这不利于培养学习者的跨文化意识，也不利于跨文化人才培养目标的实现。虽然英语教学由于时间和精力的限制，不可能让学习者同时全面学习和体验多种不同的文化系统，但是在一定程度上了解除本族文化和目的语文化之外的其他文化的特点是可行的，可以通过教学材料的选择和教学方法的设计来完成。

跨文化英语教学内容的另外一个范畴是跨文化交际能力的培养，它包含的教学内容很多。其中跨文化意识指的是对文化差异敏感性和态度的培养；跨文化交际能力是一个宽泛的概念，是一个包含知识、能力和情感各个层面的综合素质；而跨文化交际实践作为教学内容之一，主要由教材和教师提供或创造跨文化交际的机会或情景，让学习者体验跨文化交际过程中可能出现的问题，如文化冲撞、误解等，在教师的帮助下学会自我调节，掌握解决问题的方法。在这个教学内容模块中还包括了跨文化研究方法的教学，其意义在于跨文化交际能力的培养是一个终身学习的过程，学习者不可能在学校学习世界所有不同的文化，英语教学也不可能预计学习者将会遇到的各种跨文化交际情景，因此掌握跨文化研究的方法是最现实、最有效的途径。

三、跨文化英语教学大纲的特点

跨文化英语教学的本质特点是以跨文化交际能力为组织原则、以文化为中心的英语教学，这显然与以提高英语阅读能力或英语交际能力为目的的英语教学不同。

（一）三种英语教学大纲比较

早期传统英语教学的大纲受语言学影响，具有很强的科学性，英语教学内容被线性分割，语音、语法、词汇等作为教学的主要内容，与它们得以存在和使用的、真实的社会文化语境几乎完全脱节，学习者的主观思想和个人体验更是被置于九霄云外。这种客观科学的教学大纲的典型代表是直接法和听说法。后来的交际法英语教学和其他一些以语言能力为目的的英语教学法采取的是一种介于科学性教学大纲和人文性教学大纲之间的过渡性、连接性的课程大纲，其特点是强调学习者使用所学语言知识表达自己的思想和感情的重要性。在这个教学大纲中，意义的理解和表达重于语言结构和形式的学习，学习者的个人需要和主观作用得到了一定程度的认可。人文性的教学大纲考虑英语教学的社会、经济和政治环境，以及学习者自己的知识和体验对于英语教学的作用，沉默法、暗示法和社团学习法都属于这种人文性的英语教学模式。

交际法和人文性大纲都包括了文化内容，只是前者的文化内容较为肤浅，只涉及与语言和语言使用相关的文化内容，忽视社会文化环境和学习者个人的文化背景在英语教学中的作用；后者的文化内容虽然较之丰富、自然得多，但其目的仍然是促进语言教学。因此，文化在英语教学中仍处于辅助、次要的地位，文化教学自身的价值和独立性没有得到重视。只有跨文化英语教学真正认识到文化教学不仅对语言学习必不可少，而且也是跨文化交际能力培养和学习者个人综合素质发展的必经之路。将文化教学提高到与语言教学同等重要的地位是跨文化英语教学的创举，跨文化英语教学大纲充分体现了这一点。

（二）跨文化英语教学大纲的特点

跨文化英语教学大纲的特点可以归纳为以下两点。

第一，文化与语言互为目的和手段，共同构成英语教学的基础内容。文化是语言存在和使用的环境，学习语言形式和语言使用中所蕴含的文化内容，使语言学习更加全面深入、真实生动。语言教学材料因为文化内容的全面渗透而被置于一个真实的、丰富多彩的文化环境之中，拉近了学习者与知识之间的距离，使学习个人化、自主化，有利于刺激学习者外语学习的积极性，促进外语交际能力的提高。从这个意义上来说，文化学习的目的是更好地学习语言，文化学习是语言学习的手段。这种观点得到了很多英语研究者和教师的认可，并在英语教学中广泛实施。不过，在跨文化英语教学中，这只是一个方面。

语言是对文化的反映，语言学习必然是文化学习。掌握一个新的交际工具也是为了开阔眼界，学习者通过学习和使用目的语来学习和体验目的语文化，并在此基础上接受跨文化培训，培养跨文化意识，获取跨文化交际能力。所以说，语言学习是文化学习的手段，而文化学习是语言学习的最终目的。

值得一提的是，母语和本族文化在这一教学过程中起着重要的作用。它们虽然不是教学的主要内容和目的，但是在培养语言意识和文化意识、进行文化对比时，母语和本族文化的作用不可轻视。而且，根据跨文化英语教学的标准，反思并更好地理解自己的民族文化和个人的文化参考框架也是教学目的之一，因此制定大纲时应该考虑这一点。

第二，文化教学与语言教学有机结合。这是对前一点的继续说明。处于同等地位的语言与文化内容的有机结合贯穿外语学习各个阶段（初级、中级和高级）、各个环节（英语教学计划、课堂教学和教学评估与测试等）和各门课程（听、说、读、写等）。虽然根据学习者的语言、文化和认知水平，在不同阶段语言和文化的学习会各有侧重，但是就英语教学整体来说，两者处于同等重要的地位，这是因为两者天生不可分割。当然，语言与文化在英语教学中的有机结合并非易事。教学内容的膨胀和不熟悉的教学要求往往会使缺乏经验的教学设计者和教师难以平衡。这就要求大纲制定者、教材编写者和教师培训者等各路专家广泛合作，充分研究语言与文化在教学中结合的途径，将研究结果转换为实用的、操作性强的、系统化的大纲、教材和培训项目，给教师以足够的准备和实实在在的帮助。

跨文化英语教学的目标是通过小学、中学、大学，甚至持续到大学毕业后的英语教学和社会实践来实现的，这是一个连续的、一贯制的学习过程，在这个过程中有很多因素会对教学成果产生影响，其中各阶段教学目标的确定、课程设置、教学活动、教学方法、教学原则、教材、测试和教师等因素起着决定性的作用。

第二节　跨文化英语教学的原则与方法

一、跨文化英语教学的原则

一般来说，教师是教学的主要执行者，是教学的主体，韩愈所说的传道、受业、解惑就是对教师的主导作用的精辟描述。但是在跨文化英语教学中，教师的主体作用得到了不同阐释，学习者的中心地位凸显出来，英语教学也因此呈现不同的特点。这些特点集中表现于以下四条教学原则。

第一，以学生为中心，以引导学生自主学习为主要教学模式。学生是教学过程的真正主体，教师的教学、教材的编写和教学方法的设计及选择都必须围绕学生的实际需要进行。在跨文化英语教学中，不仅学生的英语语言学习需要受到应有的重视，而且他们对母语和本族文化的体验和理解、对目的语文化和其他文化的态度、个人综合素质的提高，包括立体思维方式的形成和跨文化交际能力的培养，甚至对整个人生的态度等很多与学习者的过去、现在和未来密切相关的主题也是教学设计和教学活动的考虑因素。就教师而言，引导学生进行自主学习是其主要任务，虽然知识的传授和规则的讲解仍然必不可少，但是教学的中心应该转向对学生自主学习能力的培养。这一点对于跨文化英语教学来说非常重要，其中一个原因是当今世界信息爆炸式增长，知识不断更新，培养学生终身学习的思想，使其掌握独立学习的方法成为教育界普遍关注的一个趋势；另一个原因是跨文化英语教学的目标和内容相对于传统的英语教学而言扩大了无数倍，而教学时间基本不变，不可能有大幅度的增加，因此学生在校期间有很多教学内容无法接触和学习，教师只有通过“授之以渔”的方法，才能确保教学目标的最终实现。

第二，语言教学与文化教学有机结合。语言和文化在跨文化教学中互为目的和手段。英语发展成为国际通用语的动因之一是跨文化交际日益频繁，来自世界各地、各民族、各文化群体的人需要将这一通用语作为沟通和交流的媒介，因此英语学习的目的之一就是进行有效的跨文化交际。而且，由于英语语言学习本身涉及文化的学习，所以完全有理由说英语语言的学习是文化学习的手段，文化学习和跨文化交际是英语学习的目的。反过来，文化学习为英语语言学习提供丰富多彩、真实鲜活的素材和环境，将大量文化材料引入英语教材和课堂，不仅使英语学习趣味盎然，而且是英语交际能力培养的重要保证。总之，跨文化英语教学包含语言教学和文化教学两个相辅相成、不可分割的方面。

所以，在教学设计和课堂教学中语言教学和文化教学必须有机结合。这种结合体现在英语教学的各个阶段、各个环节。虽然，根据学生的认知水平和学习需要，不同阶段和不同课程对语言和文化各有侧重，但是在跨文化英语教学中没有单纯的语言课或文化课，只要具有这种意识，总能找到两者的结合点。

第三，从实用主题过渡到间接、抽象的意识形态领域。不同年龄层次的学生在认知水平、情感发展和经历、经验上都有很大的差别，这些差别必然导致教学内容和教学方法的不同。一般情况下，对于年龄较小的学生来说，与他们的生活和学习息息相关的、具有可比性的、具体的、直观的教学材料较为合适。随着学习者认知水平的提高、心理承受能力的增强和人生体验的增加，语言和文化教学内容的深度和广度逐渐扩大到一些间接的、复杂的、需要进行抽象思维的意识形态领域。就文化教学而言，这种相关性和适合性的原则至关重要。跨文化交际能力的培养是一个漫长而复杂的过程，在这个过程中，学生对母语和本族文化的理解和体验是学习过程中不可缺少的一部分，学生在学习外国文化的同时，还一直处于一种自我认识、自我反省、自我批评、自我完善的状态之中，任何与他们的经历和认知能力相距甚远的教学内容和方法都将背离以“自我”与“他人”比较对照的文化学习原则。

第四，平衡教学内容和教学过程的挑战性。任何教学活动都涉及教学内容和教学过程两个方面。为了取得最好的教学效果，内容的安排和过程（教学活动）的设计必须考虑对学生的挑战和支持程度。理想的教学应该是挑战和支持得到很好的协调，如果内容复杂、难度较高，那么教学活动或过程就应该相应降低难度，给学生较多的支持；相反，如果内容简单、难度较低，教学活动就应该具有较高的挑战性，只有这样才能保证学生从教学中得到最大的收益。否则，复杂的教学内容如果被置于挑战性很强的教学活动中进行学习，学生就会有很强的恐惧心理和挫折感，不利于教师调动他们的学习积极性；相反，如果内容简单，教学活动又缺乏挑战性，那么不仅学生的学习潜力不能得到发挥，他们也会觉得乏味，学不到东西。

处理好教学内容与过程、挑战与支持之间的辩证关系是跨文化培训的一个重要理论和原则，它对于跨文化英语教学来说同样适用。

二、跨文化英语教学的常用方法

近年来，随着跨文化培训和英语教学的蓬勃发展，文化教学方法和语言与文化结合的教学方法层出不穷，下面对如何在实际教学中将文化教学与语言教学有机结合进行探讨。

第一，通过分析文学作品来进行文化教学。文学作品分析是语言教学的一个常用手段，中国很多英语教学活动都是通过分析和欣赏文学作品来进行的。文学作品蕴含丰富的文化内容，语言形式和文化内容在此得到完美结合，因此在分析文学作品的过程中同时进行语言教学和文化教学不仅是可能的，而且是必要的。实际上，传统的语言教学在分析文学作品时并没有避而不谈文化内容，只是教师没有将文化教学列入教学目标，文化内容的讲解服务于语言教学的需要，处于一个从属的、次要的地位。要改变这一现状，必须在确定教学目的和目标时考虑文化教学的需要，使文化教学内容和语言教学内容同时成为教学关注的对象，利用文学作品语言和文化完美结合的优势进行跨文化英语教学。

第二，词汇教学与文化教学的结合。任何语言的词汇都承载着丰富的文化信息，每个词所包含的文化内涵是任何词典都无法穷尽的。例如，“早饭”一词在汉语、英语中不仅表达形式和发音不同，其文化所指也不尽相同。此外，不同语言中的词汇还反映说话者不同的价值观念。正因为词汇及词汇的使用具有浓厚的文化特点，在进行词汇教学时不能只停留在词汇的意思和用法上，还应该介绍词汇包含的文化内容，尤其是要呈现词汇在真实文化语境中具体使用的情况。就目前的英语教学而言，词汇教学中文化教学的潜力没有得到充分挖掘，教师呈现给学生的通常都是词典中的词义解释，很少将词汇所蕴含的文化意义介绍给学生。另一个问题是学习者在学习生词时通常处于被动接受的状态，这就导致他们所学的词汇成为一组僵化的符号，无法在真实的交际活动中运用。在对词汇的本意、比喻意义和文化内涵进行全面介绍的基础上，还应该将它们置于真实的文化语境中进行操练，让词汇知识转换成词汇使用能力。例如，在教描写人物的形容词时，除了介绍词义，还可以选择一些来自本族文化或目的语文化的、真实的历史或当代人物，用这些形容词来进行描述，也可以让学习者用这些形容词来描述自己。这样做，学习者既可以学会这些描写形容词的词义，也能了解它们的文化内涵，还有机会接触来自不同文化背景的历史人物故事。显然，这种词汇教学方法将词汇教学与文化教学有机结合，不仅使词汇学习生动有趣，而且将文化学习落到实处。

语义场的使用也是词汇教学与文化教学有机结合的一种手段。

第三，阅读教学与文化教学的结合。阅读教学被认为是最容易与文化教学联系起来的教学活动，因为只要选择那些包含文化内容的阅读材料即可实现语言教学与文化教学的有机结合。然而事实并非如此，目前很多教师并不能很好地利用阅读教学的这一优势进行有效的文化教学，或是因为受传统的以语言形式为中心的教学思想的影响，或是因为对目的语文化知之甚少，教师在致力于提高学生阅读速度和阅读理解能力的同时，关注的是语音、语法、词汇、句型和翻译等语言学习的内容，在很大程度上忽视了阅读篇章中蕴含的文化信息，即使谈到相关文化的某些内容，通常也不以增强学生的文化能力为目的，只是为了帮助学生更好地理解篇章本身。总之，目前外语阅读教学并没有将文化教学列入自己的教学目标和内容，因此有关文化的讨论也不是真正意义上的文化教学。

要真正实现阅读教学与文化教学的有机结合，必须在确定教学目标和教学内容时考虑文化教学的需要，在实际教学中可以通过设计读前和读后任务将学习者的注意力吸引到篇章内容上，进行相关文化的讨论和学习。例如，在阅读一篇关于美国饮食文化的英语文章前，可以提出一系列有关学生本民族文化中饮食习惯的问题，让他们进行读前热身，然后建议他们在阅读文章时注意美国饮食文化与自己的饮食文化的异同，读完文章后让学生在回答有关美国饮食文化的相关问题的同时进行文化对比。教师对语言点的解释可以插入讨论，也可以在这些文化教学活动结束之后，但不能让语言形式的学习压倒篇章内容的理解和文化内容的讨论。

第四，听说教学与文化教学的结合。阅读有利于学生学习和了解相关文化知识，听说活动可使他们有机会切实感受跨文化交际过程，提高交际能力。无论是听还是说，都必须以内容为基础，因此内容的选择和安排至关重要。首先，要保证听说材料的主题必须是真实的、具有代表性的，能够真实反映目的语文化或本族文化的不同侧面；其次，在跨文化英语教学中，由于英语教学和文化教学同等重要，所以在编写听说教材时不仅要考虑学生的语言水平和语言学习的需要，还应注意文化内容的系统性，即将语言教学的需要与文化教学的需要结合起来作为选择和安排教学材料和内容的依据，使学生系统地学习文化知识，提高文化水平。当前的英语听说教学虽然比较重视材料的真实性，所选材料基本上都具备文化教学的价值，但是在文化内容的选择和组织上比较随意，缺乏系统性，这实际上也是英语教学不能最大限度地发挥其文化教学功能的主要原因。

此外，跨文化英语听说教学应该充分利用多媒体教学手段，这不仅有利于提高学生语言交际的积极性，更是培养跨文化交际能力的需要。日益发展的多媒体技术为在英语教学中进行文化教学开辟了新的道路，它可以将各种跨文化交际情景真实地呈现给学生，让他们有一种身临其境的感受。图文并茂的听说材料使学生的各种感官受到刺激，特别有利于从情感和行为层面上培养他们的跨文化交际能力。

语言与文化在教学中有机结合的方法不仅限于以上，随着跨文化英语教学思想的不断深入，相信更多更好的方法将会被开发和应用。不过在此必须强调教师和学生转变教学观念的重要性，要真正做到语言教学和文化教学的有机结合，教师和学生必须认识到英语教学应该承担双重任务，既要促进学生外语交际能力的提高，又要帮助他们培养人文素质，形成立体、多维的思维方式，成为跨文化的人。只有在这一前提下，才能确保跨文化英语教学思想得到有效贯彻和实施。

三、民族文化学的参与观察法在跨文化英语教学中的应用

民族文化学的参与观察法是文化人类学和社会学经常采用的研究方法，近年来在其他社会科学领域也得到了广泛的应用。简而言之，这是一种实地考察的方法，研究者与研究对象同吃同住，对他们进行参与性的观察，从“圈内人”的视角来分析、描述某一群体的社会和文化活动。随着跨文化交际研究和跨文化英语教学思想在美国和欧洲的兴起和发展，这种方法逐渐被应用于跨文化培训和英语教学，拓宽了跨文化英语教学的渠道，成为一种语言与文化学习和个人综合能力培养的有效方法。

（一）民族文化学参与观察法的特点

作为一种文化研究方法，参与观察法主要有这样一些特点：研究者既是参与者，又是观察者，与研究对象之间既亲密无间，又保持一定距离，这种特殊的身份使研究者能够完成对目的语文化各个层面或某些层面的研究；它是一种具体的、从实践到理论的，而不是抽象的、从理论到实践的研究方法，研究者置身于目的语文化群体之中，与人们进行广泛深入的交流，自然而然地了解目的语文化，得出关于目的语文化的某些结论；它以具体文化为研究对象，属于具体文化研究，而不是文化普遍理论研究。

（二）民族文化学参与观察法对英语教学的作用

参与观察法被引入英语教学的直接动因和先决条件是文化作为英语教学有机组成部分的地位得到普遍认可，英语教学的目的既是提高学生英语语言能力，也是增强跨文化意识和跨文化交际能力，同时还是培养学生独立学习和立体思维的能力、提高学生的综合素质。在这一前提下，以参与观察为主要形式的民族文化学的研究方法在英语教学中展现出其得天独厚的优势。

总之，跨文化英语教学与传统的英语教学在教学目标和教学内容上的不同决定了其教学原则和方法的不同。跨文化英语教学既关注英语教学的语言文学目标，又重视英语教学的社会人文目标，它在教学原则和方法上与传统英语教学最大的区别在于以下四点。

第一，语言教学与文化教学有机结合，语言与文化互为目的和手段。英语语言的学习是文化学习的手段，文化学习和跨文化交际是英语学习的目的；文化学习为英语学习提供丰富多彩、真实鲜活的素材和环境，是英语交际能力培养的重要保证。语言教学与文化教学的结合贯穿英语教学的各个阶段、各个环节。

第二，自主学习能力的培养和文化学习方法的探索是跨文化英语教学的重要内容。语言的学习和文化的学习都是一个终身学习的过程，学生不可能永远依赖教师进行学习。跨文化交际能力的培养尤其需要高校教育与社会实践相结合，因为学生离开高校进入社会后，有很多继续学习和亲身实践的机会，这些机会很好地弥补了高校实践教育的不足。只有在高校教育期间帮助学习者提高自主学习的能力，掌握文化学习的方法，他们才可能在离开高校后利用各种学习和实践机会，进一步提高自己的跨文化交际能力。

第三，跨文化英语教学特别重视调动学习者的各种学习潜能和机制，充分利用各种教学手段，多层次、多渠道地进行教学。跨文化交际能力的培养过程就是学生的认知、情感和行为不断变化的过程，它需要学生积累知识、转变态度、调整行为、发展技能。这种学习要求只有通过开发和应用多种教学手段才能得到满足，日益发展的多媒体网络技术为此开辟了新的途径。

第四，跨文化英语教学重视学生本族文化的作用，并将认识、反思和丰富本族文化作为教学目的之一。比较和对比是实现这一教学目的的主要方法，学生在英语语言学习和文化学习过程中，不断对本族文化现象与其他文化的相关现象进行比较，形成对本族文化的再认识。

跨文化英语教学虽然采用说教式知识传授法与体验探索式教学方法并用的教学方法，但是后者的作用非常明显。民族文化学的参与观察的研究方法就是一种典型的体验探索式的学习方法，是跨文化英语教学的一个重要特色。

第三节　跨文化英语教学的教师与学生

一、英语教师与文化教学

在英语教学中进行文化教学已经有很长的历史，文化教学对于英语教师来说并不陌生，他们或是因为自己的认识和感悟，或是迫于教学大纲等外部环境的要求和规定，都有意或无意地以不同的方式从事着文化教学。然而，即使在大纲中被明确确定为英语教学的内容和目标之一的国家和地区，其文化教学的现状也令人担忧，其他国家和地区的状况就更不用说。这种担忧主要体现为教师对文化教学的态度、理解和实践都无法满足跨文化英语教学的需要。

英语教师对文化教学的理解和认识与他们实际的教学有很大的不同。他们对文化教学表示强烈的支持，而且也认识到文化教学有很多好处，愿意采用各种手段和材料进行文化教学，但是在实际教学中，他们却似乎完全抛弃了这些认识和理解，仍然按照传统的教学观念和教学方式进行语言教学。

二、跨文化英语教学对教师的要求

跨文化英语教学的目标是在提高学生英语交际能力的同时，培养他们的跨文化意识和跨文化交际能力，进而培养他们多视角、立体的思维能力和综合素质。其基本特点是充分挖掘英语教学的文化教学功能，将英语教学与文化教学有机结合、融为一体。显然，这样扩大了的教学目标和教学内容对教师提出了新的要求和挑战。一般来说，英语教师除了具备良好的英语语言功底，还应该掌握三个方面的知识和能力：英语学习理论、英语教学法、课堂教学实践。

英语学习理论是关于英语学习的本质、过程和规律，是指导教师进行教学的理论基础。英语教学法帮助教师理解教学目的和内容，了解各种教学方法的优劣，是学习理论和课堂实践之间的桥梁。课堂教学实践则是对教师具体教学活动安排和实际课堂组织能力等方面的要求。

由于跨文化英语教学增加了文化教学层面，强调跨文化意识和跨文化交际能力培养，所以以上对英语教师的要求显然不够。除了这些条件，跨文化英语教学要求教师还要具备知识、能力和态度三个方面的素质。

从知识层面来说，教师应该掌握普遍文化知识，即文化的基本概念、构成、特点及其对社会和个人的作用；掌握一定的具体文化知识，即了解目的语文化、本族文化和其他文化群体的特点和彼此之间的异同；理解语言与文化和社会之间的相互作用，特别是目的语在不同社会文化情景中的使用情况；理解跨文化交际能力的概念和意义，了解导致跨文化交际困难和失败的因素。

从能力层面来说，英语教师应该做到在课堂和课外其他跨文化交际场合用目的语进行恰当有效的交际；合理利用教材和其他真实的语言文化材料，引导学生关注文化内容，启发他们对文化问题的思考；善于设计和组织课堂活动，将学生自己的文化体验与教学内容结合起来，创造更多的体验式学习机会；采用多种不同的文化教学方法和手段，全面、深入地传授文化知识，培养文化能力；将英语教学与文化教学有机结合，通过教学材料的选用、教学活动的设计，有意识地引导学生既注意语言能力的提高，又关注文化能力的培养；以培养能力为主，引导学生摸索学习方法，掌握独立学习的能力，促使学生自主学习。

从态度层面来说，英语教师应该敢于面对挑战，尝试新的教学思路和方法；愿意像学生一样，不断学习和探索外国文化，反思本族文化和自己的文化参考框架及言行；愿意与学生分享自己的学习体验和跨文化交际体验，即使是失败的经历；尊重学生，对不同文化行为和思想不妄加评判，永远保持一种宽容、理解和移情的态度。

三、文化教学培训

培养一名合格的英语教师并非易事，英语教师不仅需要具备良好的语言功底和交际能力，而且还要懂得学生的认知心理、情感特征和教学规律，同时最好具有丰富的教学经验。这一切不可能在短短的几天、几周或几个月内完成。实际上，一名教师的培养过程从英语学习的第一天就开始了，经过高校教育的不同阶段，会一直持续到他走上讲台前的业务培训，甚至会延续到上岗后教学经验的积累和各种在岗培训。就基础教育对教师培养的作用来说，教师稍加反思就会意识到目前采用的教学模式和方法或多或少受到了以前自己的英语教师的影响。中国英语教学之所以长期以来一直无法摆脱以语法和词汇为中心的传统教学方法，在一定程度上是因为这种方法代代相传，从一开始就被教师根深蒂固地植于学生的脑海里。由此看来，基础教育是培养合格教师的关键，必须从现在开始让学生接触新的教学思想和教学方法，同时鼓励他们不断创新，只有这样才能最终改变因循守旧的陋习，为他们日后成为教师接受新观念、探索新方法打好基础。

（一）培训目的和内容

由于培训可分为岗前培训和在岗培训、教学方法培训和教材使用培训、短期培训和长期培训等多种不同类型和不同内容的培训，所以不能指望教师经过某一次培训就能完全掌握教学要领，对教师的培训应该定期、系统地进行。培训不是针对某一具体的教学环境和教师群体，而是以文化教学为主要考虑因素。

（二）教师文化教学培训的方法

1. 文化意识和文化教学意识的培训

文化教学培训的一个根本特点是“使隐含的东西明确化”。也就是说，文化、文化差异及英语教学的文化教学潜力都已经客观存在，现在最重要的是让教师意识到它们的存在和作用，即要提高教师的文化敏感性和文化教学的意识。在这样的敏感性和意识的基础上，教师的文化知识积累和文化能力及文化教学能力的提高就会突飞猛进。

2. 文化知识的培训

就文化概念和知识的学习而言，文化人类学提供了最为全面、科学的阐述，因此理应成为英语教师培训的一门必修课。文化人类学是一门历史悠久、理论基础雄厚的社会科学，无论是在文化理论研究上、在具体文化的描述上还是在文化研究的方法上都已形成了较为完善的体系，是英语教师获取相关文化知识的可靠来源。当然，英语教师学习文化人类学不是为了成为人类学家，因此也就没有必要穷尽其所有的内容，他们只需利用文化人类学的部分研究成果，获取对文化相关概念更清楚的理解，对相关文化群体更全面、深入的了解，同时借鉴其中的一些文化研究和探索的方法。对文化人类学研究成果的筛选和选用应该由来自不同领域的专家，如英语教学研究者、文化学家、跨文化交际研究者、教师培训专家等合作完成，综合各方的意见，选择那些教师需要掌握的理论和信息作为培训的内容。

除了文化人类学可以成为教师文化知识培训的主要科目，社会学和跨文化交际学的研究成果同样是教师培训应该关注的内容。语言、文化、社会和交际之间复杂的关系在这两门学科中得到了更清晰的描述。

对于师范院校的“准教师”来说，在高年级开设专门的文化学、社会学和跨文化交际学课程最为理想。但是就大量从非师范院校毕业却选择成为英语教师的“准教师”而言，花费很多时间专门讲述这些科目的内容显然不现实，只能依靠教师培训工作者精心挑选和准备培训内容，以系列讲座的形式传授给受训教师。

3. 文化能力的培训

相对而言，文化能力的培训比文化意识、文化知识的培训更为复杂和困难，因为它不仅涉及教师的认知心理，更与他们的情感和行为有关。这里所说的文化能力包括教师的跨文化交际能力和文化学习探索能力。

跨文化交际能力的培训可以从文化冲撞开始，目的是让受训者通过经受心理和情感上的震荡，对跨文化交际中存在的文化冲突有一个强烈的感性认识，培训者趁机向受训教师介绍跨文化交际中的困难，然后自然过渡到对如何克服这些困难的探讨。教师培训者一方面可以通过讲座或让受训者阅读相关文献等方法来帮助他们了解跨文化交际的本质和文化冲撞产生的根源及其特点和过程，使他们从理性上认识积极调整心态、不用自己的文化框架判断他人、努力适应对方交际方式的重要性；另一方面还可以通过看录像、观察和分析成功与失败的跨文化交际案例来吸收好的经验，避开交际误区。此外，教师培训者还可以为受训教师布置跨文化交际实践的任务，如到外企见习、到外国人家做客，通过观察、访谈和体验来增强对跨文化交际的认识，提高跨文化交际能力。最后，还可以让所有受训教师一起分享各自的跨文化交际经历和体会。值得注意的是，在整个培训过程中，培训者应该反复强调反思的重要性，受训者正是通过不断学习、不断体会、不断反思才能有效地增强自己的跨文化意识和跨文化交际能力。

首先，文化学习和探索能力培养本着授之以渔的原则，帮助受训教师掌握一套文化学习的方法，使他们能够对遇到的新的文化现象和文化群体进行探索研究，这种能力也是这些受训教师今后对学生进行文化教学的目标之一。

文化学习和探索能力首先建立在敏感、勇敢、宽容和善于移情等情感态度的基础上。缺乏敏感性、对任何文化现象熟视无睹、想当然地认为人皆相同，这些都是文化学习的障碍。

其次，面对陌生的文化环境，很多人选择逃避和退缩，而善于学习和探索的人则会勇敢地尝试和体验，积极参加各种有利于自己了解该文化群体的活动。与不同文化背景的人相处，宽容和移情是不可或缺的素质，具备了这两种素质就能避免误解和冲突的发生，文化学习和探索才可能顺利完成。

作为一种文化学习和探索方法，参与观察法可以被用来对任何一个文化群体进行深入的文化调查。理想的条件是离开自己熟悉的文化环境，融入一个陌生的文化环境，对该文化群体的某些文化侧面进行探索和学习，并通过与该群体的人进行交流，获取跨文化交际的经验，摸索跨文化交际的规律，从而提高跨文化交际能力。对于英语教师和学生而言，这样理想的环境也许不存在，但是教师培训者可以利用国内现有的外国文化群体或不同的亚文化群体的资源进行参与观察文化研究方法的训练和实践。虽然环境有所不同，但是基本原理和技巧基本相同。

在教师培训中，培训者首先向受训教师介绍参与观察的文化研究方法，通过各种手段帮助教师弄清这种文化探索学习方法的宗旨、特点和注意事项。然后由受训教师自行设计和完成至少一次文化探索任务，并在这一过程中记录自己的学习体会以督促自己反思学习体验，同时也为以后与其他同事分享经验和感受提供资料。一次这样的学习任务应以一篇全面、透彻的调查报告为终结，报告内容包括本次调查研究项目的目的、方法、结果及经验总结，其中很大篇幅应该是对调查对象某些文化现象的详尽描述。

接受过以上培训的教师应该在个人素质上为文化教学做好准备。他们还需要接受一定的文化教学培训才能胜任跨文化英语教学工作。文化教学培训同其他教学培训一样，主要从大纲、教材和教学方法几个方面入手。大纲培训帮助教师理解教学目标、教学内容和教学评估标准等，是教师准备教案、设计教学活动的基础。教材培训是指针对某一特定教材，就教材使用的方法进行培训。教学方法培训最为普遍，文化教学的方法很多，每一种方法都有优点和缺点，每一种方法都有独特的技巧，这些都是教师培训时的必要内容。

（三）反思教学和课堂教学研究

近年来，反思教学和课堂教学研究成为英语教学和教师培训研究文献中出现频率较高的术语，它们作为教师培训和教师自我发展的方法已经受到越来越多教学研究者和教师的重视。对于跨文化英语教学来说，课堂教学研究的作用更是不可低估。

课堂教学研究也是促进教师教学水平提高和教学效果改善的一种方法。教师针对自己在教学中遇到的问题，利用自己所掌握的教学理论知识，根据自己的经验，通过自己的努力，寻找解决问题的方法，在此过程中记录自己的体验，反思自己的态度和做法，并与其他同行进行交流。课堂教学研究有五大特点：它解决的是研究者及圈内人士切实关心的问题；它要求系统地收集资料，反思实践；它通常以本校、本地的教学为研究对象，规模较小，重点观察教学方法变化所带来的结果的变化；它通常采用的是定性分析法，对教学事件和过程进行描述；它的研究成果包括对问题的解决及教师个人业务水平和当地教育实践、理论水平的提高。

由于这样的教学研究与教师的教学实践联系紧密，因而具有很大的实用价值。对于接受岗前培训的教师来说，进行课堂教学研究培训有利于他们培养反思教学和课堂教学研究的意识，掌握反思教学和课堂教学研究的方法，从而使他们获取一套可以不断提高业务水平的、灵活高效的方法，增强他们对今后教学工作的信心。一旦正式走上讲台，在高校及教育管理者的支持和帮助下，他们就可以充分利用课堂教学研究和反思教学来提高自己教学的效果，同时也促进其所在区域整体教学水平的提高。所以，课堂教学研究应该成为教师培训的一项重要内容。

四、学生自主学习能力的培养

当前英语教师培训的另一热门话题是教师如何培养学生自主的学习能力。所谓自主学习，简单地说，就是指学生控制和管理自己学习的能力。它是一个复杂的概念，包含多个层次，在不同的社会文化和教育环境中呈现不同的形式。

（一）自主学习的背景、含义和意义

1. 自主学习研究的背景

自主学习的思想早在18世纪就已萌芽，自然教育理论强调学生对自己学习负责的重要性，实际上就等于提出了自主学习的思想。自主学习的能力是人天生就有的，但是这种天赋却受到后天高校教育的压制。这一思想对很多后来的教育学家产生了影响，成为解放学生并将他们重新送回教学主体位置的现代教学思想的动因之一。

2. 自主学习的含义

自主学习就是学生控制和管理自己学习的能力，也是指对与学习各个方面相关的决定负责，它包括目的的确定、内容和进度的确定、方法和手段的选择、学习过程的监控及学习的评价等。

从本质上来说，自主学习能力是一种独立学习、批评反思和自我决策的能力。它要求学生发展一种与学习过程和内容相关的、特殊的心理，这种独立的能力表现在学生的学习方式上，或者表现在他将所学东西迁移到更加广阔的领域的方式上。

3. 培养自主学习能力的意义

学生自主学习能力的培养成为英语教学的中心议题，这与跨文化交际日益频繁、知识和信息日新月异、经济和教育全球化不断深入的当今世界形势是分不开的。面对这样的形势，培养跨文化交际能力、独立学习能力和终身学习的思想成为教育的首要任务之一。英语教学作为跨文化交际能力培养的重要阵地，应该承担起这一重任。

（二）教师和学生的角色

自主学习不是一种新的学习方法，也不是一种新的教学方法，它是对学习和教学本质的修改。学习不再是学生简单的听讲、记笔记、做作业、复习、预习、考试等，教学也不再是单纯的传道、授业、解惑。学生的被动地位得以改变，以学生为中心、以学习为中心、以任务为中心的教学思想取代了以教师为中心、以教学为中心、以教材为中心的教学思想。这种转变是否意味着教师的教学变得轻松，而学生的学习压力变得更重呢？对这个问题的最好回答就是分析教师和学生在这种教学模式下的作用和他们之间的关系。

1. 教师的角色

自主学习要求学生除了参与确定学习目标、学习内容、学习进度、学习方法、学习评价，还要对自己作为一个学习者的感受和经历进行反思和理解，关注学习过程，摸索学习方法。对学生所提出的这些要求，实际上也是对教师的要求。只有具有自主学习意识和能力的教师才能培养出能够进行自主学习的学生。教师在教学中如果能表现出以上特点和自信，就会感染学生，将这种独立意识和自信传达给学生。有意识、有计划地进行自主学习能力培养是教师的主要任务之一。在这种教学思想指导下，教师扮演的角色应该是合作者、顾问、协调者和对话者。

2. 学生的角色

对学生而言，自主学习使得他们从对教师和教材的依赖中解放出来，成为自己学习的主人。这种从被动到主动的地位变化要求学生在教师的引导下做到制订学习计划、监控学习过程、反思并修正自己的学习态度和方法、评价学习结果。自主学习要求学生具有较强的学习意识，重视学习目标实现的过程和方法，通过这样的意识和对学习过程的关注，学生增强对学习和学习过程的理解，掌握学习的规律和方法，从而提高自己独立学习的能力，为自己承担起学习的责任做好准备。

第四节　跨文化英语教学的测试与评价

测试和评价是两个相关的教学术语，有时甚至被交换使用。实际上，它们的区别是明显的。测试是指通过使用一种工具，如试卷，对被测试者的知识和能力进行一次性的衡量，其结果通常以数字或分数形式给出，例如各门课程的期中、期末考试，大学英语四级、六级考试等都是不同类型的测试。评价通常是指对评价对象在一段时间内的学习过程和进步情况的评价，近年来教育界开发和应用的作品集评价法、真实评价法和行为表现评价法为人们提供了更全面、更真实了解学生学习过程和成果的途径。与测试不同，它依赖多种评价手段，不仅包括一些测试，而且更注重学生在学习过程中所付出的努力和取得的进步。

一、从客观定量测试法到定性分析评价法

跨文化英语教学将文化确定为主要教学目标和内容之一，因此在课程开发、教学设计和测试评估中都应该体现这一新的目标和内容。然而，目前中国英语教学界在这方面所做的尝试和努力相当不足，除了一些关于英语国家概况的文化知识测试之外，多数测试和评估都忽略了对学习者文化能力的测评，甚至在欧洲一些文化教学及文化教学研究历史较长的国家和地区，文化测试和评价也是困扰外语教师和研究者的一大难题。虽然这个问题已经引起了重视，但是文化测试、评价研究和实践仍然是文化教学最薄弱的环节。

（一）文化测试的主观性和复杂性

文化测试之所以长期以来一直是文化教学的主要障碍之一，是因为文化的主观性和复杂性导致文化测试和评价的设计及实施极为困难。测试的基本标准是信度和效度、客观和公正，一旦涉及文化，测试与评价的客观性几乎不可能存在，因为文化是人的主观认识和体验，它不像语言形式那样容易制定客观、可操作的评判标准。

从文化测试和评价的内容及标准来看，文化几乎无所不包，无时无刻不在起作用。文化教学的内容既包括文学、艺术等人类文明发展史，也包括社会学和文化学关注的人们的态度、习俗、日常活动、思维方式、价值观念和参考框架等。文化不仅对社会具有规范、调控和凝聚的作用，而且对个人的所思、所想和所为具有指导和制约的作用。文化测试和评价如何涵盖这些内容、体现这些功能，是一个复杂、艰难的问题。另外，文化测试和评价的标准也是难以确定的。任何文化都是一个抽象的概念，它由无数的亚文化群体构成，这些文化群体由于主观认识和体验的差异，不可能形成统一的文化认识和表现。所以，在文化测试和评价时采用谁的标准也是一个棘手的问题。

正因为存在主观性和复杂性的问题，一些学者甚至想放弃文化测试和评价，因为他们认为如果不能解决这些问题，只是从形式上片面、肤浅地对文化学习进行测试，反而会挫伤学习者的积极性，甚至对他们的文化学习起到误导作用。

然而，文化测试的主观性和复杂性不能成为放弃文化测试和评价的理由，测试和评价毕竟是教学不可缺少的重要环节，一旦放弃对文化教学内容进行测试，那么就等于放弃文化教学本身，这样一来，文化将继续保持其在英语教学中较低的地位，它仍将作为语言教学的附属品存在，这显然不符合跨文化英语教学的宗旨。此外，对文化教学内容的测试和评价是检验教学方法、教材和教学效果的重要手段，同时也是激发学生文化学习积极性的重要手段，毕竟为考试而学习的思想永远不可能完全消失。所以，加强对测试和评价的研究势在必行，它应该成为跨文化英语教学的攻关项目。

（二）从客观定置测试法到定性分析评价法

当英语教学从 20 世纪 50 年代以语法、词汇和阅读为中心的教学模式发展到 20 世纪 70 年代以交际能力为目的的教学模式时，测试也逐渐从强调认知理解和规则记忆的纯语言测试发展到包括听、说、读、写各种能力，强调语言使用和交际能力的测试。这种测试内容的改变在很大程度上促进了学生语言能力的综合发展，但是与纯语言测试一样，目前所使用的很多测试仍采用客观、量化的传统形式，如选择题、正误判断题、填空题等。这些测试形式将语言和文化知识技能分割成易于准备、量化和分析的，独立的考试项目，具有客观、科学、公平和高效等优点。但是随着教育研究的不断发展，这些传统的测试形式越来越受到质疑和抨击。

总之，传统的测试形式有其特有的优势，在大型的、需要标准化测试的情况下仍然具有一定的实用价值。但是它们对评价学生的学习过程和学习结果却存在很多不足和偏差，在很大程度上对教师的教学和学生的学习起误导作用，影响了整个教学活动。

二、文化测试和评价的内容

测试和评价是对教学目标和内容的反映，文化测试和评价应该以文化教学的目标和内容为基础确定内容。测试之所以是目前文化教学最为薄弱的环节、最难解决的问题，主要有两方面的原因：其一，缺乏一套与真实文化能力密切相关，同时又能够被观察、分析和评价的教学目的；其二，测试和评价的思想和方法陈旧，需要更新。

（一）文化测试和评价的相关研究

文化本身的复杂性和文化理解的主观性决定了文化测试和评价是一项极为困难的活动。正因为如此，如何将文化细分成可操作的评价单位和内容，同时又不遗漏重要的文化教学内容至关重要。

将文化能力分解为文化知识、文化理解和文化行为进行测试和评价是一种很实用又易于准备和操作的方法，对于文化教学刚刚起步、文化教学研究尚未成熟的国家和地区不失为一个好的开始。遗憾的是，它主要测试的仍然是学生对文化信息的了解（如业余爱好、交通等）和一些简单的、日常生活的行为习惯（如打招呼、告别等），忽略了很多重要的文化教学内容，特别是跨文化意识、跨文化交际能力和文化学习能力等，因此具有很强的局限性。

（二）文化测试和评价的内容

确定评价的内容是评价的第一步。虽然文化学习的内容无论是从广度还是从深度来说都难以界定，但是通过前面各章的论述，它还是有章可循的，在一定程度上也是可以描述的。综合以上来自英语教学和跨文化培训方面各位专家的研究成果，文化测试和评价应该包括以下内容。

1. 具体文化层面

知道有关目的语文化的历史、地理、政治和社会等宏观层面；理解目的语文化在其社会各种场合的功能，在语言使用中的体现，在个人生活中的作用，这是文化的微观层面；理解并能解释目的语文化的世界观、价值观和信念及其对人们日常生活和工作的影响；知道并能理解目的语文化与本族文化的差异；使用目的语和以上相关文化知识，与来自目的语文化的人进行有效、恰当的交流。

2. 抽象文化层面

对文化差异具有敏感性，能够用不同的文化参考框架去解释文化差异；能够灵活应对不同文化，与来自目的语文化和其他文化群体的人用英语进行恰当、有效的交流；掌握文化探索、学习和研究的方法。

以上关于文化学习测试和评价内容的论述表明，丰富的内容要求测试和评价的形式多种多样。教师应该根据不同阶段语言和文化的教学目标及特点的需要，对以上测试和评价内容进行选择，做到重点突出。此外，由于文化只是跨文化英语教学中的一个部分，因此文化教学测试和评价必须与语言内容的测试和评价结合起来，形成一个整体。这一点在很大程度上取决于测试和评价的方法及手段。

三、文化测试和评价的方法

（一）文化知识的测试

文化知识是对文化信息、模式、价值观念和文化差异的认知理解能力。文化知识可分为普遍文化知识和具体文化知识、宏观文化知识和微观文化知识。普遍文化知识涉及文化学、社会学等学科的研究成果，英语学习者需要了解文化对于社会、交际、民族和个人的作用，这些抽象的文化知识已经得到文化学家和社会学家全面、成熟的论证和梳理，测试起来并不困难，传统的笔试基本就能满足需要。相比较而言，其他几个方面的文化知识不仅对英语教学更加重要，而且也因为较为复杂而需要得到更多的关注。

宏观文化知识的测试与评价在英语教学中已经有相当长的历史。有关目的语文化的历史、地理、信仰、艺术等客观文化事实，长期以来一直作为英语学习的背景知识在各种测试中得到认可，尤其是英语专业的综合水平考试，其中常常包括对宏观文化知识的测试。宏观文化知识也可称为被动文化知识，与主动文化知识形成对照。具体文化的微观层面的知识是英语教学关注的重点，因为它直接影响人们的语言交际和非语言交际行为，是一种主动文化知识。所以，对这些主动文化知识的测试通常采取情景化的题目设计方式，将测试任务置于具体的交际语境中，使学习者在回答问题时将文化知识与实际交际场合的需要联系起来，体现他们所掌握的是鲜活的、主动的文化知识。举例如下。

请选择最合适的答案：

When you are invited to have dinner at an American friend' s home, what should you do?

A.Bring a small gift and offer to help in the kitchen.

B.Buy an expensive thing you think the host or hostess may need or like, and get ready to talk about your native culture.

C.Bring nothing as a gift, but offer to help in the kitchen.

D.Bring nothing as a gift, but get ready to talk about your native culture.

总之，与情感态度和行为技能相比，文化知识的测试并不困难。关键在于对文化教学大纲中确定的文化知识的教学内容进行全面细致的分析，细化成具体的测试项目，然后根据所测文化知识的特点（是主动文化知识还是被动文化知识）来确定测试的形式。

（二）情感态度的评价

情感态度是跨文化交际能力的重要组成部分，学习者只掌握相关文化知识，不在情感和态度层面同步发展，就不可能提高跨文化交际能力。然而，就测试和评价而言，由于涉及学习者的心理和情感，这一层面被认为是文化学习测试和评价的最大困难。情感态度并不是测试和评价的禁区，通过上述各种方法，教师可以在一定程度上了解学习者的情感态度，并弥补文化教学中情感层面由于难于评价而得不到重视的遗憾。只要认识到其必要性和可行性，必定能开发出更多、更好的情感态度测试和评价方法。

（三）文化行为的评价

文化行为指的是在交际过程中交际参与者表现出来的那些受文化影响的行为，这些文化行为往往通过语言和非语言行为表现出来。文化行为的评价可以采取一些传统笔试的形式进行，但更有效、更真实的评价方法应该是真实、直接的行为表现评价法。文化行为测试的笔试形式包括选择、判断、问答等。

例如：

Multiple choice questions: You are now a visiting student at an American university.

（1）If you are having a party for the students in your class, how many days in advance would you invite them?

A.The day of the party.

B.One day in advance.

C.Several days in advance.

D.3 or 4 weeks in advance.

（2）If you do not understand a point that your teacher makes in class, it is best to:

A.Raise a hand and ask for clarification.

B.Look confused.

C.Remain silent and ask the teacher after class.

D.Leave the class.

（3）If someone offers you food that you really don’ t like, you might say:

A.I hate that.

B.Sure, I’ d love some more.

C.I have just a little bit, please.

D.Thanks, but I’ m really full.

通常可以设计很多类似的笔试题型，通过情景描述和模拟现实的任务设置方式来测试和评价文化行为，但是无论情景描述和模拟现实如何具体，笔试永远是一种间接的测试手段，其真实性难以得到保证。行为表现评价法因此而得到重视。

行为表现评价法主要是企业人力资源部门用来评价员工工作表现所采用的方法，一直是管理学研究的一个重要课题。20 世纪 90 年代以来，建立在行为主义学习理论基础上的传统测试方法，特别是标准化测试，不能达到英语教学培养英语交际能力的目的，因此以建构主义学习理论为基础的行为表现评价法越来越受到英语教学研究者的青睐，成为英语学习评价的一个新趋势。

将行为表现评价法应用到英语教学中的最大好处在于它比传统的测试和评价手段更直接、更真实，更能反映学习者的语言应用能力。英语学习的最终目的不是掌握英语语言知识，而是提高英语交际能力。选择、填空等传统手段对于测试学习者的语言知识非常有效，但是语言知识的学习不是英语学习的本质，只有通过基于任务或基于项目的行为表现评价法，才能真实地评价学习者的英语交际能力。采取这种评价方法的另一个好处就是它能对课程设计和课堂教学起到正确的、积极指导作用。

（四）作品集文化学习评价法

真实性和可靠性是任何测试和评价都必须遵循的原则。真实性是对测试内容和形式是否反映教学目的的衡量，真实性高的测试和评价不仅包括所有应该评价的内容，而且它所采用的方法和形式能够真正评价要评价的内容是否能反映被测试和评估者所掌握的知识和能力，这些是测试和评价必须达到的基本标准。可靠性是指测试和评价结果的连续性和一致性，要求一个测试和评价工具在不同时间、不同地点使用时产生的结果一致，通常用数据来表现。真实性和可靠性的原则为文化测试和评价手段的设计和使用提供了重要依据。下面从真实性和可靠性的角度分析一种综合性的文化测试和评价方法，即作品集评价法。

作品集评价法是一种典型的形成性的评价方法。教师和学生以学生在一段时间内（通常以学期、学年或阶段为单位）按照教师的要求或根据自己的需要完成的一系列系统有序的作业、研究报告、学习日记、测试等“文件”为基础，对学生付出的努力、进步的情况、学习的态度、学习的方法和成就的多少进行评价。无论是从评价的依据还是从评价的目的来说，这都是一个较为全面、可靠和真实的评价手段。

作品集评价法是一个用途广泛、人性化的评价方法，符合当今以学生为中心、以建构主义学习理论为基础的教育理念。就文化学习评价而言，作品集评价法更是起着重要的作用。一方面，因为测试和评价一直是阻碍文化教学的主要因素，将作品集评价法应用到文化教学中能够在一定程度上弥补这一缺憾；另一方面，作品集评价法特别适合对文化态度、文化知识和文化行为的综合评价，而且适用于文化教学的各个不同阶段。

以上从测试与评价的本质出发，分析了目前英语教学测试和评价的现状和问题，在比较传统的客观定量测试法与定性分析评价法的基础上论述了定性分析评价法对于英语教学，特别是文化教学测试和评价的重要意义，可得出如下结论。

第一，文化测试的主观性和复杂性决定它更应该采用定性分析评价法，如真实评价和表现评价等形式。

第二，定性分析评价法注重对能力和学习过程的评价，可以对认知、心理和行为多个层面进行综合评价，而且有利于学生参与评价过程，进行自主学习。

第三，文化测试和评价的内容包括具体文化和抽象文化两个方面，以及文化知识、文化意识、文化态度和文化行为等多个层面，所以采用的评价方法和手段也应该多种多样。

第四，文化知识的测试基本上可以采用填空、选择、正误判断等传统的客观题形式，重要的是将学生应该掌握的文化知识全面、系统地通过各种测试手段予以体现。

第五，对文化行为的评价既可以采取笔试形式，通过设置模拟现实的任务让学习者书面应答，也可以通过直接观察学生真实的行为表现来进行评价。两种方法各有所长，应该有机结合。

第六，作品集文化学习评价法是一种对学生文化学习过程中知识、情感和技能发展情况综合的、人性化的评价方法，符合以学生为中心、以建构主义学习理论为基础的现代教育理念，特别适合文化学习评价。

第五章　高校英语教学跨文化交际能力培养

大学英语课程开设多年，其中的跨文化教学始终都是一个边缘化的存在，在整个大学英语教学过程中扮演着可有可无的、居于附属地位的角色。大学英语跨文化教学的这种情况是根本无法满足当前我国飞速发展的、对于跨文化交际人才需求的。但是无数的事实也在表明一个问题，那就是跨文化人才的培养不是一朝一夕的事情，这是一项长期而又艰巨的教学任务，具有很高的实践性要求。跨文化交际需要提升的是学生“跨越”层面的交际水平，而从“跨越”到“超越”则又是从一个层面到另一个层面的质的飞跃。若想要更好地实现这个质的飞跃，就需要用理论建构起一个深层次的跨文化交际教学架构，并在此基础上寻找探索一套行之有效的教学方法。

一种成功的跨文化教学模式，必然是文化教学与语言教学相得益彰、融为一体的教学模式，在这一教学模式的作用下，教师自身的文化素养必然得以有效提升，对于目的语的文化理解能力也会有显著的提高，从而能够更好地推动跨文化教学目标、教学内容、教学活动的各个环节获得全面的改革，以最终实现培养具有跨文化意识与跨文化能力的交际人才的目的。因此，必须采取一些方法策略，使大学英语跨文化教学体系实现系统化教学。

第一节　跨文化交际能力的认知培养

高校英语跨文化教学中的认知体系，包括对于目的语民族，也就是英语民族的文化知识、自身价值观念等方面的意识。在大多数学者专家的观点中，跨文化交际能力就是指语言使用者能够在目的语的文化情境中得体恰当地使用目的语进行交流沟通，并且能够用目的语的思维习惯、情感感知方式去理解、表达自己看待事物与世界的观点与看法，从而形成新的对于世界的体验的能力。具体就高校英语的跨文化教学来说，认知意味着对教学理念、教学目标及教学过程中的一切看似矛盾但又各自密切相连的关系的处理，以及教学原则的确立。

一、树立正确的教学理念

教学观念的更新、教学认识的提升，对于当前的高校英语跨文化教学及其所面临的改革来说具有十分重要的意义。就目前我国整个高校英语跨文化教学的现状来看，我国所提出的跨文化教学仍然属于一种较为领先的教学观点。而管理我国高校英语教学的教学部行政部门的思想意识，将直接影响高校英语跨文化教学的改革与发展。基于此，当前我国的大学教学部行政管理部门应该有战略性的眼光与视野，充分借鉴学习欧美一些国家比较先进的跨文化经验，以更高的战略性目光来看待我国需要进行的跨文化教学所具有的时代意义，明确高校英语跨文化教学的内涵与目标，以便更好地制定同我国当前的国情及教学实况相符合的高校英语跨文化教学的目标、原则和方法，为我国当前的英语教学提供更为明确的目标与方向。

在高校英语跨文化教学过程中，首先，教师必须明确自身教学理念更新的重要性。在进行高校英语的跨文化教学过程中做到始终坚持“语言教学与文化教学相结合”的教学方式，分别从语言意识、语言学习、文化意识及文化经历四个相互紧密相连的层面着手，将母语文化在高校英语学习过程中的正迁移作用充分发挥出来。其次，教师不能够仅仅将自己定位为传授知识的教书匠，而应该注重对自身各方面能力的培养，努力使自己成为一名学贯中西的学者型教师。

此外，在高校英语跨文化教学过程中，除了教师教学理念的更新与教师自身文化素养的培养与提升，对高校英语跨文化教学中的文化理论框架的建构也是一个必须明确并需要进行进一步深入分析、探讨、研究的重要课题。

在学习的过程中，学生对自己所体验到的内容进行消化吸收，并将其内化为自身知识储备的一个组成部分，能够灵活自如地将其运用到实践中去加以检验。体验式学习理论的提出对教学理论所产生的影响是极为深远的，尤其是教学理念方面的影响，正是因为体验式教学理论的产生，才使教学从被动接受式逐渐转向主动体验式。

体验式教学模式对教师在教学过程中提出的要求是教师根据教材的课文内容，为学生创设出尽量逼真的文化学习情境，使学生在这种较为逼真的教学情境中体验、感受目的语的文化内涵，从而达到学习跨文化内容的目的。在这一过程中，学生在获取与课文内容相关的知识的同时，能够更为有效地开阔自己的理论视野，使自己对于理论知识的应用能力得到进一步提升，同时技能、技巧都有一定程度的进步。特别是这种使学生身临其境地去感受体验课文内容中的真实情景，对于自己所接触到的课文中的内容亲自进行实践与体验，在一种相对独立自由的情境下创设一种学习的氛围，从而培养创新实践的新能力。其实，体验式教学模式的核心就是对直接经验进行体验。

高校英语跨文化教学中的体验式教学是以建构主义理论为其发展基础的。在建构主义者的理论观点中，学习的过程就是一个建构的过程，但是建构主义理论者比较强调突出学生学习的主动性与积极性，倡导突出学生的主体作用。学生是学习的主体，而教师在建构主义者看来应该处于协助者、促进者的位置，而不是像过去的英语教学模式那样，教师始终扮演知识灌输者与提供者的角色。从教学方法来看，建构主义有着多种多样的教学模式，但是情境创设和协作学习从始至终贯穿于各个教学环节。在建构主义教学理论架构中，学生不再只是一个被动的信息接收者，而是通过情境创设与协作积极主动地建构起自己对所学知识的意义构架。同过去那种以教师为课堂教学主导的教学模式相比较，体验式教学模式更强调学生在教学过程中的主体地位，将学生的自主学习看作最重要的，认为这更贴近学生对于所学知识进行内化的学习认知规律。对于课文内容进行真实语境的创设与模拟，将学生带入所学内容的情境中，能够在很大程度上激发学生的学习热情和参与学习的积极性。学生能够在这种虚拟的语境中体验、感受、发现语言应用技巧及使用规则，并能够将其运用到情境的实践检验之中。

高校英语跨文化教学的体验教学可以说很好地体现了英语教学的新进展，既符合以往的交际教学法的原则，又体现了任务教学法的特点。此外，体验式教学方法突破了时空的局限性，特别是当下飞速发展的高新科技如多媒体、互联网等的广泛运用，为高校英语进行体验教学提供了更为丰富的渠道。将这些高新科技的发展成果充分运用到高校英语的跨文化教学过程中，不仅增加了英语学习的趣味性，同时在这一运用的过程中，学生的思维与感官都会受到不同程度的相应的刺激，学习的积极性、主动性、趣味性都被最大限度地调动起来，从而真正获得快乐学习、记忆语言文化知识内容的效果。

文化不是一个一成不变的、静态的存在，文化是一个随着社会的发展而不断更新的动态的过程。那些过去发生过的事情可能会对语言的表达含义产生一定的影响，但是反过来，语言的意义又会影响未来可能发生的事，而未来可能发生的事与经历则又会对语言的意义产生影响。就这样周而复始，循环往复。而且，伴随着社会的不断进步与发展，世界各民族的思维方式、价值理念，包括生活方式、社会规范等，都会相应地发生一些改变。这就要求教师在进行高校英语跨文化体验教学的过程中，将教学的中心置于学生身上。要明白，教师不再是教学的中心，不应该将教师只当作知识灌输者的角色，而应该将学生作为整个教学的主体，增强学生的文化体验，培养学生自主学习、积极自主进行文化积累与分析的能力，提升学生的文化敏感度，从而实现学生对文化差异性与自觉性的敏感度的提升。

因此，在高校英语跨文化教学过程中要确保其理论体系的完整，以一种全新的教学理念、清晰的教学思路来推动课堂内外的跨文化体验教学，从各个层面多角度、多方位地采取措施，以加深教师自身对高校英语跨文化教学过程中的认知，使其能够更好地投入跨文化教学的工作。

二、明确合理的教学目标

我国现在的高校英语教学是以教育部修改制定的《高校英语课程教学要求》为标准，《高校英语课程教学要求》明确规定了高校英语教学的目标，那就是培养学生的综合素质与应用能力。这一目标同此前的目标有所不同，其改变了过去“重知识传授、轻知识运用，重知识点记忆、轻能力培养”的目标。新的教学要求意味着我国的高校英语教学提升到了一个新的境界，交际意识和文化能力都得到了一定的强调与重视。

高校英语跨文化教学的目的其实就是培养英语学习者在进行跨文化交际时能够用得体合适的英语民族的语言与文化进行交流的能力。这就需要学生必须对目的语词汇极为丰富的文化内涵有所了解与认识，这样才能够更好地掌握目的语的使用规则。相较于结构规则，语言的使用规则显得更为重要。在跨文化交际中，仅依靠语音、语法、语调的正确流畅运用是不够的，这根本无法保证跨文化交际的顺利进行与完成。高校英语的跨文化教学不仅帮助学生认识并了解英语民族的人观察世界的方式和思考问题的方式，更为重要的是，还能够协助学生运用英语民族的视觉与思维方式来表达其所看到的事物、行为习惯等，以便使学生真正学会用得体的语言与方式同英语民族的人顺利地进行跨文化交际。

此外，除了一定的应用能力的培养，对于异域文化的敏感度及容忍度在很大的程度上也决定着跨文化交际的成败。学生不仅要对异域民族的生活习惯、思维方式、认识模式及合作态度等有所认识与了解，更需要对自己的交际对象所拥有的文化背景与风俗习惯等有一定的敏感度与包容性。在跨文化交际过程中，交际者最容易犯的一个错误便是以自己母语文化的视觉去审视目的语的民族文化与思维习惯，而不去深入探究隐藏在文化表象背后的深层内容。这就需要教师尽可能多地为学生创造一些真实的文化体验情境，通过直接的经验感受，引导学生对隐藏在文化背后的深层含义进行更为深切的解读与理解。同时，还可以通过培训等多种方式来拓宽体验渠道，引导学生用目的语的文化思维进行思考判断，以更好地提升学生的文化敏感度、包容性，以及对不同民族之间存在的文化差异进行处理的灵活性，从而确保跨文化交际的顺利进行。对于学生来说，他们在对外来异域文化进行吸收学习借鉴的同时，也能够将本民族的优秀文化传播出去，从而成为融会中西方文化的学者型人才，这既是当前英语教学的大势所趋，也是高校英语进行跨文化教学的最终目的。

跨文化交际能力的培养是高校英语教学新的目标，从这一目标中可以看出，英语社会功能的进一步演变是顺应全球经济、政治、文化一体化发展态势要求的，是体现英语社会功能的一个层面，充分表现了高校英语教学所具有的社会功能服务性的一个层面。但是这一高校英语教学的新的目标的制定与确立，也对我们的高校英语教学提出了新的要求，更新高校英语教学理念、改革英语教学的体系，这已经成为当前高校英语教学必须面对的问题与挑战。

三、正确处理高校英语跨文化教学应面对的三种关系

（一）本土文化同英语文化的关系

在全球一体化的发展态势中，英语被作为“世界普通话”普遍应用。具有“世界普通话”之称的英语，首先必须具备两个层面的含义：第一，必须是由全世界的英语使用者共享的；第二，包含着各种具有地域特征、文化特征的本土化英语表达方式。

中国作为人口大国，学习英语的人最多，对于中国的英语学习者来说，他们一方面希望能够通过英语的学习更为广泛地认识世界、了解世界，另一方面希望通过英语这一“世界普通话”，将中国介绍给世界各国，使人们能够更好地认识中国。因此，英语的学习与交流是一个双向互动的过程。但是我国的现实是英语民族的文化引领了中国社会文化的很大一部分潮流，就如带有英语民族文化标签的快餐食品，还有影视业的好莱坞，乃至一些英语民族文化中的传统节日，对中国人及中国人的生活都产生了很大的影响。更有甚者，一些人的英文名字也同其所处的社会地位联系起来。

现在的高校英语教学强调英语民族的文化与价值观，却忽略了对于本民族文化传统的传播与发扬，特别是在高校英语学习的过程中，中国本土母语文化极为单薄，以至于在进入跨文化交际过程中出现了交际者对于中国特有的文化传统表达的困难。因此，在高校英语跨文化教学过程中，如何更好地解决本土母语文化与英语民族文化之间的关系，是高校英语跨文化教学极为重要的一个课题。这就要求教师必须做到如下几点。

首先，对本土母语文化及母语的学习给予足够的重视。语言不仅是一个民族的特征，还是这一民族历史文化背景、人生观、价值观及思维方式等的深刻蕴含。对中国人来说，汉语是从出生时候就伴随着自己的母语，在母语

的环境氛围中，人们从小就形成了汉语式的认知方式，因此在跨文化交际过程中，宣传发扬具有中华民族特色的优秀文化，是每一个使用汉语民族语言的人的责任。

其次，必须承认“中国英语”存在的客观现实性，并且要有意识地将“中国英语”提升到国际交流的水准。就目前来看，英语作为“世界普通话”被世界各族人民广泛应用，因此英语在被应用的过程中必然会受到各民族文化的影响，从而形成一些不同类型的英语变体，“中国英语”就是其中之一。不过，在使用“中国英语”的时候有几点必须注意：第一，“中国英语”的使用一定要具有相当的可接受性，中国人在用英语表达具有中国特色的事物时，要尽量用英语民族的思维方式与语言习惯来进行表述，使其能够被英语民族的人接受；第二，用英语对具有中国特色的节日文化进行适当的表达，如清明节、中秋节、端午节等；第三，当在跨文化交际中发生源于民族文化的矛盾冲突时，要尽量用英语民族的思维方式来进行解释，使其成为英语民族能够接受的表达方式，能被母语为英语的人所理解，从而达到使跨文化交际顺利进行的目的。

最后，在编写英语教材时，也要适当地加入一些中国传统文化作为英语学习的素材，而不是全部照搬表达西方传统与价值观念的文章形成学习素材。在高校英语的跨文化教学课堂上，教师可以有意识地将英语民族的文化同母语文化进行对比分析，对两个民族文化形成时的不同的文化背景、语言形式进行深入的探讨，以加深学习者对于两个民族文化之间存在的异同性的对比认识，从而在更高的程度上加深学习者对于语言文化的理解与认识。同时，还要善于积极利用母语文化的正迁移作用来帮助学习者更好地掌握英语语言。

总而言之，在全球一体化的发展大势下，高校英语跨文化教学要十分注意对于母语文化与英语民族文化的关系的平衡处理，在教学过程中导入英语民族的文化传统的同时，也不忘对母语文化的学习与宣传应有的责任与担当。跨文化交际是一个双向的交流过程，英语交际同样也是一个双向交流的过程，高校学生完全可以通过英语的学习来培养自己跨文化交际能力、国际理解能力，从而寻求到在全球化、多元化发展态势中属于自己的发展位置。

（二）英语功用性与人文性的关系

语言是人类用来交际的工具，同时还是一个民族文化的承载者，语言集中体现了某一个语言集团的文明成果。因此，作为语言之一的英语具有人文性与功用性的双重价值。从功用性的层面来看，英语作为人类用来认识世界、与世界进行沟通的工具，具有实用的功用性价值。从人文性的层面来看，英语作为人类文明成果的传承者，对于人类社会的文化传承、人文教学与人格塑造等方面都起着很大的作用。在高校英语跨文化教学过程中，学生透过人文学习语言，再透过语言学习人文，在一种潜移默化的氛围中受到熏陶、引导，从而逐渐形成一定的心理积淀，在此过程中形成质文相宜的人文素养。

当然，在现在的中国社会，英语作为一种与世界进行沟通交流的手段与方式极为流行。分析其主要原因，就是因为英语所具有的使用价值。简单地说，一个人的英语水平直接同升学、晋级、留学等紧密联系，甚至在某种程度上还关涉一个人的社会地位。而在一个存在激烈竞争的商业社会中，经济飞速发展带来的后果是人们将追求物质财富作为社会的普遍价值，现代人更倾向于用一种急功近利的标准来衡量判断事物与行为。在这样大的背景下，中国人学习英语自然同他们的就业、升职有着密不可分的关系。英语所具有的实用性是高校英语教学的一个重要组成部分，占据着极为重要的位置，以至于很多高校的英语语言文学教学专业也在突出强调语言课程的实用性，淡化语言的文学性。北京外国语大学的张中载教授曾经较为尖锐地指出，在外语本身和市场经济功利原则的支配下，英语教学极为容易重其“制器”，轻其“育人”。因此，学生人文素养的提升已经成为当前我国教学的重点。

高校英语教学过程中所设置的各种考试与量化标准，也许可以用来对学生的学习知识技能进行检验考核，但是却很难真正对学生的人文素养进行判断。在这里不得不强调的一点是，在英语教学过程中，对英语功用性的一面，教师应给予足够的重视，但与此同时，对英语教学所具有的人文性的一面也要给予相当的关注。英语所具有的功用性同社会的经济紧密相连，但是人类社会同时还包括政治、文化等多个方面的内容，是一个复杂的整体。尤其是在全球化发展的背景下，各种文化形式的碰撞与交流、中国与外来社会的交际越来越多元化，而在其中，文化就是主要的交流内容，而且对国际交流起着重要的推动作用。此外，英语本身就是一种使本民族历史传统与现实文化场景密切相关的文化内容，一个国家的语言、文化和教学是相互联系的，如果无视特殊的文化背景和国情孤立地看待语言问题，会丢失语言的整体性。

个人需要更多的教育，不是为了智慧，而是为了生存；国家需要更多的教育，是为了不落后于其他国家。

21 世纪是一个全球一体化、多元化发展的时代，在这个时代，高校英语教学不仅要将关注的目光投注在英语语言技巧与知识的教学中，同时还要注重对英语语言及应用民族所包蕴的深邃的文化内涵的学习，在此过程中培养学生的跨文化交际能力，对异域文化的敏感性、包容性及跨文化交际所需的价值观与国际理解能力。21 世纪国际一体化背景中的公民需要具备一定的能够同具有不同文化背景、不同政治制度，来自不同国家的人进行交际的能力。英语是全球通用语言，人们学习英语的主要目的之一就是希望通过这种国际通用语言开阔视野，了解其他国家的社会、历史、政治、文化，了解中国同世界先进发达国家之间所存在的差异性，从而推动生命个体在世界多元化发展过程中的生存与发展。因此，应该在高校英语课程的开设过程中积极提倡对于英语语言文化素养的培养，通过高校英语的文学文化课程的开设，引导学生进行人文意识、人品分析，进行人文素养的渗透，从而使英语学习的功用性与人文性相统一。

（三）语言教学与文化教学的关系

在英语教学中应该融入文化教学，主要有两个原因：第一，在同运用另一种语言进行交际的人进行交流时需要用到的不仅是这一民族的语言知识，同时对于这一民族语言的文化习惯与期望值的理解也有着一定的依赖性；第二，跨文化作为一种素质培养，其本身也是现代教学的一个目标。若是学习一门外语却不能够对其深邃的文化内涵有所理解，那么所有的努力就显得有些徒劳了。任何一个民族的文化传统与生活方式，乃至民族习惯、民族心理，都有其固定的思维习惯与思维模式，而这一切的形成，都同语言的积累和传承有着密不可分的关系。

语言同文化有着密不可分的关系。学习语言其实也是在对一种文化进行学习的过程。任何一个民族语言的身上，总是体现着这一个民族的文化传统。但有人在学习语言的过程中却对这一民族的文化没有什么理解，这真是很不可理解的事情。综观语言同文化的关系，语言不仅是文化的体现者，同时还是文化的组成部分。一个民族的语言是同其文化相对应的，语言与文化之间彼此紧密相连，共同作用。

在学习一种语言的时候，如果不理解文化，就很难理解语言；而如果要很好地理解文化，则需要具备良好的语言基础。扎实的语言基础是理解文化深邃意蕴必备的条件。当然，对于语言同文化之间的这种密切关系，现在的学生与教师都有了一定的认识与理解，即良好的语言基础对提升跨文化交际具有很大的作用。在跨文化交际中，语言能力与文化素养是两个必备的素质。

不过，在具体的高校英语教学实践中，语言与文化这种彼此相依的紧密关系仍然没有得以很好的实践。教学实践一般强调语言的知识技术性，没有重视英语学习的文化性，使语言与文化成为隔离的状态。而且，长期以来，学生的学习与教师的教学重点都停留在语言的语法、词汇、教学考试等层面，很少对语篇的整体结构、跨文化交际的素养给予关注，而在高校英语的跨文化教学过程中处理好语言与文化的关系显得极为重要。

第一，语言与文化的教学应该是一个同时共进的过程。教师在进行语言教学的同时也不能忽略文化教学。具体表现就是语言学习机制同文化学习机制同步进行，相互协调。如在学习第二语言时，往往形成一种“自我疆界”，文化的学习目的就是为了打破“自我疆界”，或者是至少要使这种“自我疆界”有所拓展，从而使这两种语言的文化在接触时不会产生障碍。学生能够真正以目的语的思维方式、视野来对问题进行思考、认识、理解，真正达到移情的理想境界，从而获得全新的“自我认同”。

第二，语言教学与文化教学相互依存，互为条件。要想对一种文化有深入了解，必须先对这种文化的语言有深入的认识与掌握。同时，若想更好地掌握一种语言，那么就必须对这一语言的文化有深入的认识。没有语言的文化教学是无源之水，没有文化的语言教学则枯燥乏味。若是从培养学生的能力素质层面来看，只重视语言的讲授而不进行文化的培养，学生能够学到的只有机械的语言知识与技巧，而根本不可能进行合适得体的跨文化交际。文学教学对于拓展学生学习语言的深度与广度具有重要的意义，能够极为有效地提升学生的学习语言的效果。

第三，语言教学和文化教学是相互兼容、不可分离的。语言和文化是一个整体，无论在进行语言教学的时候运用哪种教学方法，都离不开一定程度的文化教学。根据现代教学理念的观点，语言教学只有同文化教学成为一个有效的整体，才是真正意义上的现代教学。

在高校英语的跨文化教学过程中，语言同文化合为一个有机的整体，这是高校英语跨文化教学的最终目的。在此过程中，应注意有效地培养学生的跨文化交际能力与素养。

四、高校英语跨文化教学原则

在高校英语中进行跨文化教学，最终目的就是培养学生的跨文化交际能力。也就是说，高校英语的跨文化的目的就是实现学生在文化知识认同与理解方面的交际能力。这种交际能力分为处理语言的信息能力与调节语言的活动能力。其实，在高校英语跨文化教学过程中，最为核心的部分就是价值取向与原则的问题。这是英语学习认同与交际的重要内容，也是跨文化交际必须遵循的原则。

（一）以学生为中心的原则

高校英语跨文化教学是以学生为中心的教学。学生的需要是教师进行课堂设计与内容传授的重点。虽然对于语言知识的讲授仍然是课堂设计必不可少的内容，但是教学的重点却应该是对学生自我学习能力的培养。教师在整个语言知识技能教学的过程中，关注的重点从始至终都应该是学生的自主学习能力。课堂上，学生是主体，师生共同进行跨文化体验，一起领悟目的语的文化与语言知识，在共同的体验过程中建构起对于英语民族的意义领悟。值得注意的一点是，高校英语跨文化教学过程中，无论是课堂设计还是教学活动的安排，都要将可能对学生产生影响的各种因素考虑在内。这些因素中不仅包括语言知识技能，而且还有对该民族文化体验与感受的心理建构过程、认同程度，以及个人综合素质的提升等多方面、立体化的思维方式与跨文化交际能力的形成与培养。因此，相较于过去传统的教学方式来说，跨文化教学无论是教学目标还是教学内容都有了极大的进步。可是，在此过程中高校英语教学的时间并没有增加，因此对于学生的自主学习能力的培养就显得格外重要。

（二）多层面合作原则

人的智能机制可以分为以下几种：个人智能，分为内省智能、社交智能与音乐智能；学习智能，分为逻辑智能与语言智能；表达智能，分为身体语言智能与视觉空间智能，以及自然发展智能与自然主义智能。智能机制在各个方面的表现因人而异，教师需要对学生的智能机制进行充分的认识与挖掘，找出其智能发展的优势所在，帮助学生在这几种智能优势发展中找到平衡点，尽量使学生能够扬长避短，做到这几种智能优势相互配合。建构主义理论认为，学生在学习过程中的参与度与认可程度是学习效果提升的先决条件。在学习过程中，师生之间及学生之间的相互合作对于智能优化具有极大的促进作用，因此多层面合作原则在高校英语的跨文化教学过程中非常重要。

（三）渐进性原则

任何一门学科都有其自成一体的学科体系。因此，教师在安排教学时要根据学科及学生自身的特点，在不同阶段安排不同的教学内容，使其与学生的思维特点和发展规律相契合。根据一定的逻辑性，按照学生的认知惯性即从简单到难的过程，由简入繁、由浅入深，从形象到抽象，最后再到辩证思维的顺序。记忆的安排也要遵循着由机械到理解的记忆发展过程，使文化教学内容的安排有一个从简单、具体的文化事件到具有一定概括性的文化主题的过程，以符合文化知识内容本身发展的逻辑性与系统性，使其既符合各个不同层面的文化内容的系统性与序列性，又能够注意到各个文化层面之间所具有的紧密联系性，从而使学生对于文化内容的知识有一个从感性的体验与认识逐渐过渡到理性的体验与认识的过程，进而帮助学生全面系统地对英语民族的文化知识内容有深入的理解与认识。

（四）传授式与体验式相融合的原则

传授式教学模式主要是通过讲座、讨论等方式来进行知识技能的传授，从而使学生的认知能力与理解能力得以提升的教学方式。这种教学方式最大的缺点就是学生处于一种被动接受文化知识的状态，学习缺乏主动性，学生无法在学习态度与行为层面有更进一步的发展。相较于传授式教学模式，体验探索式教学模式中的学生则具有了一定的主动性与积极性，学生成为学习的主体与中心，师生通过创设一定的情境让学生在跨文化教学中感受、体验，从而在各个层面受到刺激，弥补传授式教学的不足。

当然，这是两种各有所长的教学模式，不能因为一种而放弃另一种，而是应该将两种教学模式更好地融合起来，从而使教学方法更加灵活多样，既有跨文化知识内容的讲解与传授，又有学生对跨文化知识内容真实的体验与感受。但是，无论运用什么样的教学模式，都必须遵循并充分考虑学生的接受理解能力与语言文化学习规律。最初，学生对于跨文化的体验具有一定的直观性、具体性，能够与他们所置身的日常生活紧密相连，然后再慢慢向抽象的、理性的层面过渡，多渠道、多层面地进行学习。总而言之，教学以学生习得英语语言的整体性为其终极目的。

（五）反思与比较原则

跨文化英语教学最为鲜明的一个特点就是在同其他异族文化进行比较的过程中，使本民族的文化从语言学习的背景中凸显出来，形成一种跨文化的氛围。在这种跨文化的学习环境中，有利于在联系本民族文化与语言的同时提升学生学习英语民族语言文化的积极性与主动性，使学生对于所学的英语语言与文化方面的知识内容有着更为深入的、牢固的理解与记忆，从而实现灵活应用的目的。

高校英语跨文化教学的另一个目的就是使学生对于跨文化交际过程中可能发生的矛盾冲突有一定的了解与处理能力，学生在对英语民族的文化知识内容进行学习的过程中，能够对本民族的母语文化知识内容进行反思，从而对两个民族之间的文化差异有一个更为深入的、全面的理解与认识。也就是说，学生在接受高校英语跨文化教学后，能够形成一定的文化辨别能力与敏感性，能够对语言文化与交际文化做出正确的区分，能够对英语民族的语言文化的表层与深层内容有一定的认识与理解，能够对语言差别和非语言差别做出正确的区分，理解认识语言形式与意义之间存在的差异，能够对词汇的文化内涵、习惯用语的一些背景知识及一些语法知识、语言风格、表达差别做出对比分析。总而言之，就是能够将中西方语言文化方方面面的差异性都融入跨文化学习。

有一种习惯性的思维，即本民族的文化是在一种潜移默化的状态中不知不觉地接受的，根本不需要进行特别的思考与刺激，这就使人们很少对本民族的母语文化进行反思。而对本民族的母语文化时刻进行反思，对于消除文化民族中心主义思想具有很大的作用，人们能够对自己的价值观念与文化思维方式等进行较为客观的认识与分析，进而形成开放的、灵活的思维习惯与思考方式。在高校英语的跨文化教学过程中，增强学生对于本民族母语文化的认识与理解，也是其学习的一个重要的知识内容。而反思与比较就是其所运用的主要方式与手段。

（六）因材施教原则

在高校英语的跨文化教学过程中，学生的个人思维方式、价值观念、文化体验方式等是极为重要的影响因素，这些因素是进行高校英语跨文化教学的基础，因为高校英语的跨文化教学必须以学生已有的文化经验为基础，在对本民族的母语文化与英语民族文化的比较过程中来加强学生的跨文化意识。

因此，在进行高校英语的跨文化教学过程中，教师必须对学生个体的价值观念、思维方式、个体的体验及文化背景等有着一定程度的理解与认识，千万不可以对学生个体性的文化素养、体验感受或者是思维方式、价值观念等区别对待，甚至歧视，最好的教学方式就是能够根据学生个体的不同体验感受、个性文化的特点因材施教，制定不同的教学方式，设计不同的教学方案，以适应学生的个体发展。

第二节 跨文化交际能力的情感培养

所谓的跨文化交际能力的情感体系，具体包括对不确定性因素存在的包容程度、灵活性、共情能力、悬置判断能力等方面。为了确保跨文化交际的顺利进行，在高校英语的跨文化教学中，对于学生英语文化学习的浓厚兴趣的培养是极为重要的，要培养学生对于英语民族文化的欣赏性，使其从内心深处乐意了解、认识并接受英语民族的文化知识内容。

而且，在当下的全球化发展背景中，高校英语跨文化教学不能只注重英语民族文化知识内容的导入，对本民族的母语文化也应该给予足够的重视，在教学过程中进行双向的交叉教学。在教学过程中，学生不只要对英语民族文化知识内容与本民族的母语文化知识有所认识与理解，同时对于用英语表达本民族的文化传统特征也有深入的掌握，对于已经掌握的文化知识进行内化，使其成为他们独有的、宝贵的文化财富。通过对于中外文化的兼容并蓄，学生对于文化的理解认识能力必然会有一定的提升，判断与整合能力也会得以相应的增强，敏感性与洞察能力也有所完善，对于各种接受的知识能够进行理性的分析与判断，从而以一种极博大的胸怀及更为高远的智慧来应对跨文化交际过程中可能发生的矛盾冲突。

一、英汉文化并重，消除“中国文化失语症”的影响

在全球化发展的背景中，中国的发展需要引起世界的关注，同时世界的发展也离不开中国这一重要角色。也就是说，在全球化的发展过程中，不是单向地把世界的先进技术与文化引入到中国人的视野中并为我所用，而是要将中国的先进文化科学传播到世界各国人民的视野之中。但是现实情况是很

多能够说着一口流利的英语的大学毕业生对英语民族的一些文化传统与习俗知之甚少，而且他们对于本民族的母语文化的传统与习俗也不能够全面理解，更不用说用英语来对本民族的母语文化进行准确表达，“中国文化失语症”已经成为当前跨文化交际中的一个高发问题。若想让中国文化真正地走入世界人民的视野中，运用英语这一“世界普通话”来准确地表达具有中国传统特色的事物，是非常必要的。

在英语教学的过程中，对于目的语的民族文化不能只采取一种认同接纳的态度，而是应该以增强意识为主。外语文化教学的目的并不是实现异化的原则，而是通过对目的语民族的文化的学习，更好地培养学生在跨文化交际中所具有的跨文化意识与跨文化交际的能力。而其最终的目的就是让学生能够更好地进行本民族文化与目的语民族文化之间的交流与融合。

高校英语跨文化教学的目的，并不是使学生最终归于英语民族文化，也不是使母语文化与英语民族的文化在学生的身上实现简单的叠加，而是为了使两种文化在学生的身上形成一种很好的互动，从而使学生具有一定的文化创造能力。

高校英语跨文化教学就需要将英语民族文化融入英语语言的教学，并且最终实现双向教学导入的原则。只有在一种母语文化与目的语文化并重的学习氛围之中，本民族的母语文化才能够同英语民族的文化在学生身上更好地形成一种互动作用，从而激发学生的文化创造力，加深和拓宽学生对于本民族母语文化的认识与理解，帮助学生在立足本民族语言文化的基础上更好地、更为深入地进行跨文化交际与学习，提升他们的跨文化交际能力，培养跨文化意识。

因此，无论是教学主管的各级部门还是高校教师自身，都应该有意识地引导学生在英语的跨文化交际与学习的过程中注意对本民族的母语文化的学习与理解、表达，注意保持自己的民族文化道德底线，消除“中国文化失语症”对跨文化交际的影响，这就需要做到如下几点。

（一）充分发挥教学主管部门的监督引导作用

我国的教学主管部门首先应该做到的是与时俱进，对世界发展态势、跨文化交际过程中出现的问题及动态进行监督引导，从而及时提醒我国教学界对跨文化交际中出现的问题及时给予纠正与解决。用英语表达中国传统文化，应该在各类教学部门的文件与教学大纲中明确规定，从而确保教学部门在高校英语跨文化教学中所具有的监督性与引导作用。而且，这一点要在不同的英语教学层面与测试考核中有所体现，从而确保在英语教学的过程中真正实现中国母语文化的传授与影响。在此过程中，各级教学部门都应切实地给予足够的重视，相互协作，使其在教学实践中得以切实有效的实行。

（二）提高教师自身的文化素养与教学水平

就我国的高校英语教师队伍来说，无论是对于英语民族的文化知识内容的认识与理解，还是对于中国本土文化知识的理解，都存在着很大的不足，更不用说用英语表达中国本土文化特色的传统知识。一名高校英语教师面对跨文化交际的发展态势，不仅需要具备相当的跨文化交际的背景知识，同时还须具备培养学生平等文化的意识，在对学生进行中国传统文化事物的英语表达的教学过程中提升自己的跨文化教学效果。

此外，高校英语教师不仅要具备一定的文化素养与宏观意识，同时还需要有微观方面的具体教学操作能力。例如，在教学过程中，教师可以通过有意识地对两种文化比较来进行中国文化的英语表达内容，以此平衡英语文化与母语文化知识内容的授课比例，还可以结合课文内容与实践需求对学生进行分组，让其合作学习关于中西方文化内容，从而使学生对自身的文化缺陷有所认识，并进行适当的弥补与改善，进一步加强学生对中西方文化的认识与理解，培养学生用英语表达中国特色的文化与事物的能力，使其较为充分地掌握相关的结构与表达方式，以在跨文化交际过程中灵活自如地对中国事物进行英语表达，最终的目的就是提升文化创造力。在英语教学中，通过本族语言及目的语的对比学习，逐渐获得一种创造力。

（三）提升学生跨文化交际的主动性

参与一些跨文化交际的情境模拟对培养跨文化交际主动性具有一定的促进作用，参与者可在跨文化交际的真实感受过程中领悟跨文化交际的深刻含义。此外，无论是高校还是教师，都应该鼓励学生抓住一切参加跨文化交际的机会，积极参加一些国际性的文化交流活动，如一些国际性的赛事都需要一些志愿者。其实，这对于学生来说是很难得的跨文化交际的机会，希望教师与学生能够积极关注有关方面的信息，积极参与。

对一些现实的跨文化交际活动的参与，能够使学生感同身受地理解中国文化正在受到世界性的关注，同时让学生对于中国文化的英语表达的问题有切身的体验，使其从自己的意识深处认识到中国文化在跨文化教学过程中所具有的重要的意义，从而注意培养自己对中国文化的英语表达能力，在跨文化交际中培养自己对本民族文化的英语表达的自信，最终实现跨文化交际的目的，将中国的文化传统传播给世界，让更多的人认识、理解中国。

二、消除母语的负迁移，发挥正迁移作用

从本质上来说，学习一个民族的语言就是对这一民族的文化的学习。高校英语教学就是在对中西方文化的学习与交融中，以中国学生早已有的母语文化知识为基础，导入英语民族的文化知识内容，从而使学生具有双语表达的能力。在此过程中，学生对于两个民族的思维方式等方面的差异性都有较为深刻的认识与理解。学生的母语文化是早已深入学生的头脑的，在此基础上，文化的迁移作用必然会发生在英语的学习过程中。在高校英语的跨文化教学中营造一种合适的语言文化氛围，在突出语言知识技能的同时，更好地强调其客观的文化背景、交际环境及思维方式等方面的差异性学习，从而使他们在真正进入跨文化交际时能够得体地使用英语进行交际，避免文化冲突与交际的尴尬，这是当前高校英语教学一个亟待解决的问题。

在进行学习的过程中，学生本身已经拥有的知识必然会对其学习新的知识产生一定的影响，这就是所谓的知识的迁移作用。能够促进新知识内容学习的迁移称为正迁移，对于新知识的学习产生阻碍的迁移称为负迁移。根据

行为主义者的观点，语言学习者在学习过程中产生的母语负迁移就是外语学习中犯错误或者是产生障碍的原因。

文化迁移的主要表现就是在跨文化交际过程中语言使用的不得体性。这种不得体性就是跨文化交际不能顺利进行、发生矛盾冲突的原因。对于母语的迁移作用应给予足够的重视，在高校英语教学的过程中有意识地提升英语学习者的文化素养，对英语民族的文化知识内容进行认真的教学，提升学习者的语言敏感性，以消除母语文化的负迁移作用，对于跨文化教学具有重要的意义。

教师在进行高校英语跨文化教学时，应努力预测可能发生的母语文化的负迁移作用，在进行英语民族文化同母语文化的比较分析的过程中尽量削弱母语文化的负迁移作用，积极并充分利用母语文化所具有的正迁移作用，提升高校英语学生的跨文化交际能力。至于如何在高校英语教学过程中较为有效地消除母语文化的负迁移作用，充分发挥正迁移作用，具体可以从以下几个方面进行。

（一）重视英汉语言文化与高校英语教学的关系

对于所学语言文化的熟悉，有助于得体使用这一语言。这就说明高校英语跨文化教学应该对英语与汉语之间的文化因素给予足够的重视，提升学生对于两种语言文化的敏感性与适应性，树立起相应的文化意识与文化观念。高校英语教师在传授语言知识的同时，对于文化知识内容也应该给予相当的重视与关注，并能够根据学生已有的文化水准设计自己的教学内容，确定文化教学的相关知识。在文化知识的传授过程中，教师始终都是组织者与指导者，切忌大包大揽、面面俱到。

（二）高校英语教学与文化教学相结合

语言是一种音义结合的符号系统，会随着社会、文化及时间等方面的变化而产生相应的变化，在高校英语跨文化教学过程中，要根据英语语言的语音、词汇、句法及语篇等一些较为具体的方面来构建文化教学。通过具体的听说读写及看视频、举办英语文学讲座等实践性活动，来引导学生对于英语民族的文化知识内容进行实践性认识与理解。除此以外，还可以通过对两种语言之间存在的语法、句法、结构、文化内涵等方面内容的对比，帮助学生形成跨文化交际意识与文化敏感性。通过比较，选出那些具有主流文化代表性与深蕴着文化主题的文学精品的材料，如民族信仰文化、饮食文化等方面的内容，来进行专门的解读，以促进高校英语跨文化教学效果的提升。

（三）高校英语教学要培养学生的文化意识

在语言的语音、语法、词汇、篇章、对话及认知模式等方面都深蕴着一个民族的文化内容。在高校英语跨文化教学过程中，教师应该引导学生遵循循序渐进的原则，有选择、分阶段地进行英汉文化的系统对比，而不是盲目地对西方文化全盘接受。这样才能够使学生有意识地、有目的地了解和认识英语的思维模式与认识模式。

这一点要求高校英语教师能够做一个有心人，善于收集整理那些包含着英语民族文化背景知识与社会风俗的实例。事实上，很多语言材料都是朋友、家人之间的相互来往接触与对话。如果在教学中结合视频语音资料，引导学生进入真实的对话的场景，运用这些视频语音材料进行教学，教师有意识地指明对话中应该遵循的文化规约，就能使学生对英语文化有着更深入的理解与认识。这种以讲授文化背景知识的方式进行的文化教学，不仅能够使学生对文化有更深一层的理解和认识，同时还能够极为有效地提升高校英语跨文化教学的教学效果。

此外，教师应有意识地引导学生进行课外学习，利用课余时间有选择地观看一些影视作品，感受真实的西方文化环境，更为真切地认识西方的文化传统与习俗，从而培养良好的跨文化意识与学习习惯。

三、树立语言、文化平等观，加强学生文化移情能力的培养

任何一个民族的语言与文化都有其产生的渊源与理由，它们之间是平等的，没有高低贵贱之分，都是世界文化的重要组成部分。因此，在高校英语跨文化教学过程中，教师一定要注意培养学生树立起语言、文化的平等观念，

引导学生对世界各民族的文化特性给予重视，从而提升学生的多元文化的意识，强化学生文化移情能力，引导学生用一种平等的观念来看待本土的母语文化与异族文化，用科学的态度对待母语文化与异族文化之间的差异性与平等性，消除观念中的大文化观，使学生明白对本民族的母语文化过分自信或妄自菲薄都不是正确的态度。

（一）树立平等意识

不同的民族与不同的文化之间的相互交流，对丰富彼此的文化内容具有很大的作用。但是这种彼此之间的交流要建立在平等的基础之上。学生要明白，不同文化之间的交流产生的碰撞与误解是很正常的，关键是如何处理好这些源于不同文化的碰撞与误会。

在不同民族文化之间的交流与合作过程中，交际双方要秉持着一种彼此了解、尊重的态度来对待文化，并能够宽容地对待彼此文化之间的差异性。只有具备了这样的态度，才能够真正实现不同民族文化之间的交流与合作。跨文化交际是在两个或者两个以上民族之间发生的文化交流，因此交流的双方最好能够对彼此的文化特性有较为充分的理解与认识，充分尊重彼此的文化习俗，相互理解，共同交流。在高校英语的跨文化教学中，要注意培养学生的文化平等意识，使学生明白文化交流的双方是平等的，民族文化没有高下之分，任何民族文化权威性或者文化霸权主义的观点与态度在跨文化交际中都是错误的。

无论是哪一个民族的文化，都有其自身生成发展的原因，因此任何一种文化凌驾于另一种文化之上的态度都是错误的。对民族文化之间存在的差异性要能够进行很好的协调，使其和谐统一，从而实现共同发展的目的。不同的民族文化之间的相互交流，必然会促使彼此共同发展。如果世界只存在一种文化，那就无所谓发展了，更不会有新的文化产生。事实上，文化只有保持自己独有的个性特色，并与其他文化相互促进、彼此融合、共同发展，才能形成一种动态的平衡。

高校英语的跨文化教学是当前跨文化交际的需要，具体目的如下：其一，学生能够顺利地同英语民族的人进行交流，更好地认识和理解英语民族文化的精髓；其二，学生能够准确流畅地用英语对本民族的母语文化进行传播，使世界各民族人民对中国的传统文化有更好的理解与认识，从而有效减少跨文化交际可能产生的矛盾冲突与误会。那种放弃发扬传播本民族文化而单向学习吸纳异族文化的态度是错误的。任何一个民族的文化都有着各自的优点与长处，都是这一民族的人民在漫长的历史发展过程中积累下来的经验。伴随着各民族经济政治发展的全球化态势，各个民族的文化发展也呈现出多元化的特征。因此，在跨文化交际过程中，每一种民族文化都应该不断从其他民族的文化中汲取精华，取长补短，不断弥补自身文化的不足。高校英语跨文化教学一定要注意对西方文化的教学，因为西方文化对于中国的学生来说，是一种完全陌生的文化，但是在学习西方文化的同时，也要杜绝唯西方文化独尊的观念，不要轻视或忽略对本民族文化的关注。跨文化交际要以平等的观念与态度对待交际双方的民族文化，这样才能够更好地取长补短，相互交流，实现合作，共同繁荣。

这是一个文化多元化的发展的时代，为了适应这一时代特征，教师必须引导学生打破母语文化与英语民族文化的禁锢，以一种包容的姿态来对待异族文化，对于不同民族文化之间的差异性能够做到宽容、理解、尊重，并积极地在不同之中寻找相同之处，建立起语言文化平等的观念。在动态的跨文化交际过程中，对文化的参考框架随时进行调整，彼此之间相互协商，积极构建跨文化交际的平台，从而顺利实现跨文化交际的最终目标。在高校英语跨文化教学过程中，应该积极引导学生接触多种民族文化，以便更好地增长学生的文化见识，而不是局限于对英语民族文化的认识与学习。培养学生动态的、主动适应多元化交际的意识，是高校英语跨文化教学培养跨文化交际人才的最终目标。

（二）培养学生文化移情能力

1. 文化移情

所谓的文化移情，是指跨文化交际过程中，交际者能够以目的语的思维来看待问题，站在对方的立场来思考交际中出现的事物，交际者能够有意识地超越本民族母语文化的思维定式，超越母语文化对于自己思维观念的制约，从而能够以一种超越的观点态度来对待、感受、体验、理解目的语的民族文化。在跨文化交际过程中，文化移情是一种极为有效的沟通交流能力，是能够将交际者的语言、文化与情感连接起来的桥梁。

在有效的跨文化交际中，文化移情能力是指交际者尽量置身于另一种文化情境中，以另一种文化的思维模式去设身处地地思考，通过语言及非语言的形式去体验、表达，从而向交际对象表明自己已经完全理解交际的内容。具体来说，文化移情主要有两个方面的表现：一个是语言语用方面的移情，也就是指说话者有意识地使用某种语言向交际对象表达或传达自己的某些意识，以便使倾听者能够正确地理解自己想要表达的意思；另一个是社会语用方面的移情，指交际双方都能够立足于对方民族文化的观点与思维方式去看待事物，设身处地地为对方着想，能够尊重彼此的民族文化习俗，对于两种文化之间存在的差异性也能够以足够宽容的态度去面对。一个具备文化移情能力的人，一定是与时俱进的学习者与具有开放的文化价值观念的思考者。

毫不夸张地说，文化移情能力对于跨文化交际的成败有着直接的作用。因为跨文化交际双方存在的文化性差异，交际双方在各自的民族文化成长环境中形成了各自的思维模式、价值观念、风俗习惯、民族信仰等，因此在进行跨文化交际时发生矛盾冲突是不可避免的。但是对于那些具有较强文化移情能力的人来说，发生矛盾冲突时就能够站在对方的立场来看待和解决问题，从而较为有效地避开容易发生冲突的地方，使跨文化交际能力顺利进行。

2. 文化移情的必要性

人类社会出现之后，人类的生产实践活动逐渐一个更为深入的层面发展。每一个民族都是在一个相对独立的社会生产实践的环境中完成各自民族文化的生成发展的，因此不同的民族文化有着极为鲜明的民族特色。每一个民族的文化都是在自己民族的丰沃的土壤中发展成长起来的，在发展的过程中被打上了独属于自己民族的鲜明印记。每一个民族，无论是社会的政治、经济还是文化、制度，都必然会在社会历史的发展过程中形成自己民族的特色。

同样的，这些不同的民族之间必然要在民族意识、民族文化等方面呈现出一定的差异性。在跨文化交际中最容易产生的问题，就是交际者由于长期浸渍于自己民族的文化意识氛围中，已经习惯了本民族母语文化的交际模式、思维方式及语言表达习惯等。这样，在进行跨文化交际时，若不具备相当的文化移情能力，就很容易以本民族的母语文化意识、交际方式来同其他民族的人进行交流，在产生矛盾冲突时也很容易以自己民族的思维习惯、价值观念来看待和解决问题，加深彼此之间的隔阂与误会。对于跨文化交际的双方来说，只有具备文化移情的能力与意识，才能够在进行跨文化交际的过程中尽量减少误会与矛盾、冲突，从而保证跨文化交际的顺利进行。

对我国的高校英语学生来说，多数学生在一定程度上能够认识到文化移情的重要意义。但是因为长期以来受到本民族文化的影响，学生还不能够完全立足于英语民族的文化视野去看待思考问题，缺乏一种文化移情的自觉性，还不能够彻底做到对英语民族的文化习俗完全尊重，不能够用一种彻底宽容的态度对待中西方文化之间的差异性，做到完全的换位思考。这表明我国当前的高校英语学生的文化移情能力还不是很充分，缺乏一定的自觉性，仍然需要进行学习。

3. 文化移情能力的培养

文化移情能力的培养首先是对学生文化敏感性与宽容性的培养。交际者应该客观地正视跨文化交际双方之间存在的文化差异，因为这种文化的差异性而导致的彼此之间的价值观念、思维方式、民族信仰、文化习俗等方面不同。为了保证跨文化交际的顺利进行，需要交际者对于交际对象的社会文化中所遵循的交际规则、语言表达方式等有深入的理解与认识。跨文化交际中的敏感性的提升，其实主要就是对于交际对象的文化敏感性的提升。在跨文化交际中之所以比较容易产生误会冲突，就是因为在文化感知方面出现了问题。跨文化交际研究理论认为有五种社会文化因素，这五种社会文化因素分别是信仰、价值观、心态系统、世界观和社会组织，共同作用并对人类的感知产生着极为重要的影响。具体来说，移情能力的培养最好的方法就是到目的语的国家去生活一段时间，这样可以从方方面面对这一国家有全面的体验与认识，如语言的使用、风俗习惯、文化传统等。若是没有到目的语国家去生活体验的机会，那么尽量通过观看目的语国家的视频录像等方式来弥补，通过影像资料对目的语国家的民族文化习俗等有一个较为全面的理解与认识。要知道，任何一个民族的文化都有其漫长而又悠久的历史，是一个民族智慧与实践经验的总结，因此语言是没有高低贵贱的分别的，应该以一种平等的眼光与价值观念来对待不同民族的语言。在跨文化交际过程中，进入交际的双方应该用一种平等的态度来对待彼此的文化传统，更好地理解和认识异国文化，并对其持有尊重包容的态度，突破自我民族主义思想，这样才能够真正实现文化移情。

具体来说，跨文化交际的文化移情过程可以按以下六个步骤进行。

第一，承认文化差异性的存在。人们生活的世界是一个多元化的世界，不同的人看待世界的眼光的不同，世界呈现出不同的面貌，因此无论是个体还是文化之间都存在着很大的差异性。

第二，认识自我。能够对自己进行客观公正的评价与分析。

第三，悬置自我。想象自己是任意界域，能够超出自我与世界的所有部分。

第四，体验对方。将自己想象成目的语对象，设身处地，真正进入对方的立场去体验、理解目的语的文化。

第五，准备移情。充分做好移情的准备，与时俱进地持有一种开放的文化价值观念与态度。

第六，重建自我。在充分接受并认识另一种异族文化的同时，对于本民族的母语文化也有相应的清醒的认识，对于本民族的母语文化优势有清醒的认识。

总而言之，文化移情是多元化文化发展交流顺利实现最为有效的途径，若想在跨文化交际过程中超越不同民族文化之间的障碍，顺利进行文化交流，文化移情是必要的渠道。因为不同的民族文化之间具有平等性，因此文化移情也要遵循适度的原则。任何一个民族在跨文化交际中都有权利维护本民族的文化尊严，做到不卑不亢。

高校英语跨文化教学对学生文化移情能力的培养应该给予足够的重视，

这是高校英语教学的一个重点。高校英语教师在正确的移情理论的指导下充分利用课外时间，通过设计各种英语跨文化交际实践情境，将学生带入真实的跨文化交际场景中，锻炼学生的语言运用能力与英语民族的文化知识认识理解能力，诸如此类的实践活动很多，如英语演讲比赛、英语歌曲比赛、办英语手抄小报等。而且，随着网络的发展，学生还可以通过网络同外国朋友视频、聊天、交朋友等。这些活动对于增强学生的文化移情能力、培养学生的文化移情意识具有极大的促进作用，使高校英语学生在多元化的全球发展态势中能够顺利地进行跨文化交际。

四、建立跨文化交际意识，提高文化认同度

通过高校英语教学，多数学生都能够用英文句子进行交流，但是若想做到用地道的英语来进行表达，就有些难了。究其原因，就是忽略了语句中文化因素的存在。有时文化交流的失败就是因为没有能够使交际双方在交际过程中得到文化认同。

所谓文化认同，其实是个体对自己所处的社会群落的文化产生的一种依附性与归属感，是个体在此基础上获取属于个体的文化并对其加以保留与丰富的一种社会文化心理过程。文化认同的涵盖面极为广泛，包括社会价值规范、民族信仰、文化观念、思维方式、风俗习惯、语言、艺术等多方面的认同感。随着国际交流与合作的日益紧密，各民族在发展、创新自己文化的同时，对于其他民族的文化也在潜移默化地接受。各个民族在同其他民族交流的过程中，必然对自己民族的文化同异族文化之间的异同进行不同程度的比较与认识，在此过程中，为了找到对话交流的平台，必然要放弃一些民族文化中原有的规则与习惯，以达到求同存异的目的。与此同时，要不忘坚持自我民族文化的认同感，以求在跨文化交际过程中保持本民族的文化意识，为母语文化的生存发展求得相应的权利与位置。

文化认同，是人类在对大自然认识的基础上的一种升华性的认知，对人类的价值取向、认知过程产生较大的影响作用，是以人类对文化内涵产生的共识与认可为基础的。因此，文化认同经常作为跨文化交际过程中的语用原

则来对具体的交际活动进行有效的指导。

在高校英语跨文化教学过程中，教师应该积极主动地在英语教学的过程中对中西方文化进行对比，并将对中国文化的介绍作为重点内容，使学生能够对本民族的优秀文化传统有清晰的认识与理解，并培养他们将本民族优秀文化传统传播给世界各个民族的意识，从而树立起学生用英文对中国传统文化进行表达的积极性与责任感。人们因为在一种潜移默化的状态中接受本民族文化，所以常常会缺少反思，即使偶尔对一些文化现象有所怀疑与思考，但是又可能会因为较为繁杂的文化问题而止步。在高校英语跨文化教学中融入中国传统文化教学，最主要的目的就是强化学生对于本民族母语文化的认识与理解，帮助学生对本民族的文化有一个理性的认识与判断，防止形成大民族中心主义思想，从而培养学生开放、灵活的思维模式。

文化自觉的培养是一个极为艰难的过程，对于自我文化的认识是一个前提条件，在此基础上对自己周围的文化进行认识与了解，这样才能够在当下这个多元化的世界态势中找到自我文化的位置，从而对多元化的文化局面有所适应，并在碰撞与交流之中找到人们都能够认可的、集多方文化所长的、保证各方和谐共存的交际规则与秩序。

第三节　跨文化交际能力的行为培养

从跨文化交际能力的行为层面来看，其可以分为解决问题的能力、建立关系的能力及在跨文化交际中完成行为的能力。交际者所具备的良好的个人文化适应能力与互动能力是在跨文化情境中顺利完成跨文化交际任务的良好保证。而在高校英语跨文化教学过程中，教材的选用及教学策略的运用，对培养学生跨文化交际行为能力具有较为直接影响，甚至是完成跨文化交际任务的关键因素所在。

一、确定高校英语跨文化教材编写特色与内容蕴含

高校英语跨文化教学所用的教材是教学的主要内容承载者，是教学主要

的依据与导向。对于高校英语跨文化教学任务的完成，高校英语教材则起着关键性的作用。

就目前我国的高校英语学生的状况来说，他们对英语民族的文化传统、民族信仰、风俗习惯、价值观念、思维方式等方面的了解与认识其实是非常不充分的，这同目前高校英语教学中教材的编写与选择有着极为直接的关系。

因此，高校英语跨文化教学在选择教材时既要考虑提升学生跨文化交际能力可能涉及的各个方面，又要能够设计多种形式的练习题，将复杂的跨文化交际中所需要的各种技能与知识融入其中。例如，从跨文化知识的导入开始解释语言表达中所深蕴的文化内涵，从而拓展和文化有关的知识内容。通过对具体案例的分析与点评培养学生的全球文化意识与跨文化的敏感度。通过真实的情境扮演与角色分析，引导学生体验跨文化交际中可能出现的文化冲突与矛盾，从而增强学生的文化分析能力与判断能力。通过真实的新闻媒体报道等方式，锻炼学生对于跨文化交际中的生活场景或者是工作场景中可能出现的跨文化问题，提升学生解决跨文化冲突的能力。如果在当前的高校英语跨文化教学过程中忽略实践的教学环节，那么可能只能培养学生的跨文化交际意识及文化敏感性，而不能提升他们的跨文化交际能力。只有带领学生进入真实的跨文化情境，引导学生进行真实的跨文化体验实践，才能真正培养学生的跨文化交际意识，并且将这种跨文化意识和敏感性切实转换为跨文化交际能力。

二、教材应体现文化内容与语言内容的自然融合

高校英语跨文化教材内容最好能够以文化为单元，教材中的每一部分都有一个鲜明突出的文化主题，通过语言的运用，在潜移默化的文化氛围中感染学生、熏陶学生，使学生在文化的浸染中熟练地掌握英语民族的文化与语言的使用规范。语言内容同文化内容的有机结合是跨文化交际英语教学的核心思想。语言同文化都是教学的目的与手段，两者不可分割。教材中，系统的文化主题构成主线，语言教学的内容实际同这些文化内容融为一体。

在教材的编写内容及安排上，一定要注意考虑高校英语跨文化学习的学

生所处的环境、语言的需求，以及其所拥有的知识结构与层次等多个方面的因素，其中应该蕴含有关英语民族思想、社会风俗、历史文化、人文价值观念等方面的知识，对西方不同的国家的文化知识与中国的传统文化进行比较性的介绍说明，在比较学习研究的基础上引导学生认识和理解中西方文化存在的差异性。

与此同时，高校英语跨文化教材的编写与安排还要注意培养学生批判性思维。让学生对于英语民族的文化传统及事物能够用一种批判性的审视目光与思维方式进行接受，从而更为深入地体验母语文化同英语民族文化的差异，培养学生更为有效地进行文化沟通的能力。教材所选的内容要积极向上，充满正能量，选择人类共同的优秀精神文化，并通过潜移默化的形式传授给学生，对学生的价值观、人生观等产生正面、积极的影响。

具体来说，在高校英语跨文化教学的教材内容选择方面要把握好以下三点。

第一，选取那些和英语国家有关的历史文化、民族信仰、政府机构、经济、教育、民族风俗等方面的知识内容，这为学生更深入地理解和认识英语民族的文化特色提供全面的帮助。

第二，从母语文化中选取一些较有文化特色的侧面进行介绍，以便帮助学生更好地从较深的层面进行英语民族文化与母语文化的比较，从而更好地培养学生对母语文化同英语文化之间的差异性的敏感度与感知能力。

第三，努力拓宽文化比较的涵盖面，在选取内容时不要局限于母语文化同目的语文化的比较，同时还可以关注主流文化同非主流文化之间的比较，使学生在意识中将主流文化和非主流文化放置到同等的地位进行理解与尊重。

三、教材内容的安排循序渐进且多元化

任何一个民族的文化都具有一定的动态性、复杂性与多层面性，因此在编写安排教材内容的时候，不能遵循古板的教学原则，特别是高校英语跨文化教材的编写，其所选内容要有一个循序渐进的过程，要注意较强的可操作

性，可以弹性循环进行教学。只有如此，才能够引导学生在体验英语民族的文化时有一个不断加深与理解的过程。

教材内容的程度深浅也要有一个渐进的循序过程，逐渐由表及里，由浅入深，由具体到抽象。课程的内容安排能够使其在不同的教学阶段以不同的形式重复出现，范围随着课程内容的由浅入深而逐渐扩大。还要注意，在跨文化教材编写时，需要遵循系统性、一致性、层次性、前沿性、时效性的编写原则，要与时俱进，既能够体现西方文化的精神特质，又能够反映出这个时代对人才需求与培养的变化，将人文关怀与素质培养很好地结合起来进行。

四、教材内容的选取要注意真实性、语境化、多样化

适合高校英语跨文化教学的教材，一定遵循教学材料真实化与语境化的原则。这是因为只有在真实的语言教材的基础上，才能够真正激发学生对所学内容从认知、心理、态度、行为等的反应与感受，才使学生具有较为真切的跨文化交际的体验感受。这里所说的教材内容选择的真实性，指的是所选内容在现实生活中是实用的，而不是只为教学设计的。语言同文化之间的密切关系已经是被大多数学者认可的事实，无论哪一个民族的语言，都根本不可能离开其所产生发展的文化环境而单独存在。只有充分考虑语言所处的文化环境，才能够对语言有深入的理解与认识。

因此，在编写安排跨文化教材的内容时，应该注意选取那些和学生日常生活密切相关的或者是学生重点关注、感兴趣的热点问题与内容，不仅要具有真实性与情境性，还必须具备相当的文化性与人文精神性。

也就是说，高校英语跨文化教材应选择原汁原味、顺畅自然的英语文章，主题紧扣东西方文化差异性、沟通技能等方面，语境尽量为英语民族语言运用时的真实语境。总而言之，所有的文化信息都是相关文化系统中的意义信息。

此外，在教学过程中还要设计大量同跨文化交际有关的练习题，练习题的设计要涵盖跨文化交际意识与技能培养等方面的内容，通过实践性的案例来锻炼学生的语言运用能力、文化知识的掌握，以及对于现实语境的

适应能力等。也可以结合具体的跨文化交际案例的模拟来培养学生在跨文化交际中所需的文化敏感性、宽容性，以及处理跨文化交际过程中出现的问题灵活性。

高校英语跨文化交际教材的编写，还要注意将跨文化交际过程中动态的人际关系和知识内容及跨文化交际实践具体结合起来，从多个角度、多个方面体现跨文化交际特性，注意选取问题的多样性及回答问题的灵活性处理。举例来说，在具体的跨文化交际中必然会涉及语言知识与非语言知识方面的内容，不同的国家有不同的文化特性，在同母语比较时呈现出来的差异性也是不同的，不同民族的思维方式、价值观念等方面也必然呈现出同母语文化不同的特性。此外，大民族中心主义思想、思维习惯等，也必然要对跨文化交际产生一定的影响。跨文化交际能力的建构与培养的侧重点是对学生的文化相对论观念的塑造，使他们在进入跨文化交际实践的过程中，面对可能产生的文化矛盾与冲突能够迅速调适自我的情感与态度，进行换位思考，对于跨文化交际过程中的文化多元化问题持宽容友好的态度，更为深入地对异族文化有所理解，突破文化单一的局限性，使学生能够较为充分地理解语言和行为、价值观念同行为规范之间存在的紧密关系，帮助学生将书本知识运用于真实的现实生活当中，从而从更为本质的层面来理解母语文化和目的语民族文化的异同及其根源，最终目的就是使学生在面对异族文化时具备宽容、开放的态度，对于异族文化、价值观念、思维方式、社会风俗等能够站在对方的角度来思考解读。最后再通过各种模拟训练，使学生在课堂上能够真切地感受跨文化交际的实践情境，从而为将来学生进行跨文化交际时可能出现的问题提供解决的策略指导。

五、增强教材与联系的编排设计，推动学生自学

张红玲提出的高校英语跨文化教学十条原则，特别强调要以学习者为中心，引导学习者自主学习为主的教学模式。庄智象也提出练习设计则更应该按教学和认知要求设计，应具备趣味性、互动性、针对性，服务并促进语言与文化的学习。

在高校英语跨文化教材编写的时候，不仅要注意教材编写内容的趣味性，同时还要具有一定的针对性，使教学目标一目了然，使学生有一个透彻的理解与认识。对练习题的设计与安排，一定要注意对讨论自由发挥练习题的设计安排，给学生一定的自由发挥空间，使学生能够对文化因素进行分析判断，在这种互动的练习题中提升学生跨文化交际练习的积极性与参与性。同时，练习题的重点要放在情境实践中，引导学生在实践中感受、体会、分析、理解句子语言的运用，从而培养学生自主学习的自觉性及能力。

高校英语跨文化教学常常用到的教学方法有比较法、课堂讲解法、实践法等，同时还可以充分利用文化讲座、文化包、模拟游戏等多种课外补充方法来增强学生对教材中文化内容的理解与认识。因此，在编写高校英语跨文化教学的时候，要注意使教材文化内容的选择同教学方式灵活配合，从而使高校英语跨文化教学的形式更加多样，以提高学生学习的兴趣与接受程度。

第六章　跨文化交际中的英语文化教学

第一节　英语课堂的跨文化教学

信息化和国际化的迅速发展让不同国家间的联系越来越密切，多元文化的碰撞和交流较为频繁，这也可以说是全球化环境下人类交往活动的一个重要特征。

另外，文化的交流需要语言，语言常常被认为指代文化现实，两者紧密相连。随着各种文化的交流加深，人们慢慢发现跨文化交际能力在语言教学里面的重要作用。

我国经济在全球化发展的同时，需要一批具有国际化视野的人才。英语常常被人们认为是在我国拥有大量学习者的一门语言，但英语教学的质量往往受到不小的质疑，其中就有对学习者跨文化交际能力方面的批评。

为处理全球化给新时代的语言教学提出的难题，我国的语言教学和研究也开始了相应的变革。

一、母语文化在高校英语教学中的现状

现在的西方文化在中国基本放弃了“强势侵人”的姿态，其是在经济进步、国际交流等需求的驱动下，以相对来说更温和的方式进入中国人的生活。

从语言方面来说，中国人对英语学习的主动性空前高涨，很多小孩从学前阶段就已经开始学习英语，很多人也会在大学毕业后因工作的需要去“进修”英语。

另外，语言课程的设置也能够体现英语的重要性。英语课从学前教育贯穿到高等教育的不同层次，对英语语言能力的测试成为衡量学生综合素质的一项重要指标。与之相对应的，母语文化的教育则处于相对弱的地位，部分

大学生的母语文化知识依旧固定在中等教育的层次，还会出现经过大学阶段的学习后，对母语的应用能力有了一定程度的退化的现象。

二、母语文化进入高校英语学习的途径

在高校英语方面的相关课程中，母语文化应该是在以英语为目的语的学习中核心的一环。

一方面，中文课程在高等教育中是选修课，母语文化的教育在这一层次有了断层；另一方面，高校英语课可以说在一定程度上起到母语文化教育的作用。

所以，要改变如今以西方文化输入为主的教学模式，平衡中西方文化在高校英语课堂中所占的具体比重。

下面从大纲设计、教材、教学方法研究等方面对比进行介绍。

（一）设计含有母语文化教学任务的教学大纲

大纲设计能够从宏观的政策层面指导高校英语教学。教学任务常常被认为具有为具体教学活动提供引导的功能，是大纲设计中最核心的一环。

在培养学习者跨文化交际能力的方面，大纲设计需要做到以下几点。

1. 大纲设计的要求

第一，学习跨文化交际要以多元文化为中心。

第二，学习跨文化交际要对西方文化和母语文化进行平衡。

第三，以前两项为基础，进一步指导高校英语教学和研究。

2. 具体要求

（1）普通要求

学生的学习要以普遍性话题（与中国文化和社会有一定联系）为主，并对传统文化概念有一定的理解，能从多元文化的立场发现文化间的不同之处，同时以母语文化为基，形成相对稳定的文化身份。

（2）更高要求

学生能用更准确的语言表述和中国文化社会有一定联系的话题，对传统

文化概念有进一步的理解，具备多元文化立场和以母语文化为基础的稳定文化身份。

（二）有效利用教材平衡中西文化教学

当前，在高校基本使用的相关教材里，直接涉及文化话题的内容不是很多。

由于网络方面相关信息的繁杂多样，语言材料的获取方式有很多，教师在选择时需要注意以下几个方面的内容。

首先，语言方面的相关材料须使用真实语料，使学生可以在这一氛围中不断加深对语言文化的认知。所谓真实语料，表示的是真实语境使用的、符合英语语言规范的语料。其不单单包括真正的英美国家所使用的语料，还包括以英语为母语的人或将英语作为第二语言且掌握得很好的人所使用的语料。

其次，在语言材料的选择上，应保持西方文化和本土文化的平衡。一方面，需要使用能够反映西方文化的语料；另一方面，需要使用反映中国文化和社会生活的语料。

最后，要保证所使用材料形式的多元化。教师本人应有开阔的视野，熟悉现代电化教育和网络技术，会“淘”出可用的英语原声电影、讲座等，且能够以此为基础设计创意课堂活动，让学生有机会应用英语，开展有价值、有跨文化交际目的的互动。

（三）采用多样的教学方法

采用多样的教学方法让学生有机会体验多元文化语境、思考文化多样性，让学生把活动准备层次获取的知识用于实际的教学活动中，亲身实践。

以此为基础，为了发挥本土文化在英语课堂中的作用，使学生更好地去认识多元文化，在此提出以下几点措施。

1. 将本土文化导入加入知识背景导入

背景知识导入是传统文化导入的手段，但在如今的外语方面的相关课堂中地位依然较高。以教师为核心的背景知识导入一方面形式不丰富，另一方面却依旧是一种“又好又快”的文化知识输入手段，恰当应用可以对提高文化输入的系统性有帮助。

不过，背景知识的输入常常会陷入两个误区，其中一个为英语文化和本土文化达不到平衡状态。

文化方面的背景知识导入的另一个误区是刻板印象的产生。教师在开展文化知识导入的进程里中常常会不由自主加进自己对文化的理解。若教师的语言选择不怎么严谨，常常可能使学生对文化形成刻板印象，如“德国人很严肃”等。

在进行背景介绍时，应注意具体情景，关注不同文化的多面性，避免对文化的片面理解或概括。

2. 带动学生采用对比法探索文化概念

探索文化概念是一种促进学生提高思辨能力、提高对自身文化的认可、增强跨文化交际能力的重要渠道。探索的手段非常多，其中比较常见的为语言特征分析。无论是词汇、篇章还是语法、语音，语言的不同层面都和文化密切联系。

学生通过对比、分析，挖掘其中的关系，能够更深入地认识语言，更清楚地注意到文化的影响力。词汇方面的教学材料，如中西文化中“狗”的文化概念对比如下。

在英语国家中，狗一方面代表的是打猎、守家，另一方面为人类的“朋友”，如“a lucky dog”指“幸运的人”，“Love me, love my dog.”指“爱屋及乌”。

在汉语里带有“狗”的词语多贬义，如狗仗人势、狗嘴里吐不出象牙等。

另外，篇章、语法和语音所隐含的文化概念更加隐蔽，学生得有足够强的能力来探索。

探索式学习还对打造多元文化价值观有帮助，可以很好地增强文化认同，减少文化焦虑。在开展探索式学习的过程中，教师应引导学生对文化进行多面性认知与了解，尽量防止片面、狭隘的思维及看法的形成。

若教师可以做到这一点，学生不仅能够认知和了解文化的多面性，还会对相异文化的特性进行深入思考，并且能够积极促进思辨能力的提升，对学生和学生的文化都有重要的意义。

如果没有多方面交际相关能力，即便学生可以用自己掌握的语言对跨文化知识进行说明，其理解依旧是片面的，他们常常会立场单一，这对思想的形成和表达也有不利影响，甚至使他们“骄傲自满”。

因此，教师在准备高校英语体验活动方面要充分考虑学生在如今生活中和将来生活中使用英语的情境；而对于学生而言，其会更希求学习怎样在母语语境中成功交际，怎样将母语文化中的思想表达出来，以及怎样在跨文化交际中保留母语文化身份。

总之，背景知识方面的相关导入、对文化概念方面的相关探索和体验式教学分别从认知方面、情感方面与行为方面提供给学生一个认知、解和体验文化的可能性，让学生可以慢慢地对文化进行更深层次的认识，把本土文化和这些教学方法联系到一起，对推动学生更好地了解和认知多元文化能够起到帮助，也可以对本土文化或西方文化的片面认同起到一定的预防作用。

第二节　跨文化交际中英语文化教学的重点

一、原则

通常情况下，英语教学里面的文化教学主要构成如下。

第一，以造就学生的跨文化交际方面的能力为关键任务。

第二，以英语这门语言里的文化相关因素（如文化产品、文化习俗）为主要内容。

以此为基础，跨文化英语文化教学是英语教学的一种，并且其应具备以下几个方面的原则。

（一）以学生为中心、以教师为主导

一般来看，以往的文化教学基本上是以教师为主的（教师引导学生学习，并进行知识传授），学生只是被动地接受教师所传授的相关知识。

跨文化英语文化教学要以学生为中心，教师主要起主导作用，把文化教学从教文化转化为学文化，让学生在学习过程中提高文化理解力和跨文化交际能力。

跨文化英语文化教学中，以学生为中心的具体内容如下。

第一，学习的内容要充分以学生的需求、爱好为核心。例如，学期初对学生做需求调查，调查的主要目的是对学生喜爱的文化话题进行了解，对学生所存在的文化教学期待进行了解。

第二，让学生最大限度地融人学习过程，使其扮演好文化学习主体的角色。例如，学生与学生之间进行讨论，小组与小组之间进行案例分析、角色扮演等。

另外，以学生为中心并不是说教师就没用。教师一方面不再仅扮演文化知识传播者的角色，另一方面向扮演多角色转变。

同时，在学习的过程中，教师主要扮演的角色有以下几个。

第一，对文化方面进行教学设计的人。

第二，在文化知识方面具有咨询功能的人。

第三，让探讨文化的价值有机会展现的人。

第四，让不同文化行为有机会得到训练的人。

第五，有机会改变文化态度的推动者。

第六，跨文化交际的中介者。

（二）认知学习和体验学习相结合

通常情况下，人们认为跨文化交际能力方面的养成锻炼需要将认知和体验联系起来。

认知学习的方法更适合客观文化内容的教学，而体验型学习的方法更适合主观文化和语言（这里指英语）中文化因素的学习。

（三）跨文化英语文化教学和跨文化英语语言教学相结合

一般来看，跨文化英语语言教学和跨文化英语文化教学相结合能够经由以下方式完成。

第一，把英语方面的相关文化因素当作跨文化英语语言教学的内容，如英文词汇含义、英语成语典故、英文语法等既是跨文化英语语言教学的内容，也是跨文化英语文化教学的内容。所以，在讲解语言知识的过程中同样要注意到其中包含的文化因素。

第二，把文化当作话题来探究，如旅游、饮食、家庭、教育、就业等都可以是跨文化英语语言课堂的话题，在学习和讨论这些文化主题的过程中能够对学生的英文听说读写方面的相关能力进行一定的训练，培养他们对英语文化现象进行描述、对英语文化特征进行阐释、对英语国家文化价值观等提出看法的相关方面的能力。

（四）文化的显性因素和隐性因素相结合

文化教学的内容部分为显性的（如文化方面的相关产品、文化方面的相关制度、文化方面的相关行为），部分为隐性的（如价值理念、思维模式等）。而文化的显性因素和隐性因素往往也是相互影响、相互包容的。

传统的英语文化教学往往单单对文化的显性比较了解和关注，忽略了对文化的隐性的探索。但确实可以说，隐性文化方面的相关因素和跨文化交际能力的关系最为“要好”。所以，只有充分认识到英语文化产品、习俗和观念之间的关系，才能更好认识英语文化的本质特征。

另外，如果教师在英语文化教学中单单讲解英语文化现象，单单介绍可见的英语文化方面的相关行为、习俗，而基本没有解释其文化产生原因，学生很容易产生刻板印象，还可能出现“英语文化很奇怪”的想法。

所以，在跨文化英语文化教学中，教师应该把英语文化产品、英语文化行为习俗、思维理念的教学结合起来。

（五）课堂教学和课外文化实践相结合

去英美等国家留学为学生进行英语文化学习提供了有利条件。一方面，学生不仅能得到真实的文化体验，切实感受到英语国家文化的丰富性和演变性，还能促使其从英语文化的内部去认识英语国家的文化特点；另一方面，学生也得到了开展英语实际交往的好条件。

但是文化方面的相关学习如果只存在体验和参与却不存在思考和概括，就会流于肤浅、零碎并缺乏系统性。所以，课堂外的文化实践还希求和课堂上的学习相联系，只有在这样的情况下，才能真正提高跨文化交际的综合能力。

以“英语国家家庭”这一教学方面的相关主题为例子，课堂学习和课外实践可以这样安排。

第一，课堂学习：学习一篇与英语国家的家庭生活有一定联系的课文，认识英语国家家庭的组成和日常生活习惯，熟悉与家庭相关的语句和表达方式。

第二，课外实践：对英语国家的家庭展开采访活动，认识英语国家的家庭角色和关系的特征，认识英语国家的人对家庭具体的观念，并使用相关语句与表达手段和英语国家人进行沟通。

第三，课堂学习：汇报课外观察和采访的结果，以小组为单位对英语国家家庭的特征进行分析探究，比较英语国家和自己国家的人在家庭关系和家庭观念方面的差异。训练描述、对英语国家某些事物提出看法的语言表达方面的相关手段。

（六）文化教学内容和学生的语言水平相适应

在英语教学的文化教学中，学生的语言水平是制约文化学习过程和结果的核心因素之一。为了体现英语语言教学和英语文化教学的联系，需要让英语文化教学的内容和方法与英语文化教学对象的语言水平相适应。

文化教学的内容应遵循从具体到抽象、从简单到复杂、循环往复、螺旋上升的原则。

在英语学习的初级层次，学生所知道和能熟练使用的表达方法不多，听说读写方面的相关水平和技能水平都比较低，英语文化教学的内容需要集中于日常生活相关方面，如基本的言语行为标准、基本的社交礼仪和习俗等。

在英语学习的中级层次，学生语言水平提高，能够增加对客观文化知识的学习，如介绍体现英语文化特征的建筑、历史人物等。

在高级层次，应把重点放在相对来说不易把握但很重要的文化观念和态度方面，应该对这些方面进行深入学习和探究。需注意：文化是各种各样的，同一个文化主题往往有不同侧面，而在各种的语言层次、文化的话题或内容能够重复出现。所以，随着学生英语水平的提高，要降低英语文化内容的单一性，提高对英语文化内容复杂性的把握。

英语文化教学的手段也要和学习者的英语水平相匹配：英语教学方面的相关活动要从容易渐渐过渡到困难，从单一过渡到多样；英语表达要体现从单句到复句再到成段成篇表达的变化。

第一，初级层次：使用角色扮演、提问等较为容易的手段，让学生用基础的句式和基本词语开展文化方面的相关行为。

第二，中级层次：适当进行情景模拟、对话分析等，引导学生用比较长的复句来描述文化方面的相关现象。

第三，高级层次：使用文学阅读、演讲展示等手段，引导学生用更复杂的语段来探究各种文化话题。

二、策略

“策略”一词刚开始是军事术语，随着社会的进步，其渐渐应用于其他领域，如社交领域、教学领域等。

（一）教学策略

一般来看，策略在语言方面的相关教学中（特别是英语教学领域的使用时间方面）应用时间较短，只有短短的几十年。那么，什么是教学策略？教学策略又涵盖哪些方面的内容呢？具体内容如下。

第一，教学方面的相关策略的服务对象是教学目的。

第二，教学方面的相关策略匹配一定的教学手段。

第三，教学策略往往包括两点：①综合的教学策略——在全部的教学过程中都适用；②具体的教学策略——涵盖具体的教学因素（如相关内容、对象、环境等）。

第四，教学策略与方法是有差异的，两者不可以画等号。教学方法往往是具体教学策略下的具体教学方式。教学策略更加系统一些，涵盖的范围更大，能够引导教学方法。

1. 教学前策略

与备课有关，常常被人们认为是一项系统工程。

一般来看，教学方面的相关活动在真正开始之前得有一定的前期规划，规划内容包括教学任务和完成教学任务所需的策略。

策略的具体内容如下。

（1）定好教学任务

教学任务的选择和确定对备课的相关活动（如确定备课重点、确定授课内容等）能够有所帮助。

（2）合理选择教学内容及教学材料

在备课时，教师需要在课时及该单元的教学任务的基础上对教学内容进行合理增减。

（3）对教学组织形式进行提前规划，对教学行为提前进行设计

教师需根据教学任务及教学内容来合理设计教学组织形式。一般的教学组织形式包括以下几个方面的内容。

①学生分组并进行小组讨论的形式。

②教师直接讲授的形式。

③学生自主学习的形式。

（4）教学行为的确定

教学行为的确定要在教学内容、教学任务的基础上进行，同时教师要对学生的认知水平等进行了解。一般的教学行为包括以下几方面的内容。

①主要教学行为。

②辅助性教学行为。

③课堂管理行为。

（5）合理设置教学活动策略

多样的教学活动是带动课堂气氛、活跃学生思维的核心。因此，教学也

应该对活动的多样性进行关注。

2. 教学中策略

教学中策略与教学活动、课后辅导有关。

一般来说，教学活动从教学开始到教学结束，其内容基本上由教学任务和想要达到的目的来确定，所以教学活动的好坏可以说是由教学任务的完成情况和教学目的的达成情况决定的。

教学活动的进行需要以备课层次所准备的策略为基础，具体内容如下。

（1）导入策略

课程导入到底有没有成功，对学生学习的相关兴趣和效果会产生影响。

教学课程导入的策略包括以下几个方面的内容。

①课文相关知识导入。

②课文相关问题导入。

③课文相关内容导入。

（2）讲解策略

讲解是教学不可或缺的构成要素之一，讲解的策略往往依赖于讲解内容。课文的讲解往往会涵盖两个方面，即结构的讲解和相关知识的讲解。教师需要在教学任务的基础上确定讲解重点和策略。

（3）练习策略

教学最终想要达到的目的是让学生能够将知识运用于实践，所以在教学活动中，教师的任务不单单为带给学生基本的语言方面的相关知识，还要让学生掌握并使用句子、段落和篇章相关结构，并提供合理情景，让学生的理论知识得到更好的检验。

（4）组织策略

组织策略主要包括对教学活动的把握。为了让学生主动参与教学活动，教师可采用小组讨论、合作学习等手段开展教学。

（5）控制策略

控制策略主要包括对教学活动时间的控制。其主要是想让学生尽可能多地参与相关的教学活动，常常也是教师完成教学任务的手段之一。

3. 教学后策略

教学后策略包括教学后总结及评估策略，其涵盖课内总结及评估、课后总结及评估。

总结是指教师在完成相应教学任务后对自己在前期教学实践中的得与失的总结；评估是教师了解学生学习情况的手段，也是课堂教学的重要构成要素。

对教师来说，总结对教师完善教学技能有帮助，评估有助于教师提高对学生学习状况的了解；对学生来说，总结和评估能够让其不断对学习策略进行调整，以改掉自己可能出现的不正确想法和学习方法，让自己成为对学习有主导能力的人，推动自主学习能力的发展。

总结策略方面，通常有以下三点。

第一，教学内容。

第二，教学手段。

第三，学生学习状况。

无论哪一种策略，其都希望达到的效果是教师教学水平的提高、教学良好效果的显现。

评估策略方面，通常包括以下六点。

第一，凸显问题。

第二，制定学习监控表。

第三，展开活动反思。

第四，对协商评定。

第五，对预测方面的相关评估。

第六，对卡片方面的相关评估。

教师在课后对自己的教学展开总结和评估，并以此为基础对自己的教学活动进行反思，并进一步对教学进度、教学内容、教学任务等进行合理调整，真正创造一个“学生为中心”的学习环境，以增进学生的综合英语应用能力。

（二）文化教学策略

通常情况下人们认为：文化是人类所有物质产品和精神产品的综合，是不同民族积累下来的社会生活经验的总结。

语言是人类文化的载体，文化产生语言。所以可以说，对一个民族的语言的认识代表着对该民族文化的认识。

跨文化英语文化教学要关注文化教学的重要作用。文化教学的价值体现在以下三个方面。

第一，对促进学生的语言能力能够有所帮助。

第二，对促进教学质量能够有所帮助。

第三，与国际化人才的需求趋势相适应。

另外，文化教学的内容也比较复杂，包含的方面很多，其具体内容如下：社会价值观；社会习俗；信仰文化；思维理念；社会环境；历史及地理大环境；各种文化现象及其体现出来的文化隐含信息。

第三节 跨文化英语文化教学的主要内容

对跨文化英语文化教学方面的关注，一方面是跨文化交际的需求，另一方面是学生学习和开阔眼界的需要。

虽然基本上所有人都发现了文化教学在英语教学中的重要性，但关于文化教学目的的方式，每个教师有自己的看法：有的教师提出政治、信仰、习俗等方面内容；有的教师会提出不用教具体的内容，应该让学生自己去发现的观点。

一、跨文化英语文化教学目标

文化常常被人们认为是一种“额外”的知识。随着社会经济的进步和交际语言教学相关理论的发展，英语教学的重心从传统语言知识的传授转向语言语用水平与技能的培养方面，文化教学的目标也从单纯传达目的语文化的信息转变为提高学生实际交际水平和技能方面。

人们发现，单单认识目的语文化的知识和培养目的语文化环境中得体的交际行为还远远不够，跨文化能力相关方面的培养可以被提高到当今世纪语言文化教学的更高层次。

下面从欧美英语教学中的跨文化教学出发，引出跨文化英语文化教学。

（一）欧美英语教学方面

在欧美英语教学方面，跨文化交际能力的培养很早就被列入英语教学的目标名单里。

1. 美国方面

美国施行了很久的《面向 21 世纪的外语学习全国标准》指出：外语教育涵盖几个目标，具体内容如下。

（1）交流（communication）

交流即语言交际方面的能力，其往往被认为是进行外语学习的重点。

（2）文化（culture）

文化即文化知识，其往往被认为是交际发明的基本保障。

（3）联系（connection）

联系就是应用所学的外语巩固和拓展已学的其他学科知识，以此为基础不断获得对新技能的了解和掌握，其往往被认为是外语学习的一个重要目的。

（4）比较（comparison）

比较即经由对目的语、目的语文化和母语、母语文化的相互比较，学习者可以提高对二者语言和文化的进一步认知，而且也能够对语言和文化的相关方面本质得到某种程度上的感悟，并对文化不同之处可能造成的交际困难有大概的认识。

2. 欧洲方面

在欧洲，欧盟的成立推动了欧洲语言政策的改革。21 世纪初，欧盟的《欧洲语言教学与评估共同纲领》（CEFR）就将语言能力划分为综合能力（主要包括学习能力、陈述性技能等）与语言交际能力（主要为语用能力和社会语言方面的能力）。每一项具体能力都和跨文化交际能力有关联，说明了文化教学在英语教学中的核心价值。

CEFR 还表示：当代语言教育是为了实现欧洲语言和文化多元化特征的更深层次上的维护和发展，也对学习方适应多元化社会、环境产生一定的益处——经过跨文化交际活动，人们之间相互理解，对各种文化普遍抱有一种包容和尊重，有利于各国之间的亲切合作。

（二）我国跨文化英语文化教学方面

在我国，跨文化交际能力的提高途径主要有两种，下面进行具体介绍。

1. “显性”路径

一般来看，“显性”路径是独立于语言学习的，往往是一种比较直接聚合的文化学习路径。

“显性”路径一方面可以从“英美概况”类文化课程中体现出来，重点是文化知识的讲授，其主要也是希望可以为学生提供系统的知识框架，提高学生对文化的整体了解与认识，另一方面可以从外语课堂中常用的文化导入中有所体现。该方面的导入常常是以较为系统地对文化知识点进行教授为重点的，涵盖以下几个方面的内容。

第一，知识文化。

第二，对交际不利的文化因素。

第三，词语的文化环境——背景。

第四，话语、语篇结构涵盖的文化因素。

第五，非语言形式的文化背景知识。

另外，“显性”路径的缺点也比较明显：学生不能够感悟现实交际活动中“肉眼看不到”的文化特质，会忽略当前社会进步所需要的点，它们分别是学习方在交际活动中对交际能力、思维能力的发展要求，学习方在跨文化交际中的实践需求。

2. “隐性”路径

一般来看，“隐性”路径是与语言学习相互交融的，往往是一种比较间接、分散的文化学习路径。“隐性”路径一方面对学生的主动参与非常重视，往往渗透于语言学习的进程中。

实际来看，“隐性”路径对思维方式的“内化”影响也较大，对学习与熟悉本族文化的隐蔽内容能够起到帮助，也解释了外语学得好的人思维方式常常与一般人不一样的原因。

另外，教学的目标涵盖知识、思维、实践等各个方面，其最终目标是跨文化交际能力的形成。

以此为基础，在大学生语言层次相异、专业相异的情况下，跨文化交际能力养成目标的具体内容如下。

（1）普通要求

普通要求是高校非英语专业本科毕业生须达到的最低要求，主要是希望学生拥有一种稳定的知识、技能、价值等方面的系统。

①对别国文化尊重，抱有积极心态，有较强的文化敏感性。

②认识本族文化和目的语文化的常见的习俗、社会制度。

③能和来自目的语文化的人开展正常沟通。

④可以用目的语对本族文化的一般性话题进行介绍。

⑤有能力依靠所学的文化知识和交际策略避免文化不同之处导致的交际困难情况的出现，并可以对人际关系进行发展。

⑥有能力分出本族文化和目的语文化的区别和共同点。

⑦能够欣然接受人和人之间、文化和文化之间的不同之处。

⑧可以在开展跨文化学习的过程中扩大眼界，发现自我，增进自我。

（2）更高要求

更高要求一般是英语水平较高、英语学习动机较强且有一定学习精力的学生应该达到的要求。

①对别国文化尊重，拥有积极心态，文化敏感性强。

②较为深入地认识本族文化和目的语文化常见的习俗、社会制度。

③有能力以灵活、有效的手段展开跨文化交际。

④可以用目的语对本国传统文化和社会话题进行分析和讨论。

⑤有能力组织、协调跨文化相关的活动。

⑥有能力借助已有知识和经验分出本族文化和目的语文化的不同点和相同点。

⑦能够接受并欣赏人和人之间、文化和文化之间相异的地方。

⑧可以在开展跨文化学习的过程中进一步开阔眼界，认识自我，提升自我。

同时，跨文化英语文化交际能力的提高不能只依靠英语这一门课来实现，高校应将跨文化交际能力的养成目标纳入学生的整体培养计划里面，让学生可以在平时的实践活动中，特别是和专业相关的实践活动中展开跨文化交际能力的相关锻炼，塑造健全人格。

二、问题和应对办法

（一）教师层面的问题及应对办法

对于中国的学生来说，课程学习是他们获取跨文化交际能力的主要来源。相应地，教师对跨文化教学的认识对于学生跨文化交际的能力提高有直接影响。

下面从跨文化教学的信念、设想和知识三个方面来对教师的跨文化教学能力和素养进行分析。

1. 问题

（1）教师对跨文化教学的认识和教学实践不相符

对于高校英语教学的目的，英语教师的认识具有较高的一致性。教师基本上都会认为英语教学的目的之一就是帮助学生使用英语进行沟通，而文化知识往往被认为是跨文化交际活动成功的基础。

同时，高校英语教学不应把通过考试当作主要任务，而应该帮助学生提高文化方面的相关意识，审视自己的文化身份，帮助他们恰当地应对文化间的不同之处，培养学生更加开放的文化价值观。

然而，在实践教学活动中，教学信念和教学实践不相符的情况往往会有很多。即便教师发现跨文化教学的重要性，但在实践过程中，很多教师依旧将文化知识当作可有可无的，跨文化教学所占有的时间也因此而缩短；教学的形式和手段也比较单一，最多会借助多媒体技术（如投影仪等），但仍是传授式灌输知识，较少开展课堂讨论及其他跨文化体验活动。

（2）教师对跨文化交际能力和跨文化教学的理解模糊

一般情况下，因为教师群体对跨文化教学理论并没有进行过深入研究，所以对其往往只有模糊性理解，会以自己对教学的设想为基础来对教学活动进行排课，导致离教学任务偏差较大，教学活动达不到预期效果。

教师对跨文化交际能力的构成要素持有各种理解，但存在一个基本观点，即认知（知识）、情感（态度、动机）和行为（技能、行动）。其中，教师对语言文化知识最看重，表示语言能力要达到一定水平才能开展跨文化交际活动；只要有了语言能力，交流起来就简单了。但由于缺乏相关的文化学习和研究，跨文化教学往往流于表面，深层次的文化概念挖掘、思维模式、价值观讨论则难以深入，让跨文化教学没有了思辨的乐趣。

（3）教师的跨文化知识结构欠缺

跨文化交际是一个带有跨学科性质的领域，也为外语教师的知识结构重塑提出了难题。

高校英语教师的知识结构往往比较单一，没有充裕的文化积累，满足不了跨文化教学的需要，其原因主要有以下几点。

①高校英语教师往往为英语专业出身，没有其他专业的背景。

②高校教师常常因家庭和科研压力的原因，日常忙于教学和撰写科研论文，难以挤出时间提高自己的文化教学深度。

2. 应对办法

教师的跨文化教学能力提高并非一个短期的过程，不单单要教师自身提高跨文化教学意识，还要高校、社会各方的政策和资源支持。以下以教师为对象提出改进办法。

（1）增进教师对跨文化交际能力和跨文化教学的认知

理论知识往往被认为是高校英语教师较为薄弱的一环。对大多数高校英语教师而言，想要增进对跨文化交际能力的认知，还是要以文献阅读为基础，厘清跨文化交际能力的要素，以便有针对性地安排教学。同时，要改变过去单一的授课理念，将语言教学和文化教学联系起来，以增强跨文化交际能力课堂的效果。

就教师个人而言，最简便的增进跨文化教学认知的手段就是文献学习。教师需要在每一轮备课的过程中都收集新的信息，更新教学内容，改进教学方法。

（2）为教师提供跨文化培训机会

跨文化交际能力和跨文化教学方法的培训能够在短时间内达到以下功效。

①帮助教师进一步掌握跨文化交际的重要概念。

②帮助教师提高跨文化敏感性。

③帮助教师对文化教学的目的有一个很好的定位。

④帮助教师对教学大纲和教案进行更好的设计。

⑤帮助教师更好地展开分析教材的活动。

⑥帮助教师更好地选择合适的教学方法。

（3）完善教师跨文化知识结构

高校英语尽管并非专门的跨文化交际课程，但对教师的跨文化知识结构还是提出了较高的要求。

①教师需要给自己增添文化知识，包括文学、历史、地理等各个方面的知识，不仅涵盖外国文化，还涵盖本国文化。要求教师平时有意识地做好积累的工作，形成一套自己的记录手段。

②教师需要给自己增添语言知识。要求教师增进跨文化敏感性，可以从文化的立场来研究各种语言现象。

③教师需要给自己增添交际知识，要求教师一方面要加强理论知识，另一方面要增添自身经验性知识和提升具体的沟通技能。

（二）学生层面的问题及应对办法

学生常常被人们认为是跨文化教学的主体，学生的态度和动机对跨文化教学的效果起着决定作用。

在跨文化交际能力的组成的基础上，从认知、情感和行为角度去分析高校英语学生跨文化交际能力的不完善的地方，具体内容如下。

1. 问题

（1）学生的跨文化意识薄弱，对跨文化学习不了解

①对文化的理解较为狭隘。

中国学生常常会忽略历史、信仰和政治这部分与文化价值观直接相关的内容，基本没有对文化概念进行过了解和深入思考，因此学生对文化的理解很容易陷入狭隘的局面。

另外，我国尽管被认为是多民族国家，但多数中国学生不是在多样的文化中成长的，很少有机会得到多元文化教育，这在一定程度上会造成学生对文化的狭隘理解。

②文化敏感性较低。

随着国际交流的增加，尽管学生对跨文化交际能力进一步看重，但实际的文化敏感度依旧不是很高，还有一些学生对文化学习不关注，甚至有人认为文化学习会降低英语学习兴趣。这表示，学生对教材中的文化元素完全不敏感，缺乏思考、批判的精神，不想花时间去分析文化深层次信息，也不知道自己对跨文化学习的需求到底是什么。

同时，多项研究都发现我国学生的英语文化知识储备较少，这和多年来英语教学重语言知识、轻文化知识的教学思路存在直接的关系。连续不断的语言训练显然并没有达到提升学生语言能力的目的，反而在一定程度上扼杀了学生认识语言文化的愿望。

（2）学生对跨文化学习持消极、被动的态度

跨文化交际能力的情感因素主要包括移情能力、对不确定性的容忍度，以及能够克服偏见和民族中心主义等。

从情感因素的立场来看，学生跨文化交际能力不足表现为基本没有主动学习的动力，认为中国人学习外语没有意义。造成这种心理的原因主要有两个。

一是英语学习的功利化思想。从初等教育开始，学生就养成了只重视考试内容的思维方式。到了高等教育层次，学生还是难以摆脱这种被动、消极

的学习想法。文化内容因不是考试内容，大学英语四六级考试等大型英语考试也未将文化知识纳入考试大纲。这使得学生忽略了文化学习的重要性。

二是单一文化环境造成的文化狭隘。学生基本没有和外国人交流的机会，往往没有真正使用英语的机会。还有很多学生表示不从事英语相关职业，所以没必要学习外国文化，甚至有些学生认为学习英语是一种崇洋媚外的表现。这般狭隘的思想一方面被认为是缺乏文化平等观、文化认同感的表现，另一方面是心智不成熟的反映。

学生在情感层面表现出的另一个问题是对跨文化交际没有足够的信心，不敢主动甚至刻意回避和外国人交流，这说明学生不熟悉、不认识外国文化，也难以产生文化认同感。交际活动中，如果可以对各种文化的行为手段和价值观的不同之处有一定的包容和认知心态，能很好地缓解这方面问题，学生的交际的愉悦感自然也会上升。

（3）学生缺乏跨文化交际体验，交际行为能力弱

跨文化交际能力中的行为因素涵盖解决交际问题的能力、建立和维持相互关系的能力，以及完成交际任务的能力。

中国学生，特别是学习高校英语的学生，其跨文化交际能力弱的最主要表现就是欠缺交际行为能力，很多学生感觉多年的英语学习好像只是纸上谈兵。

学生自身对参与跨文化交际活动的主动性很低，参加英语角、和外国人网上交流的积极性很差。在课堂中也基本没有针对跨文化交际能力设定提高任务，这与我国高校的教学条件有限有关，也和一些高校只把重点放在提升四六级考试通过率有关。

2. 应对办法

跨文化交际能力的提高往往不是那么容易提升的，要求学生从情感、知识、技能不同层面做好准备，也需要教师、高校和教育部门等的支持。

（1）树立平等文化观，培养文化移情

平等的文化观是成功跨文化交际的基础，只有彼此尊重才能完成文化间的真正沟通。

文化移情往往表示交际双方以对方的立场来考虑事情，可以跨过自身文化的思维定式，理解和尊重对方的思想，合理表达自己的观点。

教师需要在教学的过程中有意识地让学生平等对待本国文化和外国文化，熟悉并认可它们的不同之处，打破思维定式，以批判和欣赏的态度发现文化的魅力。促使学生主动思考、探究，激发学生对文化的好奇心。

（2）促进文化知识学习，并对文化能力提出看法

文化知识的习得对于跨文化交际能力的提高是非常重要的。

教师在安排文化教学时，应把握好文化教学中知识的逻辑性和系统性，由表及里，由具体到抽象，慢慢让学生有机会深入文化主题。同时，教师要懂得发掘教材的文化信息，整合教学材料。

此外，引入文化能力评价机制也可以在一定程度上刺激学生进行跨文化学习。

（3）创造跨文化体验机会，培养交际行为能力

将语言知识、文化知识和文化意识转化为可用的交际行为还需要对学生的交际能力加以指导。

要求教师能够将跨文化交际活动渗透于教学任务中，增进学生的跨文化交际参与度。并采用不同的教学形式（如英文演讲、角色扮演等），提升学生的体验感。

有条件的高校可以引入外教，选送学生参加交流项目或外企实习项目，提高学生的跨文化交际实践的可能性。

（三）教材层面的问题及应对办法

教材是课堂语言输入的主要材料，是决定跨文化教学的主要因素。教材包含权威性、真实性和准确性的特征，是课堂教学的依据。不过，教材的适用性也有局限性，会受到社会需求、学习者需求和教学理念变化的影响。教材评估的四项原则具体内容如下。

第一，教材应该和学习者的需求达到一致，与语言教学课程的目的和任务相匹配。

第二，教材需要反映当前和将来对语言的使用，选择能够帮助学生有效地应用语言的教材。

第三，教材需要关照学习者的需求，不应“照猫画虎”，套用某一教学法。

第四，教材需要起到对学习过程提供支持的作用，和教师一样，教材应该成为任务语和学习者之间的桥梁。

如今高校较多使用的高校英语教材，从跨文化教学任务和学生需求的立场来看，尚不能满足跨文化教学的需求。

1. 问题

（1）跨文化内容在现行教材中呈现不足，选材上偏向英美文化

现行教材的文化选材范围较窄是一个基本的问题，多改编自外文教材，西方文化蕴含其中。

教材需要来自各种国家的声音。教材取材的单一化无疑会影响到文化价值观，这和跨文化教学的任务非常不符。现行主流教材中涉及中国文化的内容寥寥无几，这也在一定程度上造成了“中国文化失语症”，显然对于造就学生平等的多元文化价值观是不利的。

（2）跨文化内容的编排没有系统性

教材中的信息显然无法满足跨文化教学的需求，具体内容如下。

第一，如今的主流教材都不是以文化为主线的，文化信息的呈现很零散，相关的背景信息不多，练习里面也没有对文化任务进行介绍。

第二，从各单元主题来看，虽然教材内容通常涉及学生日常生活的各个方面，但从文化的立场来看，文章主题之间没有体现出循序渐进。

第三，每单元的教学任务中并没有体现跨文化教学的任务。

第四，教材里面的注解式的信息呈现无法引起教师和学生的关注。

第五，和文章配套的练习常常以语言训练为主，基本没有跨文化交际任务。

（3）跨文化学习和语言学习分离

现行的高校英语教材都以突出语言能力培养为特色，主要的配套练习题型依然是选词填空、翻译、完形填空等，基本没有以文化为基础的语言练习（即使有，在深度和广度上也都不合格），而教师所提供的补充材料难以保

证对文化内容的深入挖掘，会造成学生主动思考能力的减弱。

2. 应对办法

对于教材的改进要求从以下几个方面展开。

（1）进行跨文化需求分析，将跨文化教学任务渗透进教材编写

教材编写者首先应做好文化需求分析。教材设计要涵盖目的语文化，也要涵盖学习的人自己的文化，教材的最好素材应该是用目的语写的不同的文化知识，因此要求教材编写者认真思考教材的编写。

同时，教材设计的语言练习应和文化学习相结合，为学生提供更具文化概念和文化体验的任务。

（2）挖掘现有教材的文化元素，扩展跨文化教学内容

对于教师而言，改善跨文化教学最直接的办法就是重读教材，进一步挖掘其中的文化元素，为学生寻找和设定每单元的跨文化教学任务。这就要求教师借助自己的文化敏感性，从教材中发掘有价值的文化信息，设计跨文化学习任务，让学生有机会思考。

挖掘教材对教师的文化敏感性、创造力都是一个考验。在备课的过程中，持续不断地对文化信息进行关注，以帮助学生开展文化思考和文化体验为任务，往往能够得到良好的跨文化教学效果。

（四）教学评价层面的问题及应对办法

教学评价，即对教学方面提出的一系列看法，是高校英语教学中重要但容易被忽略的一环。教学评价往往被认为是检测语言教学效果的方式，对教学方面提出看法能够为改善教学质量提供反馈信息。

以下内容对高校英语跨文化交际能力测试的现状进行了简单描述。

1. 问题

（1）针对跨文化交际能力的测试少

国内跨文化交际能力测试的现状主要表现为“三少”，即专门针对跨文化交际能力的测试少，跨文化交际元素在现有大型测试中占据的比重少，日常教师对学生的跨文化交际能力考查少。

总的来说，跨文化交际能力测试在大型标准化考试中所占比重过低的问题正在得到改善。

尽管大型考试中已经开始渗透跨文化交际能力测试，但在日常教学中，教师依然缺乏考查跨文化交际能力的意识，虽然教师设计的课堂活动和任务经常会涉及跨文化交际能力的使用，但日常教学评估中并没有专门针对这一能力展开评估，教师也不知道采用什么样的测试手段开展评估，导致学生也不能进行相关的教学反馈。

（2）针对跨文化交际能力评价的研究薄弱

虽然国内关于跨文化交际能力的研究很多，但针对跨文化交际能力的测试研究却会很少，发表在核心期刊上的文章只有几篇而已。

2. 应对办法

总的来说，跨文化交际能力测试的研究还处在起步层次，进步空间还很大。跨文化交际能力测试方面的建议如下。

（1）开发跨文化交际能力测试，尝试将文化测试纳入大型标准化英语考试

应该采用合适的测试手段来检验跨文化教学的效果，尝试将文化测试更多、更好地纳入大型标准化英语考试。

（2）日常教学中重视形成性评价，尝试多样化的评估形式

形成性评价往往被认为是一种促进学习的评价，强调将评价过程中所获得的反馈用于指导后续教学。

形成性评价能够采取质性和量化结合的方法，对学生的认知学习过程、情感、态度、价值观及学习效果开展评估，以此为基础得到较为全面的跨文化交际能力评估结果。

形成性评价不仅能给学生及时、快速的反馈，而且能让学生真切地感受到跨文化交际能力的成长。对于教师而言，评估结果能够有效地指导后续的教学活动。

第七章　跨文化交际中的英语文学教学

第一节　文学理论的发展与跨文化探究

一、整合与构建

近年来，随着文论界学者的大举动，文学理论有走向没有边际的迹象，“文学本位”（它的对象是作家、作品和读者）的未来好像走到了头。于是，便产生了“文学理论结束了”的说法。更严重的是竟然有人对“文学理论”这一模块本身提出刁难——质疑它作为一门人文学科在文学界安身是不是合理的，这是在怀疑“文学理论”的身份。于是，“文学理论的未来”“文论研究的发展规模”成为文论界的学者特别关注而又长期争论的一个话题。针对这些问题，不妨先对现在的国外文论的态势与现状做一次认真的调查，再对那些问题进行讨论。对现在的国外文论的态势与现状做一次认真的调查并不是要与外国人“接轨”，经济的“全球化”并不能也不应该导致文化上的“一体化”。但是在人类社会，尽管民族不同、国别不同、文化圈不同，文学的发展和运营还是有相同之处的，不同发展运营的文学理论也是有相同之处的。现在的文学理论已经是跨国际的了，今天中国的文学理论研究也应该有“跨国际”的打算。跨国际的文学理论的研究要求人们努力面对理论的“复数”形态，尽可能多听听理论的各种不同说法，尽可能获得多方面的参考。只有多方面与别的国家的文学理论相对照并从中学习和吸取经验教训，才有可能避免文学理论发生研究方向偏离与偏执的现象。这对文学理论学科建设与文学理论向更深的程度的发展来说特别重要。

（一）途径

正是这种反思在推动着文论界对“文学学”历程的认真观看与翻检阅读，

推动着不同国家的学者不约而同地展开对“文学”“文学理论”“文学学”发展历程与现在的发展趋势的有次序、有逻辑的整理。“文学”是如何被结构分解为“大写的文学”与“小写的文学”的，“文论”是如何被结构分解为“文学理论”与“文学的理论”的，主要是通过整理现代“文学”观念的建构轨迹、整理当代文学理论的不同范式、整理文学当下境况与运行机制、整理文学理论最为核心的范畴或“关键词”这几个途径进行的。

（二）成果

对于现代的国外文论发展的多重性与多样性，要积极面对；对于现代我国的文学论发展出现的失衡，也要积极地面对。文学理论不可能止步不前或者消失，对于这一点，要深信不疑。应不断吸收国内外精华，进一步挖掘，在吸收国外精华部分的同时保留自己国家的特色，要有坚定的信念，相信我国的文学理论很快就会出现百花争奇的场面。

二、吸纳与开掘

文学理论的三个特色如下。

（一）视野大

其学术视界是开放的，在写作立场上终于走出流派斗争的思维定式，它以不属于任何流派的身份自称，并将各种派别的文学理论都收纳了，显示出宽阔的胸怀。

（二）信息新

文学理论教科书的对象是大学生、研究生和大学教师，消除了高校文学理论教学实践和当代文学学现在达到的成就之间出现严重脱节的现象；对现在的教科书中缺失的当代文论重要成果的一些论题、概念与术语加以探讨，用它丰富的信息来提升文论教材的现代性水平。如“艺术创作中的非意图性”“读者在文学作品中的在场”“高雅文学与大众文学”“文学经典与文学声誉的漂移”“精英与反精英的艺术观与文学观”“传统与非传统的阐释”“人物的价值取向与行为方式”“文学类别之间与之外的文学样式”等，均为编者的视线所捕捉，在文学理论教科书中得到应有的论述。

（三）论述深

文学理论加大了文学本体研究三大链环——作者理论、作品理论、读者理论的论述分量，使文学作品理论充实了，显示了“理论诗学”更深一步的理论研究，对“理论诗学”的一些关键词的主要意思特意解释，这对于文学理论的科学性程度的提高毫无疑问是有好处的。举个简单的例子，在“文本”这一节列出“作为语文学概念的文本”“作为符号学与文化学概念的文本”“后现代主义诸种学说中的文本”三小节，这就为文本理论以后的研究指出了不同的方向。

第二节　跨文化视域的文学文本与作品理论

一、“文学性”

（一）“文学性”的内涵

“文学性”是现代文学理论的核心命题。

“文学性”这一概念到底指的是什么？“文学性”想要表达的是什么意思呢？这是在引起学生的注意，让学生热烈讨论“文学性”的主要内涵，是用于判断什么是“文学性”和什么不是“文学性”的一个例证，用于圈定“什么是文学”的范围，还是在探讨“文学研究”作为一个学科与其他学科的区别？

如果说“文学性”这一定义是用来判断“是不是文学”的，那么“文学性”就应该在文学本体的范围之内。如果“文学性”是用于建造“文学学”这一门学科的，那么“文学性”就是文学理论这门学科不可缺少的一部分。

诚然，“文学性”这一概念或者命题在不同界面上不同的“语用”，并不是截然分开的，而是相互纠缠的。缺少对“文学性”这一概念产生的历史背景与文化语境的充分了解，缺少对“文学性”这一命题孕育于其中的现代斯拉夫文论进程的充分了解，是难以厘清“文学性”的多重含义的，也难以确定“文学性”对于整个现代文论发育的独特价值。

（二）“文学性”理论研究的基本要点

对于现代斯拉夫文论在“文学性”中的理论研究，这里简单地整理了三位文学理论学者的基本观点。

“文学性”是“文学科学”的对象。与其说提醒人们注意不要有“文学性”即“文学”或者“文学”即“文学性”的这样错误的想法，不如说是提出了文学研究未来的方向，即文学作为一门学科，未来研究的方向是“文学性”。

“审美功能”并不仅仅是艺术所专有的，以此类比，“文学性”也并不是文学作品所专有的。语言学与美学的不同范围，艺术学、文化学的不同角度，使“文学性”研究有了更广的眼界，更宽的空间。

“文学性”理论的形成是可以不断延伸的，也是可以凭借不同人的思路去展开的。“文学性”理论形成上的不同的眼界与不同的方法表明，“文学性”理论的研究有很大的发展空间，可以在“文学性”理论形成上有一番成就。只要文学还存在，“文学性”的理论研究就不会结束。文学总是在不断发展、不断变化。现在所说的文学当然和20世纪60年代之前的文学不一样。文学随着时间在不断地发展和变化，这就暗示着人们：不要时间变了“文学性”还一成不变，而是要根据不同的时代为“文学性”赋予与时俱进的含义和概念。

（三）“文学性”的理论思索

可以用不同的眼界对“文学性”的理论研究展开具体的阐述理论，有“本质主义的”的“文学性”，也有与之相反的“反本质主义的”的“文学性”。

持“本质主义”观念的学者认为“文学性”是客观实际存在于文本自身的特性。

持“反本质主义”观念的学者认为“文学性”基本上是一种由文本生成的氛围、文本接受的处境下的历史建构起来的惯例或机制，是某种外在的、被赋予文本的价值。也就是说，“文学性”并不仅仅是文学文本所特有的，而是分布在其他文本之中的。

显然，“文学性”与“文本”及“文本性”已难以区分。

自然，坚守文学本位主义的人并不认为文学与非文学已经失去了差别性，文学研究与非文学研究已经失去边界。他们是以文学研究者的身份与诉求在追问“文学性”的生成与命运的。这样的定位势必要直面文学作品或文学文本的生成机制与存在方式：直面文学的自律，即作为语言艺术产品“在结构上的自律”；直面文学的“他律”，即意识形态产品；直面在“社会文化功能”上的“他律”之间的互动方式；等等。这样的定位，自然要立足于现代语言学从结构语言学到话语语言学的成果，因为文学是一门语言艺术，但这还远远不够，还要有超语言学的视野，因为文学更是一门语言艺术。

二、文学文本与作品理论——当代文论的“活化石”

（一）“文学文本”与“文学作品”的区别与联系

对于文学作品与文学文本，很多人认为文学作品即文学文本，文学文本即文学作品，这是错误的。为了防止学生对它们错用乱用，教师可以从专业用语和一般用语上对它们进行区分。

在专业用语上，文学作品与文学文本有着很明显的区别：文学作品指已经被读者阅读，并被读者给予一定意义的语言产品；而文学文本指的是等待读者阅读，读者阅读之后还未赋予一定的意义的语言产品。

在一般用语上，一部由作者创作出来的“语言产品”，在被读者阅读并赋予一定意义之前，这部语言产品仅仅是文学文本，而不是文学作品。而只有经过读者阅读并赋予一定的感情以后，这部语言产品才真正变成了作品。用更加通俗易懂的话来说，文学文本只有加上读者阅读并赋予一定的情感意义才会变成文学作品，否则这部语言产品就只是文学文本。

20 世纪 90 年代以前我国的文学理论对语言的特性不太重视，更看重文学作品，强调文学作品的意义，如思想意义、内容意义或者所要表达的情感意义。与此同时，其认为作者在写作时想要表达的情感就是读者在阅读时体会到的情感，这就忽略了读者的重要性。现在把文学文本与文学作品分开来看，可以这样说：只有先具有了文学文本的语言，文学作品的意义才有可言性；如果没有文学文本的语言，文学文本的意义是没有可言性的。作者在写作时想要表达的情感与读者在阅读时体会到的情感既有一定的区别也有一定的联系：读者可以通过阅读来获知作者在写作时想要表达的情感，读者也可以通过阅读获得与作者写作时不一样的情感。

文学文本是由媒介传输的、具有完整表意系统和文采的、富于感兴修辞的语言产品，有剧本、小说、散文、报告文学、诗歌等一类文本，也有手工印刷、大众媒介、文字、口语、网络传播的等一类文本。

文学文本与作品理论的发育与变异过程，是现代文学理论的一种“活化石”般的学术标记。“作品”与“文本”这两个词的演变，参与了一场关于现代文学理论的革命。因为无论是从文本走向作品，还是从作品走向文本，都体现了文学观念的运行过程，这都暗示着文学学领域“牛顿眼界”与“爱因斯坦眼界”的思维方式发生了转变。或者也可以这样说，复数的“文学作品与文学文本理论”是聚集着大量的文学理论重要信息的“大分子”。对这种“大分子水平”上的理论资源进行多个角度的清理而又有深度的开采，才有可能推进作为人文学科的文学理论的发展，才有可能将遭到重重磨难但并没有消失的现代文学理论这一门学问得以深化。

“作品”概念之淡出，“文本”概念之凸显，确实标志着当代文学观念的重大变迁。从“作品等同于文本”“作品大于文本”“作品小于文本”这些不同的视界上的变换，可以看出文学作品理论与文本理论一直在追求从自立到获得自主，最后再向外扩展，从“小写的文本”拓展到“大写的文本”的发展历程，可以看出文学理论的高潮由“作者世界”转向并沉入“作品世界与文本世界”的年轮或轨迹。

（二）“文本”是后现代视界中“文化作品的理论定性”

体现后现代文论发展进程的一个重要标志是从文学作品到文学文本的变化，同时这也是表示文学观念从现代文学向后现代文学发展变化的一个重要标志。

一部分是作品的独立发展过程。20 世纪前期俄罗斯形式主义英美新批评在文艺理论上掀起的作品独立运动可作为代表。张法教授指出：“作品”是一个完整的整体；“文本”不是一个完整的整体，而是一个虚和实结合的整体，其中虚的部分充满空白。

另一部分是文学作品成为文学文本的过程。20 世纪中后期的结构主义运动可以作为一个典型的案例，其体现的是文学文本自身的思想从现代向后现代的转变的一个艰难过程，这预示着结构发生了变化，即从结构主义到解构主义的变化，还体现作品论的转变。在作品理论中，实际上也体现出作品是虚与实结合的一个整体，“实”包含和决定了“虚”本身。因此得到一个结论：“虚”是不重要的；在文本理论中，“虚”的重要性被彰显出来了。更加重要的是作品的“实”完成不了作品的“虚”，而是让作品之外的读者来完成作品的“虚”的。

在文本理论中，文本是底层的、最基础的；而作品是高级的，是在文本的基础上经过不断升华而成的。

读者通过阅读加入自己的情感才能使文本变成作品。文本理论包含两大块内容：其一是怎样给文本下一个定义，即文本是什么，到底什么才算得上是文本；其二是文本经过怎样的变化才变成作品，即文本要经历哪些过程才可以变成作品。从文本向作品转化的过程发生了从现代文学向后现代文学的转变，正是文本从现代文学向后现代文学的转变，才使得文本理论成为一个最适合在全球不同文化之间进行文学对话的作品理论。

从作品还原到文本的过程，不仅词语发生了变化，定义、思考方式、文学理论类型也发生了变化。作品看重的是作品与“作者”的关系：文艺作品与一般产品最本质的区别即文艺作品不是生产出来的，而是通过有感情的人——作家创造出来的；作品的创造者“作家”不仅可以指人，也可以指时间（被人类的语言赋予其意义）。它认定，作品的本质由作品外在的因素所决定，是一种外在的巨大的力量决定了作品的内容和生命。简言之，作品概念代表的思想体系是古典文艺本体论；文本概念突出的则是文本与“文字”的关系。文本一词显示作品是由“文”组合而成和编织出来的，是“文”之本。

这是关于作品起源和作品本体的另一种思路：要把作品的起源和本体独立在作品自身上。

从作品到文本，两大模块发生了变化：其一，之前是文本作为作品的基础，现在是语言哲学作为作品的基础；其二，文学与其他艺术有了相关的联系，文艺与非文艺也有了相关关系。文本的定义扩大了其之前所定义的范围，也就是说用文字写出来的东西可以称为文本，不是文字的东西“写”出来的东西也可以称为文本。绘画是画出来的绘画文本，电影是演员演和导演导出来的电影文本，建筑是工程师建造出来的建筑文本，整个世界就是一个呈现在人们面前的文本。

从作品到文本，一方面从文艺领域走向非文艺领域的道路，另一方面又从非文艺领域走向文艺领域的道路。全世界的作品都文本化了，原本文艺化的世界变成了文本化的世界。可见，当人们用文本来称呼文艺作品的时候，不仅呈现了一种文艺的新质，而且也意味着文艺与世界关系的新质。

文艺文本是一种追求真真切切存在的虚与实的结构。文本首先是作品的物质组成成分，但文艺文本的特点在于它的完全整体不仅是物质构成，而且还包含着更丰富的内容，只是这个内容不是指实实在在的东西，而是空洞的。文艺文本是由“虚”与“实”两个部分组合而成的。“实”是文本的基本组成部分，“虚”是基本部分所包含的内容，这个内容既是确实存在的，又是从基础组成部分生成的。文本的“虚”也是一种“有”，它使文本与作者、文化、读者、世界这四者联合到一起；文本与读者、作者、世界、文化这四者的关系是以“虚”的形式构成的。

文艺文本有四层结构：第一层，艺术形象，是虚的；第二层，物质基础，是实的；第三层，艺术主题，是虚的；第四层，蕴含，是虚的。文艺作品之所以能够成为文艺作品，是因为其把这形式上的“虚”生成为丰富多彩的有生机的“实”。

关于文本理论的定义，可以用如下的解释：其一，文本理论是一个虚和实构成的整体框架；其二，文本理论的虚不是真正的无，而是有；其三，由“虚”经过变化变成“实”，把“无”变成“有”时，丰富多彩的文本就出现了，这个时候的文本自然而然就成了真正的文艺作品。在文本理论中极其重要的是实现从“实”转到“虚”和从“虚”转到“实”。

（三）文本理论是一种印证

20 世纪文学文本理论经历了从作品到文本、从自在到构建的两次飞跃式发展历程，有学者提出了这样的论点：其最终走向一种既关心语言本身，又不忽视外在现实的辩证综合的文本文化修辞研究。

（四）文本学的系统研究

对文学文本理论的清理，不仅具有学术史的意义，更是文学理论学科基本建设的现实需求。现在人们十分关注当代文学理论的建设与创新，没有系统的文本学理论作为基础，文本学只是一种空中楼阁。从文学学的学理结构上看，作为“关乎文学作品自身的学问”，其主要研究文学作品的存在形态和生成方式的“文本学”，应当是量作学、阅读学、欣赏学、批评学等学科的出发点，是文学理论中的基础理论。

从文学学的现实境况来看，人们一般只看到俄罗斯形式主义、法国结构主义等已经退出了文论舞台的观念，而不大注意它们作为一股具有共同趋向的文本主义文论思潮，为各自国家文论的发展打下了坚实的学术基础。它们创建和规范的范畴、概念与术语，成为文论界交流的常规话语。后来那些批判文本主义文论的西方学者也不忌讳或回避使用这派文论留下的思想工具。许多国家都经历了自身的文本学建设与发展阶段，我国的文论进程似乎正在划出一道跳过文本学阶段，直接进入“后结构”“后现代”的轨迹。21 世纪的中国文论建交不能缺少文本学。要用批判的眼光审视既有的理论，无偏见地吸收一切有益于文本学建设的智慧与经验。对西方的研究成果要取其所长、为我所用，对我们中国的文本学传统也要激浊扬清。要去粗存精，兼容并蓄，走上一条全面吸纳中西文本学成就的新路。

三、文学文本与作品理论

“文学文本”这一范畴正受到学者越来越多的关注，我国学者应该非常开心和兴奋，无论是通过探究“文学文本”与“文学作品”之区别这种路径来进入“文学文本”范畴的构建，抑或是将它置于现代文论向后现代文论转型的理论语境中来清理“由作品到文本”这一理论范型的转变轨迹，还是围绕语言、结构、互文、文化这几个文学文本理论视域中的核心问题来梳理文学文本理论，或通过整合西方文本主义文论、发掘中国的文本学传统，来建构一种堪与创作学、阅读学、欣赏学、批评学相提并论的“文本学”，这一切分明都在显示我国对“文学文本理论”的理论自觉。这种理论自觉，体现在对文学文本关注的视野不断扩大，对文学作品理论开采的力度不断加大。即便在对20世纪西方文本理论的梳理上，也已经由形式主义文论、结构主义文论、后结构主义文论扩展到原型批评文论、现象学文论、解释学文论、接受美学、西方马克思主义文论。其实，整个20世纪外国文论（而不仅是西方文论）在文本理论上的建树是十分丰富多彩的。与英加登（Ingarden）同时代的还有穆卡洛夫斯基（Mukarovsky）的结构主义文学作品理论；与巴尔特（Barthes）同时代的还有埃科（Eco）的“开放的作品理论”、洛特曼（Lotman）的“艺术文本”理论。对20世纪文学文本理论的全面清理，需要拥有更为开阔的视界，需要多方位地吸纳资源。

20世纪外国文论在文本理论上的建树之复杂丰繁，更呼唤着人们去展开更为细致的辨析。拘泥于直线型的历史“进化思路”，袭用文艺思潮甚或文艺主潮的“更替模式”来观照文学文本理论的流变，可能会遮蔽一些东西。其实，有由作品走向文本的情形，也有由文本走向作品的情形。接受美学的文本观即作品观就是一例。况且，这也是发生于20世纪60年代的，更不宜一谈“文本理论”，就没有“作品理论”的位置了，仿佛作品理论就是古典的，而现代的必然是文本理论。

文学文本理论研究既要打开视野，也要努力回归本位。这样才能比较充分地展示各种各样的文学作品理论与文本理论，比较清晰地呈现“作品就是文本”“作品的范围大于文本的范围”“作品的范围小于文本的范围”之现状与原因，比较到位地解释文学作品理论与文本理论从追求自立到获得自主，最后向外扩展的目标，由“小写的文本”变成“大写的文本”的发展历程，由此来显示现代文学理论由“作者世界”转向“作品世界与文本世界”的年轮或足迹。

第三节 跨文化交际视域下的比较文学

一、关于建立比较文学研究的中国学派之设想

（一）比较文学的研究对象

要想进行比较文学的研究，在对别国文学进行研究之前，首先就要对其文学进行研究，这是“对各个事物的内部矛盾的各个方面进行比较”的基础。深入了解了文学的不同之后，再研究不同文学之间的差别，这种先“文学”而后“比较”的研究顺序十分重要，突出了中国学者在研究中的态度和方法。研究比较文学，就是把握几种国别文学无论是主题、题材情节还是人物形象、语言、结构等多方面之间的关系与原因，也就是突出“把握事物间的内在联系”，“认识事物的本质”表现在比较文学研究方面，指达到对几种国别文学全面、正确、深刻的理解。

（二）不同语言文学作品的直接比较研究

在比较文学研究中，很重要的一方面就是媒介学。在媒介学中，翻译的地位举足轻重，也可以将翻译当作媒介学的中心。不同国家的文学作品之间的比较大多要经过翻译。翻译本身就有很多问题要研究，译者的能力将会对作品产生最直接的影响，进而影响比较文学的研究。也就是说，比较文学研究不同语言之间作品，翻译过来的作品原作的特点很难全部展现出来，因为原作中存在很难翻译的成分。译者的能力将直接决定可译的部分的效果，因此将翻译称为“再创作”。

另外，一个作品可能有不同的译本，译本之间也会出现不同的比较结果。因此，避免媒介弊端，不同文字之间的直接研究对于中国学派来说就显得尤为重要。

（三）不同国别文学的相似研究

作品彼此之间大同小异、主同次异，也就是所谓的相似。不同的作品可以在主题、题材、情节、结构、人物形象、语言等诸方面表现出相似。要对这些作品的相似之处进行正确分析，就要进行多方面的辨析，包括历史、文化、风俗、政治、经济等。例如，不同的颜色在不同的国家或民族就有不同的象征意义。同理，不同的物种、动作和话语在不同的国家也会有不同的含义。

不同国别文学中的相似点，主要是由于不同的文化中原本就存在相似的基因。此外，不同文化之间的交流，也会对文学作品造成影响，很多影响并不是因果关系，有时候甚至会出现嫁接的现象，也就是产生另外一种文化，进而对文学作品造成影响，所以，确定作品之间的相似性，对其内部矛盾进行比较是基础。

二、建立比较文学研究的中国学派

（一）关于名称问题

名称是一个学派的根本性问题，虽然对于它的重要性比较文学界已经有所认知，但没有统一的理论。实际上，比较文学的学科名称无论是从中文的构词习惯还是从研究的内容看都不是很妥当，采用“国别文学比较学”作为名称更加合适。人们认为在名称的问题上，中国学派应该敢于创新，只要认为是对的，就要敢于坚持并使用，最后一定会被广大的研究者所采用，这不仅是对比较文学的深入研究，同时也表明此研究进入了新阶段。对新名称的简便性也应该有所考虑，如使用一段时间“国别文学比较学”之后，就可以使用简称，即“文学比较学”，之后再次简称，即“文比学”，这些都符合语言变化规律。

（二）关于术语的问题

在比较文学中，术语也是一个需要研究的问题，例如，在影响研究和平行研究中，学者要知道“影响”这个术语是什么意思，明白它主要是指形与影、声与响的关系，即影随形动、响从声变的关系。因此，如果将两种国别文学的关系视为形影声响的关系，两者之间的依从关系就显得有点夸张，同时也简化了研究课题。值得注意的是，“吸收”的对象是接受者，在此过程中要“取其精华，去其糟粕”，这也正是我国作家在对待外国作品时应该秉持的态度，也就是“借鉴”。“借鉴”是一种主动性的表现，表现了借鉴者明确的目的和严格的选取标准。所以“借鉴”一词最能正确表明所谓影响的放送者和影响的接受者双方的关系。因此，中国学派中的“影响研究”应该换成“借鉴研究”。

综上所述，影响研究并不科学，但人们能理解其所代表的内容。平行研究是基于影响研究产生的，是指对不同国别的作品分别进行研究，包括作者、内容等，找出其中相同或不同的地方。此外，参与比较作品的“文学性”和“可比性”是平行研究的必要条件。

（三）关于研究方法的问题

不同的国度对于比较文学中的“比较”会有不一样的理解，而中国学派在研究比较文学的时候，要根据自身的理解而进行。要对对不同国家的文学进行研究，“对各个事物内部矛盾的各个方面进行比较”。了解其中的不同之后，才能“把握事物间的内在联系”。在比较文学研究中，就是要对不同国别的文学进行方方面面的研究，包括内容、题材、文化等，找出它们之间的异同及产生的原因。

需要注意的是，在比较文学研究中不仅有形式上的研究，而且要深入作品的内部，比较内部矛盾的不同方面。

三、比较文学研究中的影响与借鉴

（一）关于“影响”的概念

真正的影响是当一国文学发生突变、无法用该国以往的文学传统和各个作家的独创性来加以解释时，在该国文学中所呈现出来的那种情状。究其实质，真正的影响较于题材选择而言，更是一种精神存在。而且，这种真正的影响，与其说是靠具体的有形之物的借取，不如说是凭借某些国家文学精髓的渗透。

综上，可以得出这样一个结论，那就是影响的主体是信息，客体是接受者即信息接受者，或者说影响就是信息通过渗透传递给接受者的过程。

（二）关于“接受”的概念

研究“接受者”是比较文学研究进入深层次要研究的问题。不断推进比较文学研究也意味着“接受研究”应该相应不断提高。因此，德国产生了接受理论。接受理论是对读者在文学中的作用的一种考查，由此可见，这种理论只是针对阅读过程中读者的认识活动，而当作家是接受者的时候，其作用并没有受到相应的重视。但也必须认识到，这种理论将读者作为接受者是有一定主体体现的。

影响研究学派只有对读者进行深入研究才能走出困境，读者是最主要的接受者。在此，读者可以分为三类：①终极的读者，也可以称为纯粹的读者；②非定型的读者；③对“文本的解释持另一极端”的读者。但无论是哪一种，人们都无法证明他们的渗透过程是被动的。

（三）关于“借鉴”的概念

借鉴与接受存在本质上的差异。借鉴的人有主动权，在吸取的时候有一定的选择性。例如，对甲作家的作品，乙作家在阅读的过程中，也许其反应和理解达到了甲作家的期许，也许相反或有误解，甚至会超出甲作家的期许。这与两位作家的知识差异、经验阅历及不同审美等有直接关系。这些问题作者都很难确定，所以借鉴者才拥有主动权。

众所周知，鲁迅的作品《伤逝》和茅盾的作品《创造》就借鉴了易卜生的作品《玩偶之家》，他们借鉴了其中的某些形象，与自己想要表达的目的相结合，最终塑造出一个全新的形象。这就说明，借鉴的主体不同，其刻画的手法也不尽相同，有的能明显看出借鉴的痕迹，有的则进行加工改造，以全新的面目出现在作品中，有的则只是起到了启发思维或升华思想的作用。

（四）影响、接受和借鉴的区分

借鉴和接受、影响三者之间的关系并不是单纯的术语界定问题。它的意义在于确定甲国作家的作品怎样作用于乙国作家的作品和这种影响的表现形式。这个过程的了解对于研究比较文学来说意义重大。事实证明：影响学派有一定的局限性，学者将信息的放送者作为研究对象，这就很难将乙国文学作品与甲国文学作品之间的关系准确揭示出来，甲国作者对乙国作者造成了怎样的影响也很难准确反映。在比较文学的研究中，国别文学之间的关系应该是多方位、灵活而复杂的研究，这也就证明影响并不是一个全面而准确的概念，也可以说影响研究已经终结。由此可以得出这样一个结论，那就是乙国作者和甲国作者是一种借鉴的关系，这主要是因为作者不同，其借鉴的方法和内容也不尽相同。所以接受者本身也就成为研究的对象，即乙国作者。也就是研究接受者受到怎样的影响，之后再根据自身特点，借鉴自己需要的内容或观点，进而创作出自己满意的作品，也就是说借鉴者是主动的一方，自然也就成为研究国别文学关系时的主要研究对象。

到如今，比较文学已经经历了一个世纪，今天的比较文学不管是观念上还是方法上，都已经与过去有了本质上的差别与更新。如今，我国面临的一个极有意义的挑战就是在中国特色的基础上对比较文学进行发掘和利用，使之能焕发新的光芒。它将揭示在借鉴的过程中，甲国作家的作品是如何得到吸收、改造和升华，并最终成为一部全新的作品的。影响、接受与借鉴的意义也就在这里。

四、英语文学教学分析

20 世纪 90 年代以来，我国的文学理论逐渐受到全球化的影响。而 20 世纪 90 年代本身就是经济、生活和文化观念发生重大变化的新时代，流行文化得以兴起。国内大量的知识分子、学者也进行了研究，对各种文化思想整理和批判，试图参与现实和历史进程，期待发生一些生活上的影响，而这些文化行为使得我国逐渐进入全球化意识之中，使得全球化语境的时代到来。全球化不仅对英语教学提出了更高的要求，而且在英语文化教学方面提出了新的要求，尤其是在当前跨文化交际实践活动日益频繁的今天，为确保跨文化交际实践活动得到高效的实施，不仅要确保交际行为参与者在语言交流工具方面具有较强的学习能力和应用能力，而且还要确保其在交际过程中能更好地加强文化知识素材的学习与运用，这样才能更好地为跨文化交际活动的开展和学生语言交际能力的提升奠定基础。所以需要教师在英语教学中对英语文学知识内容要素进行融入和渗透，使才能更好地将学生在交际活动中的文化距离缩短，这样学生综合性文化素质就能得到有效的提升和优化。所以必须切实加强英语文学教学工作的开展。

（一）英语文学教学的新要求

为使党的十九大精神得到全面的贯彻，确保教育部领导讲话和系列会议精神的贯彻与落实，北京外国语大学、教育部高等高校外国语言文学类专业教学指导委员会，以及教育部高等高校大学英语教学指导委员会，三所高等教育机构联合举办了“第三届全国高等高校外语教育改革与发展高端论坛”。论坛聚集了各大高校校长与外语教育界的专家学者和教学管理者及一线教师等两千多位会议代表，共同商讨我国高等英语教育改革和发展大计，为加强高等英语学科的建设和培养人才可谓奋进之笔。尤其是在中国特色社会主义的新时代，要求我国高等英语教育站在新的起点，国家对外开放力度不断加大的今天，随着“一带一路”倡议和构建人类命运共同体的理念的提出，在高等英语教育跨步发展提供了更加宽广的空间。在国际合作增多和产业创新升级，以及技术快速发展的今天，对英语教学提出了新的要求：一是提升学生在全球经济一体化进程与全球治理中所具备的核心素养；二是不断强化通晓和掌握国际规则与协同合作的能力；三是注重学生发现、分析和解决问题的能力的培养；四是提高学生的跨文化理解和表达的能力。而在目前的英语教学中，为促进实际能力全面化的人才培养，需要在高校英语教学中思考采取哪些方式帮助学生深刻理解目语文化。虽然其可以在跨文化交际中促进学生这一能力的培养，但是就大学的英语专业而言，采取文学利器强化学生对目标语言国家文化的深入理解也是一种不错的选择。这是由于文学中虚拟世界的故事情节和环境描写都能有效地将文化内涵体现出来，尤其是结合文化的写作背景，能更好地促进学生对其的理解，帮助学生提升在阅读和欣赏及理解英语文学原著等方面的能力。所以从综合性的分析而言，全球化语境下的英语文学教学要求对学生综合学习能力的培养，强化学生的英语文学素养，提高学生的社会实践能力。

（二）英语文学教学开展的对策分析

为了满足全球化语境下的英语文学教学的新要求，全球化语境下的高校英语教师需要在教材体系和教学模式两个方面努力，具体的论点分析如下。

1. 以完善教材体系为载体，为“新要求”的实现奠定基础

（1）高校英语文学课的教学现状分析

当前，我国高校英语文学课面临的主要教学问题就是难以从英美文学的概念上进行突破，导致基于英语这一载体促进英美两国之外的国家和地区、民族与文化所创作的文学作品被忽视，使得英语文学视野在一定程度上被遮蔽，导致学生在大学学习期间对广泛文化的接触与认知的缺失，而这就给在当前全球化语境下培养具备跨文化交际的各种能力外语人才带来巨大的挑战。

（2）切实拓展英语文学的新内涵与新认知

经典的文学作品不仅能将文学史的艺术成就有效地彰显出来，而且还能彰显民族文化智慧的结晶。所以在加强对经典文学作品学习的同时，还要对视野不断地拓展和优化。尤其是在当前全球化语境下，为了培养更多满足“新要求”的人才，必须切实加强对英语文学的认识，也就是将传统的英语文学概念囊括到所有的用英文写作的文学作品之中，从而更加全面、广泛地覆盖不同的文化和不同的民族，适应时代发展的潮流。

（3）强化教材体系改革的必要性分析。

新文化的不断出现，使英语教学不仅需要将英语文学引入课堂，而且还需要为学生创造有效的方式，引导学生对全球化语境下以英语为文学创作语言的国家与社会的文化有一个更好的认识，这就需要在英语文学教学中在教材体系上进行不断的优化和完善。就当前来看，我国大学的英美文学课程结

构较为单一，大都是在文学史中进行选读，而教材是根据文学名篇时间的顺序来编排的。所以在新形势下，需要注重英语文学概念的灌输，并在难度上逐渐提升，以更好地促使高校英语实施文学教学。

2. 以完善教学模式为载体，打造研究型的文学教学新模式

高校英语文学教学目的就是在促进学生人文素养提升的同时，优化学生对英语文化的认识，达到促进学生跨文化交际能力提升的目的。但是就实践来看，很多教师在教学中往往注重语言点的讲解，注重对历史文化背景知识讲解的传输式教学方法，忽视学生学习的主动性，难以将学生引入文学中原生态的文化生活场景之中。这就会对学生跨文化交际能力培养带来不利影响。要改变这一现状，就需要加强教学模式的完善，采取有效的教学模式，促进学生更好地在文学的虚拟现实生活场景中去发现文本生活中的问题，有助于学生批判性思维能力的培养，并利用文学作品中所提供的多色调社会生活场景与人性深度解释，给学生思考张力与探索空间的优化和调整提供支持。

3. 基于研究型的文学教学新模式的应用

为确保高校英语文学教学课堂的高效，需要教师在教学中加强对学生的引导，并在学生主动学习的主导下着力打造以文本细读为核心的研究型课堂。所以文本细读不仅能帮助学生加强对语言的理解和情节的梳理，而且还能在教师的引导下帮助学生在文学作品中发现和掌握不同的表达方式，这样学生在体会诸多修辞手法的同时，更好地领略其所彰显的思维方式与含意，理解表达方式的针对性和不同点，并做好注释，对原文本的细微和巧妙之处进行更好的感受和理解及评价和质疑，并将这些学习心得写下来，为促进主题性学习的实施做好准备。而在实施主题性学习过程中，需要引导学生加强对文本表达基础的理解，这样才能更好地探讨文本的主题内容所在。

综上所述，本文对全球化语境下的英语文学教学的新要求进行了论述。在这样的要求下，必须对高校英语文学课的教学现状有一个基本的认识，并拓展英语文学的新内涵与新认知，强化教材体系改革，明确完善教学模式的基本思路，着力打造研究型的文学教学新模式，更好地促进学生跨文化交际能力的培养与提升。

第八章　跨文化教育下高校英语阅读、写作与翻译教学及实践

阅读与写作是书面语的输入、输出方式，是进行跨文化交际的重要渠道，翻译是两种语言之间的转换，在跨文化交际过程中发挥着不可替代的作用。它们对于培养学生的语言综合能力至关重要，因此全面提升学生在阅读、写作与翻译方面的能力是高校英语教学的重要目标，也是高校英语教学的难点。随着跨文化教育的不断发展，高校英语阅读、写作、翻译教学应重视文化因素的作用，并应在跨文化教育视阈下展开。

第一节　跨文化教育下高校英语阅读教学与实践

所谓阅读，就是读者积极运用已经掌握的语言知识和背景知识等对语言材料进行处理并获取信息的过程。实际上，阅读并非简单地接收信息，而是一项复杂的思维和交际活动。它不仅受语言能力的制约，也受民族文化的影响。因为语言是文化的重要组成部分，也是文化的重要载体，语言中的每一个成分都蕴含着丰富的文化信息。所以，阅读也深受文化因素的影响。这就要求高校英语阅读教学在跨文化教育视阈下开展，以便切实提高学生的英语阅读能力。

一、高校英语阅读教学的意义

开展高校英语阅读教学既可以扩大学生的词汇量，培养学生的语感，又能提高学生的综合能力和培养学生的自主学习能力。

（一）有利于扩大学生的词汇量

英语学习是从记忆单词开始的，所以记忆和掌握单词的含义和用法是英

语学习的必要环节。掌握单词的一个有效途径就是阅读，阅读材料能够提供具体的语境，学生通过阅读不仅能记忆单词，还能对单词的用法、搭配、语用含义等有更加深刻的认识。随着阅读量的增加，学生对单词的印象会因单词的重复出现而不断得到强化。

（二）有利于培养学生的语感

语感对语言的学习十分重要，它是对语言的一种感觉，是对语言表达进行快速理解和判断的能力。语感是在短时间内判断语言是否规范和地道的重要依据。但语感的获取并不容易，需要长期、大量地接触语言，并且进行一定的思维训练。阅读对培养学生的语感具有显著作用。通过阅读，学生可以在不知不觉中体会各种表达方式的感情色彩，感受不同修辞手法的实际效果，了解规范的语言表达方式。学生在阅读中不仅能培养语感，还不会感受到学习的压力，这对激发学生阅读的积极性十分有利，能有效促进学生持久地进行英语学习。

（三）有利于培养学生的英语综合能力

在提高学生英语综合能力方面，高校英语阅读教学也起着重要的作用。

就听力而言，听是通过耳朵来获取信息并在短时间内完成的思维活动，通过阅读积累起来的语言词汇可以有效帮助这一思维活动的进行。阅读能储备听力所需要的大量的文化背景知识，这对提高听力理解能力十分有利。

就口语而言，说是通过语音、语调等来输出信息的一种活动，这一活动深受语音、语调的影响。只有规范的语音、语调才能使口语表达准确地道，而这需要大量的练习才能获得。作为阅读活动的重要组成部分，朗读训练能有效训练学生的连读、失爆、弱化等语音技巧，使学生养成良好的阅读习惯，潜移默化地提高学生说的能力。

就写作而言，写作是文字信息的输出，需要阅读这一文字信息输入，因为输出是以输入为基础的，所以写作和阅读之间是相辅相成、相互促进的关系。在阅读过程中，学生会深刻体会作者在安排写作素材时的技巧，可从遣词造句、布局谋篇等方面来感受作者的写作手法。从这一角度来说，阅读的过程也就是学习写作的过程，大量的阅读必然会带动写作水平的提高。

（四）有利于培养学生的自主学习能力

在高校，很多学生依然沿袭高中阶段被动学习的习惯，这对大学生的个人成长和发展极为不利。长时间消极、被动的学习使学生无法在未来激烈的社会竞争中学习新知识、新技术，接受新挑战。高校英语阅读教学通过系统化的训练，能够引领学生，使学生积极主动地投入并参与学习，变被动的学习为主动的学习，最终使学生成为学习的主人。此外，由于大学生阅读课时有限，仅仅依靠英语教师在课堂上的讲授是远远不够的，学生要想真正提升阅读能力，还需要以课上教师所讲解的跨文化知识为基础，加强自学，在课后及时对所学内容进行温习和扩展。

二、高校英语阅读教学中的文化差异

英汉民族有着明显的文化差异，这在地理环境、社会风俗、思维等方面有着鲜明的体现，并且对高校英语阅读教学有着重要的影响作用。深入了解英汉文化差异并探究其对高校英语阅读教学的影响，对切实提高学生的阅读能力和高校英语阅读教学的效率十分有利。以下从不同层面阐述高校英语阅读教学中的文化差异。

（一）词汇方面的差异

词汇作为语言的构成要素和文化信息的载体，是整个语言系统的关键因素，也是阅读理解的基础，最能反映英汉文化之间的差异。如果不了解词汇的深层文化内涵，那么阅读理解就不可能顺利进行。

词汇文化内涵的理解对于阅读而言至关重要，因此在高校英语阅读教学中，教师要引导学生学习和掌握词汇的深层文化含义，从而切实提高学生的阅读能力。

（二）句法方面的差异

有效的阅读理解不仅要掌握词汇文化含义，还要理解英汉句法知识及其差异。

另外，一些成语和谚语也是英语句子的重要成分，如果对它们的文化内涵不了解，将不利于对句子的正确理解。例如：

That man was so rude to me. I wouldn’ t go back to that job for all the tea in China.

正确把握 all the tea in China 这一习语的文化内涵是准确理解上述句子的关键。如果不了解其文化内涵，很容易将其理解为：“那个人对我如此无礼，我不会为了中国全部的茶叶回去干那份工作。”显然，这样的理解并不正确，而且令人费解。实际上，这一习语有其特定的文化含义，在 17 世纪的英国，中国的茶叶是极其昂贵的，如果是“中国的全部茶叶（all the tea in China）”，那么价值将是不可估量的。这一习语常用于否定句中，其真正含义是“即使把中国的茶都送给我（我也不做某事）”，比喻“无论如何，无论多高的报酬也不会做某事”。因此，上述句子的正确含义是：“那个人对我如此无礼，我无论如何不会回去干那份工作。”

对此，教师在教学中应向学生介绍一些习语知识，以丰富学生的文化储备，为有效的阅读奠定基础。

（三）语篇方面的差异

文章是以语篇的形式呈现的，所以学生要把握语篇的结构，同时了解英汉语篇方面的差异，如此才能更加有效地进行阅读。

受西方文化的影响，西方人十分强调个体的独立性，注重个体的主观意见，体现在语言上就是在语篇的开篇设定主题，或是在段落的开头点明主题，观点明确、中心突出，然后再围绕主题展开论述。汉语语篇在表达观点时常常比较委婉，常从较远的、相关的外围问题入手，从而体现出螺旋式的思维特点。

在语篇的衔接上，英语注重形合，常采用各种连接词确保语篇的逻辑性。

汉语注重意合，很少采用连接词，多靠上下文逻辑关系来体现语篇的连贯性。

在语篇的结尾处，英语强调客观公正，认为事实胜于雄辩，因此常在语篇结尾处摆出大量数据，使读者相信语篇的客观性，让读者自己得出结论，呈现出无结论的倾向。但汉语的语篇标志性结尾常常是作者自己得出的结论或提出的呼吁。

可以看出，英汉语言在词汇、句法和语篇方面都有着显著的差异，这些差异对阅读教学都有着重要的影响。因此，在高校英语阅读教学中，教师应向学生传授相应的英语文化知识，培养学生的文化差异意识，从而切实提高学生的英语阅读能力。

三、跨文化教育视阈下高校英语阅读教学的方法

在跨文化教育视阈下，高校英语阅读教学要选用科学有效的教学方法，从而使学生的阅读能力得到提升。跨文化教育视阈下高校英语阅读教学的开展可采用以下几种方法。

（一）文化导入法

1. 文化导入的原则

（1）关联性原则

在高校英语阅读教学中导入文化知识时要遵循关联性原则。也就是说，教师在教学中引入文化知识时要重点导入一些与教学有关的内容，如作者生平、写作背景等，以便与教学紧密结合，加深学生对文章的理解。

（2）因材施教原则

作为学习的主体，学生无论是在语言水平上还是在个性上都存在显著的差异，因此教师在阅读教学中导入文化知识时就要遵循因材施教的原则。这一原则要求教师针对不同学生的学习特点和学习需求，采用合理的教学方法，使学生的阅读能力得到显著提升。

例如，针对阅读能力较强的学生，教师可推荐一些名著、杂志等，引导学生阅读，同时布置一些具有挑战性的任务，以使学生不断增长知识和见识，

提高阅读能力。针对阅读能力较弱的学生，教师可以推荐一些比较简单的文化阅读材料，并设置一些较简单的任务，学生通过完成任务，一方面可以提高自信，另一方面会提高阅读的积极性。在学生积累了一定的知识后，教师可适当增加难度，从而逐步提高学生的英语阅读水平。

（3）多样化原则

多样化原则包含以下两个层面的含义。

首先，导入内容要多样化。这就要求教师在教学中选用题材多样的阅读材料，以满足不同学生的多样化需求，同时让学生了解不同体裁文章的特点，以提高学生阅读的准确性。此外，还要求教师选用不同主题的阅读材料，经常变换题材，以激发学生的阅读兴趣，促使学生了解和掌握各种文化知识。

其次，导入形式要多样化。这就要求教师依据教学目标、教学内容及学生的具体情况，运用比较、融入、注释、体验等多种方法导入相关文化知识。此外,还要求教师丰富教学手段,也就是运用现代化的教学设备,通过多媒体、网络等手段来导入文化知识，为学生创造真实的语言环境，开阔学生的视野。

2. 文化导入的方法

（1）介绍文化差异，激发学生阅读兴趣

兴趣对于学习的意义是不言而喻的，它是激发学生不断学习的内在推动力。学生一旦对所学内容产生兴趣，就会全身心地投入其中。因此，教师应采用多种方法来调动学生的阅读兴趣，激发学生的积极性，使学生乐于学习，从而提高阅读水平。其中，在阅读教学中进行英汉文化差异的介绍和分析就是一种调动和培养学生学习兴趣的有效方法。

此外，教师在导入文化知识时不应局限于课本内容，而应围绕课本向学生介绍更加丰富的文化知识，从而使枯燥的课堂教学变得更加生动，使学生在轻松的氛围中掌握文化知识。

（2）培养学生的文化意识

如果不具备文化知识和文化意识，即使掌握了词汇知识和阅读技巧，在阅读一些材料时也会非常吃力。在实际教学中，教师也会传授给学生一些文化知识，但这些文化知识并没有引起学生的重视，学生可能认为这些不是学习的重点。因此，为了开阔学生的视野，切实提高学生的阅读乐趣和水平，教师有必要培养学生的文化意识。

虽然在课堂上对学生输入文化知识是一种有效的方式，但教师也要充分利用学生的课下时间，即向学生推荐一些英美文学作品，鼓励学生课下阅读。阅读英美文学作品一方面可以使学生深入接触西方文化知识，加深学生对西方文化的了解和掌握；另一方面可以使学生了解和掌握更多的语言知识和结构，从而提高语言运用技巧。此外，文学作品的语言优美精练，是学生模仿学习的良好语言材料，通过大量的积累和模仿，学生的阅读能力不仅会得到培养，写作水平也会得到提升。

（二）语篇分析法

语篇分析法主要是帮助学生从宏观层面对整篇文章的内容及作者的写作意图进行把握，进而让学生对文章的文化背景和中心思想等有更深刻的理解。

具体而言，语篇分析的内容涉及对语篇层次进行的外部分析与内部分析，并在这两个层次分析的基础上组织阅读教学。就语篇层次的外部分析来看，主要是着眼于语场、语式和语旨这几个层面。相比之下，语篇层次的内部分析主要是针对实现语篇的各种语言手段而展开的分析，不仅对小句（语义的基本单位）进行分析，同时对语篇衔接、连贯手段、信息结构，以及修辞文本手段等方面进行分析，语篇层次的内部分析更加注重培养学生的交际能力和语言综合能力，这样有利于学生在阅读时将注意力放在基于文章词汇、句子之上对整体语篇的把握。

此外，语篇分析法注重培养学生的自主学习能力，通常要求学生在上阅读课之前做好充分的准备，并自行解决在阅读过程中所遇到的语言方面和跨文化障碍方面的问题，这有利于培养学生学会对文章的中心思想和结构特点进行分析，更好地体会并把握作者的语言风格。这样一来更加有利于加深学生对文章的理解和记忆，并促使学生掌握一些文化渗透方法和语言使用技巧。

借助语篇分析方法开展阅读教学，有利于提升学生的概括能力，让学生将其所学运用到自己的写作实践中，促使其语言使用能力的提升。

四、跨文化教育视阈下高校英语阅读教学的实践

第一，在开展阅读练习的基础上，结合中国传统文化知识的导入，训练学生运用不同的阅读技巧掌握阅读材料的主要内容。

第二，通过阅读活动中中外历史文化事例的运用引导学生进行跨文化对比和分析，让学生养成跨文化意识和跨文化思辨能力，并通过阅读技巧和学习策略的培养进一步提高他们的英语综合运用能力。

第三，培养学生的合作精神和责任感。

教学形式：小组活动、个人活动。

（一）任务前阶段

任务前阶段主要是为了导入要学习的课文，这一阶段设计了如下两个环节。

1. 预先准备

这一环节根据本节课要阅读的内容和学生的实际情况，设计一些活动来激活学生的背景知识，以便把他们的注意力吸引到本节课的阅读内容上来。

在课前，教师用英语讲了一个三国时期的小故事，故事如下：诸葛亮在上方谷设计放火围困司马懿，不料谷内潮气受热上升到空中与原来的云彩相合，云彩中的水分越来越多，于是降下雨水，解了诸葛亮的火计。

由于学生对这个故事比较熟悉，教师在用英文讲述的时候，学生也都能听懂。这个故事能引起学生的关注和兴趣，许多学生对此纷纷发表自己的看法，有的学生针对降水的原因提出自己的观点，有的学生慨叹天有不测风云，还有的学生提到那句俗语："谋事在人，成事在天。"

2. 导入阶段

在学生积极发表观点时，教师可以及时向学生提出如下问题：

① Zhuge Liang was regarded as one of the smartest man in China, why in this story he failed in catching Sima Yi?

② Man or nature, which is more powerful?

在这一过程中，教师要重点引导学生对第二个问题进行思考，并且介绍阅读材料中会出现的一些新单词，以便为下一步阅读课文材料奠定基础。

（二）任务中阶段

这一阶段是阅读任务的实施阶段，主要设计了如下三个教学环节。

1. 限时阅读

为了更好地开展小组合作，教师在上课前先将全班学生按照一定的要求分成若干个学习小组，让他们在 3 分钟内快速阅读课文，归纳文章的大概内容。以下是文章的概述，仅作为参考。

Man changes nature in order to live. However, man must also be careful not to disregard the laws of nature. In this text, Napoleon and Hitler launched military campaigns against Russia（or the Soviet Union）, but they both ignored the raw, bitter, bleak Russian winter—the Icy Defender. As a result, they both failed.

快速阅读的目的在于帮助学生在有限的时间内尽可能多地了解关键信息，这样有利于提高学生的阅读速度，使他们养成良好的阅读习惯。

2. 讨论文章的主要内容

限时阅读之后，在绝大多数学生都完成全文的阅读和领悟了文章大意的前提下，教师安排学生以事先分好的学习小组为单位对主要内容进行梳理和讨论，以便让他们更为准确地把握和理解课文内容。在讨论期间，教师要转变角色，充当学生展开讨论的顾问，适时地为学生提供语言咨询，帮助学生解决语言困难，使学生能够顺利地表达自己的观点和想法。

3. 小组汇报

讨论之后，教师安排各个小组进行汇报，各小组派一名代表汇报本组讨论的结果。

在这一过程中，学生可以在征得发言人同意后提出自己的建议和疑问。这样一来，在认真听取每个小组口头报告的基础上，学生可以对它们进行比较，在了解其他同学针对同一问题的不同观点和看法的同时，补充和完善自己的观点。对于发言人所犯的错误，教师和学生要进行及时的反馈和纠正。

通过这一学习环节，学生的概括总结能力得到了提高，养成了集思广益的良好习惯，也增强了学生参与课堂活动的积极性，并且锻炼了学生的口语表达能力。

（三）任务后阶段

任务后阶段包括四个教学环节。

1. 分析讨论文章的段落分布及大意

这一环节旨在对课文进行深入的分析。在了解了文章的主旨以后，教师要求学生对文章内容和结构进行细致的分析与讨论。在教师的引导下，学生从文章的副标题入手，对文章的框架结构展开分析和讨论，最终梳理出文章的段落分布及大意。

The text can be divided into four parts, as can be easily seen from the subtitles provided by the author.

Part One（Para1 ～ 2）: Introduction—both Napoleon’ s and Hitler’ s military campaigns failed because of the severity of the Russian winter.

Part Two（Para3 ～ 11）: Napoleon’ s military campaign against Russia.

Part Three（Para12 ～ 20）: Hitler’ s military campaign against the Soviet Union.

Part Four（Para 21）: Conclusion—the elements of nature must be reckoned with in any military campaign.

在划分段落的过程中，教师要根据学生的学习反馈对相关的一些语言点进行介绍，帮助学生准确地理解文章的主旨和内容。

2. 练习

在这一环节，教师根据文章的内容并结合课后的练习题，采用小组合作的形式给学生布置新的任务。

3. 评价

在任务型教学模式下，教师在课堂上要全方位、多方面地对学生的任务完成情况进行评价。例如，在学生完成任务的过程中，教师可以通过观察、考查、与学生交流，对学生的口头及书面回答等学习行为及学习态度、学习能力、参与程度与合作精神等方面做出合适的评价，学生之间也可以展开自我评价和相互评价。

4. 作业

通过对本文的学习，安排学生将他们在阅读过程中的想法和在课堂完成任务过程中获得的观点整理出来，并结合东西方对人和自然的哲学及文化观念的差异，用英文撰写一篇题为“Man or Nature, Which is More Powerful?”的短文，字数为 150 字左右。

实践总结：上述教学实践充分利用了任务型的阅读教学模式，按照“任务前阶段—任务中阶段—任务后阶段”的模式逐步展开阅读教学过程。在任务前阶段，教师通过一个中国传统文化故事激发了学生的学习兴趣和热情，并对课文中的新单词进行了介绍，通过中国文化的导入引出本课的主题。任务中阶段，教师通过限时阅读、小组讨论、汇报三个环节，引导学生对文章的主旨大意进行分析讨论和概括总结，为后面的跨文化学习相关任务做铺垫，并锻炼了学生的合作精神和口语表达能力。在任务后阶段，教师通过对文章进行段落划分，进一步深化了学生对课文的理解，并以拓展的形式引导学生了解西方关于人和自然关系的哲学文化观；通过课后练习和教师布置的新任务，学生巩固了新知识，顺利实现了知识的迁移，并在写作中有意识地对中西方关于“自然人”辩证关系的不同文化理念进行对比分析。本教学实践活动以潜移默化的方式嵌入了东西方文化知识的学习和跨文化比较意识的培养，从文化批判思维角度对学生进行引导和训练，有助于强化学生的跨文化思辨意识和能力。

第二节　跨文化教育下高校英语写作教学与实践

写作是一项重要技能，它是人们交际的重要方式，是一种跨文化交际活动，更是高校英语教学的重要内容。中西历史背景差异、思维模式差异等都对教师的写作教学及学生的写作学习有显著的影响，因此高校英语写作教学应在跨文化教育视阈下展开，充分考虑文化因素所带来的影响。

一、高校英语写作教学的意义

写作最能体现学生的英语综合能力，所以高校英语写作教学十分重要，其意义集中体现在以下几个方面。

（一）能够提高学生的交际能力

英语写作是应用于交际活动的重要交流手段，其目的是传递信息，表达思想观点，进而进行有效交流，最终达到交际目的。运用英语写作进行交际的能力是在实践中逐步培养起来的，而英语写作教学正是培养学生这种能力的最佳手段。通过英语写作教学，学生可以在将来的社会生活和工作中有效运用写作表达思想、完成工作、进行跨文化交际等。

（二）能够巩固学生的英语知识

对于我国学生而言，英语是被作为一门外语来学习的，学生在学习过程中难免会遇到各种问题和出现各种错误，英语写作教学可以使学生改正错误并巩固所学的英语知识。每一种语言都蕴含着自己的民族特色，虽然英汉写作在某些地方具有相通性，但更多的是差异性。英语写作有其自身的规律，如英语书信写作有着不同于汉语书信的写作格式，如果按照汉语书信格式来书写英语书信，必然会造成交际障碍，而这种错误不通过练习是很难察觉的。英语写作教学能够让学生对英语写作进行练习，从而检验和巩固自身所学的英语知识。

（三）能够提高学生的学习能力

在英语学习过程中，记忆发挥着重要的作用。要想牢牢记住数量众多的单词、句型及语篇，写是必不可少的。从心理层面来讲，通过写而留下的记忆相较于听觉和视觉会更强。此外，写作过程会伴随听和读的因素，所以写就成了综合性记忆活动，而通过写必然会提高学生对英语词语、句子的记忆程度。对此，教师应重视高校英语写作教学，引导学生通过写来加强记忆，进而提高学生的综合学习能力。

（四）能够发展学生的阅读能力

高校英语写作教学的重要内容之一就是教授学生如何遣词造句。书面造句比口头造句更为严格，它要求语法和逻辑必须严谨。在写作过程中，学生可以自由控制时间，可以不断对句子进行推敲和整理，最终达到写作目的。通过写作，学生能够熟练掌握句子和语篇的结构，了解题目和内容之间的关系，而这对有效阅读及提高阅读能力也十分有利。

二、高校英语写作教学中的文化差异

写作的过程是传递信息、表达思想和进行文化交际的过程，文化与写作密切相关，文化差异对写作有着潜在的影响。每一个国家和民族都有着不同于其他国家和民族的生活环境、社会制度和思维方式等，对于学生的写作来讲，这些因素或直接影响他们的写作思维，或间接影响他们的写作意识，而且这种影响作用贯穿于写作的始终。

（一）词汇方面的差异

由于文化背景不同，表达同一概念的词汇在不同语言中往往具有不同的联想意义与文化内涵。我国大学生常独立地背诵单词，以此来扩充词汇，但他们虽记住了词汇的基本含义，却不明白词汇的文化内涵，因此词汇误用的情况时有发生。例如：

I was deeply grieved to hear that your mother kicked the bucket.

上述句子中的 kicked the bucket 确实有“死亡”的含义，但它并不适用于正式场合，因为它属于俗语，与汉语中的“一命呜呼”类似，具有贬义性质。所以，在这里用 kicked the bucket 进行表达并不妥当，而应使用 pass away 来表达。

词汇是英语写作的基础，因此掌握英汉词汇差异，了解词汇的深层文化内涵并有效地选择和使用，是改变中式英语、提升写作水平的关键。对此，教师在写作教学中应引导学生注意词汇的内在文化含义和英汉词汇文化的差异，同时向学生导入相关的词汇文化知识，从而切实提高学生的写作水平。

（二）句法层面的差异

英汉语言在句法层面也有着显著的差异，具体表现为英语句子常以主谓宾结构为核心，然后用短语和从句等进行修饰和扩展，并使用各种连接词和修辞手法，使得句子结构非常复杂。汉语句法结构较为松散，较少使用连接词，多靠意义来连接。

我国学生的英语写作深受英语句式特点及英汉句法差异的影响，因此在写作教学中教师应向学生介绍英语的特点，并分析英汉句法之间的差异，从而丰富学生这方面的知识，逐渐转变学生的思维，使学生养成用英语思考和写作的习惯，进而使学生写出的文章更加准确、地道。

（三）语篇方面的差异

在英语写作教学中，语篇差异带来的影响也是显而易见的。这里主要对语篇衔接差异进行阐述。

语篇的衔接手段大致有两种类型：词汇衔接和语法衔接。词汇重述、上义词、下义词、同义词、搭配等属于词汇衔接；替代、省略、照应则属于语法衔接。在词汇衔接层面，英汉语言并没有太大的区别，但在语法衔接层面，二者的差异较大。

1. 替代

替代是指将上文中所提到的内容使用其他形式进行代替，这是语篇衔接过程中经常采用的一种手段。在英语段落中，人们经常使用词汇来传达两个句子之间所形成的呼应关系。在英语语言中，替代的形式有很多种，常见的包括三种：名词性替代、动词性替代、分句性替代。在汉语语言中，人们很少使用替代形式，因而典型的替代形式比较少见。通常在汉语中，人们习惯对某一个词或某一些词进行重复，通过重复来实现句子与句子之间的连贯。另外，汉语经常使用“的”字结构进行连接。

2. 省略

省略是指将句子、段落、文章中某些可有可无的成分省略不提。在英语语篇中，人们经常通过省略达到使语言凝练、简洁的目的。众所周知，英语语法的结构是十分严谨的，因而不管从形态上而言还是从形式上而言，使用省略这一方式都不会引起歧义，因而英语语言中使用省略的情况是很多的，而汉语语篇在省略的使用频率上则要大大低于英语语篇。另外，英汉语篇对于省略的成分存在不同表现：英语语篇不会省略主语，但汉语语篇中除了第一次出现的主语，后面出现的主语往往都可以省略。出现这种区别的原因主要是与英语主语相比较而言，汉语主语的控制力、承接力都更强。

3. 照应

照应是指当无法对语篇中的某一个确定词语进行解释时，可以从这一个单词所指的对象中找到答案，这就意味着这一语篇中形成了一种照应形式。从本质上而言，照应表达的是一种语义关系。

在汉语语篇中，照应关系是随处可见的。汉语中不存在关系代词，但英语中关系代词有很多，尤其是人称代词。因此，汉语语篇通常会使用人称代词来表达英语语篇中所形成的照应关系。

在英汉语篇中，照应关系的类型是基本相同的，不过二者使用这一形式的频率明显不同。英语照应中使用人称代词的频率比汉语要高，这与英语行文通常要求避免重复而汉语则多用实称有很大的关系。

（四）话语表述方面的差异

英汉话语表述有着显著差异，这种差异对英语写作产生了重要影响。英语话语表述通常为“主语—谓语”结构，即主谓结构。但汉语的话语表述多为“话题—说明”结构，其中“话题”是指说话者意图表述的对象，“说明”是指说话者对意图表述对象的解释。例如：

Some books are to be tasted, others to be swallowed, and some few to be chewed and digested.

有些书可浅尝辄止，有些书可囫囵吞枣，有些书要细嚼慢咽、慢慢消化。

在英语写作过程中，很多学生因受汉语话语表述方式的影响，常采用多个并列的句子进行表述，这明显有违英语表述的习惯，从而给人留下中式英语的印象。因此，在高校英语写作教学中，教师应有意识地向学生介绍关于话语表达方面的知识和英汉语言在这方面的差异，从而锻炼学生的英语思维，使学生写出符合英语表达习惯的句子。

三、跨文化教育视阈下高校英语写作教学的方法

在跨文化教育视阈下，教师应合理选择和运用教学方法，以培养学生的写作能力，提高高校英语写作教学的效率。

（一）文化导入法

文化知识的丰富对学生的写作而言是非常重要的，所以在高校英语写作教学中，教师应适时导入文化知识，为学生写好文章奠定基础。

1. 加强语言教学与文化教学的融合

语言与文化是紧密相关的，所以在高校英语写作教学中，教师要将写作教学与文化教学融合起来，使二者同步进行，以巩固学生的语言知识，丰富学生的文化知识，培养学生的文化意识。具体而言，教师除了讲授一些语言知识及语言本身所承载的文化内容，还应适当地介绍一些西方的文化背景知识，如生活方式、思维模式、价值观念等，从而培养学生的文化敏感性。

2. 培养学生的英语思维模式

中国学生是在汉语环境中学习英语的，其思维深受母语的影响，缺乏英语思维，导致作文中常出现“重点不突出”“黏着性差”等问题。针对

学生缺乏英语思维这一问题，教师要重点对中西思维模式进行对比分析，帮助学生了解中西思维模式的差异并促使学生用英语思维来学习英语，同时引导他们将这种思维运用到写作中，解决学生的写作问题，提高他们的写作能力。

3. 开设文化选修课

开设文化选修课也是导入文化的一种有效方法。教师除了在课堂教学中融入文化知识，还可以开设文化选修课。这样可以有效扩大学生接触西方文化的空间，还能开阔学生的视野，丰富学生的文化知识，培养学生的英语思维，进而促使学生写出更加地道的文章。

（二）综合教学法

英语的五项基本技能是相互促进、相辅相成的，运用综合教学法不仅能提高学生的写作水平，还能有效培养学生的综合能力。因此，在高校英语写作教学中，教师应合理采用综合教学法，将写作教学与其他几项技能教学结合起来，从而切实提高学生的写作水平，全面发展学生的语言运用能力。

1. 听、写结合

听是语言的输入，可以为写作积累丰富的素材，加快写作的输出。具体来讲，教师可以采用以下方式来进行听、写结合的教学。

（1）边听边写

边听边写的方式多种多样，可以是教师朗读语言材料，学生记录；也可以是播放录音，学生记录。让学生听写的语段可以是课文，也可以是课文改写，还可以是一些小故事等。此外，还可以采用听录音补全句子的形式进行。

（2）听后笔述或复述

教师可以采用听后笔述或复述的形式来进行听写练习。教师以较慢的语速朗读或播放听写材料，朗读或播放三遍，在此过程中学生只听不写，在结束之后教师要求学生凭借记忆复述或笔述。在叙述过程中，学生不必拘泥于原文的词句，只要总结出听写材料的主旨大意即可。这种听写方式可以有效训练学生的语言组织和概括能力。

2. 说、写结合

说是写的基础，写是从说发展而来的，所以说和写是相互贯通的。以说带写的教学方式不仅可以提高学生的口语能力，还能激发学生的写作兴趣，使学生树立写作的信心，明确写作的目的和思路，进而提高学生的写作水平。教师可采用以下方式来展开教学。

（1）改写对话

教学中有很多关于对话的文章，教师可以让学生将一些对话改为短文。在改写对话前，教师要提醒学生在改写过程中注意时态、语态及人称的变化，并尽量使用对话中的新词汇和新句型。在完成改写任务之后，教师选出几名学生的作品向全班展示，供全班学生欣赏和评阅。

（2）课堂讨论

课堂讨论也是一种听、写结合的有效方式。在课堂上，教师可将作文题目写在黑板上，然后让学生分组讨论。这样可以充分激活学生的思维，激发学生参与的积极性，调动学生表达的欲望，从而锻炼学生的口语能力。各个小组派一名学生对讨论的内容进行总结并写作，组员一起完成写作任务。最后，小组派出一位代表展示本组作文，供教师和其他同学评阅。

3. 读、写结合

读与写之间是相互促进、相辅相成的关系，读是获得写作素材的重要途径，写能进一步加深和巩固阅读能力。写作这一输出活动离不开语言知识的输入和积累，而阅读是积累语言知识的重要途径，有效的阅读可为写作奠定良好的基础。但在阅读过程中，很多学生都只是理解了文章的内容，很少从中吸取有利于自身写作的素材。对此，教师应引导学生在阅读中体会作者遣词造句的技巧，并让学生养成记笔记的良好习惯，从而使学生积累大量有利于写作的语言知识。这样一来，学生的阅读理解不仅更加深入，写作能力也会随之提高。

（三）语块教学法

语块教学法是英语教师在写作教学中可以采用的有效方法，这种方法通过促使学生积累语块，使其养成运用语块的习惯，并注意在写作中进行灵活运用，提高语言表达的自动化程度，从而写出顺畅又地道的英语文章。具体来说，教师可通过如下两个方面进行教学。

1. 建构相关的话语范围知识

所谓相关的话语范围知识，主要包含与主题相关的各种社会知识与文化知识。在传统的写作教学中，这一环节未引起重视，但是不得不说，这是写作教学的第一步。在这一阶段，教师需要完成如下步骤。

第一，引导学生学习和掌握与话语范围相关的知识，可以通过生生交流的形式，让学生对同伴的相关经历有所了解。

第二，对与话语范围相关的双语语言进行比较，尤其是不同语言的异同点，从而了解这些语言背后的文化背景及文化背景对话语范围所产生的影响。

第三，对与话语范围相关的词汇及表达形式进行列举、选择与整理。

具体而言，教师可以引导学生开展如下教学活动。

第一，教师提前为学生准备一些与话语范围相关的语篇，让学生对这些语篇进行比较与探讨，以便发现不同语言的异同点。

第二，在课堂上，教师组织学生探讨自身的经历，如旅游经历，可以让学生对自己旅游过的地方、乘坐的交通工具等进行描述。

第三，为了让学生对主题有深刻的感受，教师可以组织学生参加与主题相关的活动，如讨论购物主题时可以让学生亲自去超市购物等。

第四，教师安排学生准备一些与主题相关的物品，如实物、照片、视频等。

第五，教师让学生从写作的角度认真阅读语篇，并对语篇中的语言符号、辨别意义等有所了解。

第六，让学生在阅读语篇的过程中对自己遇到的生词、难点等进行归纳，并将这些新词与已学内容相联系。

2. 建立相关语类的语篇模式

在这一阶段，写作教学的主要目的如下。

第一，让学生对语类及相关主题的语篇有清楚的了解和把握。

第二，让学生对语类结构与结构潜势有深刻的了解。

第三，让学生对语篇语境有清楚的把握。

第四，让学生对交际目的、交际功能有清楚的了解。

在这一阶段，教师需要完成如下步骤。

第一，通过分析语篇，向学生传达与语类相关的知识。

第二，通过分析语篇，让学生感受到与语类相关的词汇、结构等，分析这些词汇、结构等如何表达主题。

第三，通过分析语篇，让学生感受语类的社会意义。

具体来说，教师在这一阶段可以安排如下几种具体的活动。

第一，教师为学生阅读一遍语篇。

第二，教师与学生一起阅读语篇，可以是教师领读，也可以是学生轮流阅读。

第三，教师引导学生根据语篇的内容对相关社会与文化背景进行推测，如作者写作语篇的目的、所处的时代等。

第四，教师让学生回忆他们在其他时间学过的类似语篇，并组织学生分小组交流语篇的主要观点、主要内容等。

第五，教师组织学生分析语篇的结构与框架，如语篇由几个段落构成，这些段落如何进行连接等。

第六，教师或者学生寻找一些类似语篇，对语类结构的阶段方法进行训练。

第七，教师以语类为基础，引导学生对一些规律性的语法模式进行总结与归纳。

第八，教师引导学生思考语法模式与语类的关联性。

四、跨文化教育视阈下高校英语写作教学的实践

下面通过一个具体教学实践来对高校英语写作教学进行整体把握。

教学任务：Write a composition about “The Prevalence of Western Festivals”.

写作提纲：第一，中国传统节日受到冷遇，西方节日却日益受欢迎；第

二，产生这种现象的原因；第三，对这种现象的态度。

教学目的：通过各种概括性和总结性的练习任务，培养学生对文章整体的感知能力和写作能力。

教学形式：个人、两人、四人小组教学流程。

第一，写作任务开始前，在引入的课堂环节中，教师通过一段关于“西方节日”的网络视频引出今天的写作话题“Western Festivals”，同时让学生对议论文写作的基本格式和内容有一个整体的感知。

第二，通过关于中西方节日的话题引出学生要讨论的内容。

Task: How many kinds of western festivals and Chinese festivals do you know? Try to find out some adjective words to describe them.

第三，给学生布置任务，让学生以四人小组的方式进行互动，在布置任务的同时，教师要给予适当的提示。

Task: Based on your personal experience, share with others how you celebrate or observe the western and Chinese festivals and holidays. Please use the suggested structures as many as possible.(e.g.it' s awesome, wonderful to… It is noticeable that…are becoming increasingly popular…, while…are being neglected…If this trend is allowed to continue, …will happen, ect.)

结合所学的相关语言知识和文化知识，学生生成以下句型。

A.That' s something I will never forget…

B.I have so amazing feelings about…

C.It' s no wonder why it is so popular among…

D.That' s something deserving our preservation…

E.It' s a great heritage that should be passed down from generation to generation.

第四，引导学生独立思考，并让学生收集写作信息和素材。

Task:

A.Please cite some examples to prove your ideas and opinions.

B.Make some comparison between western and Chinese traditional holidays and festivals.

C.The correct attitude towards Chines traditions.

在思考和收集素材后，学生对西方和中国传统的文化及节日有了进一步了解，并掌握了表达中国文化和节日的正确方式。学生对中西文化差异和文化传统有了进一步了解，有利于培养他们对多元文化的包容意识。在表达对友谊的评论时，精彩的生成如下：

① I am critical of this trend. Every nation or nationality has its own characters and features that should be valued and preserved…

② China boasts a brilliant history and splendid traditions.

第五，向学生展示范文，让学生仔细阅读范文，把握文章的整体结构、写作思路等。学生在写作基本要求和感知的基础上准备写作素材。

The Prevalence of Western Festivals

It is noticeable that western festivals are becoming increasingly popular day by day, while Chinese traditional festivals are being somewhat neglected. Old people often complain that Chinese New Year has lost its real meaning. To their astonishment, young people in China who are ignorant about Chinese traditional festivals are crazy about Christmas or Valentine' s Day.

There are several possible reasons for this phenomenon. First, western nations, such as the United States and Britain, are powerful and dominant in every aspect. Everything in these countries is assumed to be superior and adored by some modern young people. Second, the prevalence of English as a world language and the development of globalization enable western culture to prevail in China. Overwhelmed by such a trend, Chinese unconsciously get involved in western culture. Last but not least, some Chinese people have blind faith in foreign things while miss our own possessions with contempt.

I am critical of this trend. China boasts brilliant festivals and splendid traditions. In modern times, Chinese tradition should be preserved and promoted. But it seems that young people no longer treasure the traditions. On the contrary, they turn to pursue enthusiastically a supposedly more modern culture. If this trend is allowed to continue, the priceless heritage of our ancestors will be replaced by western traditions. Nobody expects such a consequence. So let’ s join hand in hand to protect Chinese tradition, especially traditional festivals.

第六，依据范围和具体要求让学生仿写，教师对学生的写作过程进行监督，同时为学生提供必要的帮助。

第七，成文之后，先让小组内两人之间相互批阅，再在小组内收集错误的句子并展示给全班学生，由班上一名学生更正，最后由教师提出规范性的建议。

第八，学生对自己的文章进行整理，然后定稿，最后由教师批改。

实践总结：首先，节日是学生非常熟悉的话题，关于中华民族传统节日与西方节日的对比和讨论能够有效激发学生的批判性思维。在文化的学习、讨论和辨析中，学生不仅能够习得文化知识，而且能够培养自身的民族身份意识及文化自觉，激发文化辨析意识。在对中西方文化的对比和讨论过程中，学生学会用正确的英语语言知识表达中国传统文化，并初步掌握用英语推广中国传统文化的能力。其次，本教学案例选择这一写作话题能够很自然地与学生的自身文化体验和实际感受联系在一起，使学生有事可写、有话可说，也使学生体会到了英语的实用性。再次，不同层次的任务安排和设计能使学生对单词、句子和语篇有一个全面的了解，有效丰富学生写作的素材。最后，相互批阅的形式不仅增加了学生多方位接触英语的机会，也培养了学生合作互助的意识。

第三节　跨文化教育下高校英语翻译教学与实践

翻译是语言与语言之间的转换，它有助于国与国之间的相互了解和沟通。翻译更是文化与文化之间的转化和交流，因为语言翻译离不开文化这一大背景。可以说，文化不同对语言之间的翻译起着重要的影响作用。因此，高校英语翻译教学应在跨文化教育视阈下开展。

一、高校英语翻译教学的意义

高校英语翻译教学是在学生的其他语言能力积累到一定程度之后开展的一项教学活动，其目的是培养学生的翻译能力，提高学生的综合语言技能。具体而言，高校英语翻译教学的意义表现为以下几点。

（一）有利于培养学生的翻译能力

使学生具备一定的翻译能力是高校英语翻译教学的基本目的。具体而言，翻译能力包含以下几个方面。

第一，双语能力。双语能力是指两种语言的语法和词汇、社会语言及语言的使用。

第二，非语言能力。非语言能力是指表述知识的能力，包括各种百科知识和文化知识。

第三，翻译专业知识。翻译专业知识是指翻译的运作知识和翻译实践活动的知识。

第四，专业操纵能力。专业操纵能力是指能够解决翻译中出现的问题的能力。

第五，心理生理素质。心理生理素质是指认知构成和认知能力，包括记忆、感知、情绪、逻辑分析及创造能力等。

在高校英语翻译教学中，学生的上述翻译能力会得到培养和加强，从而为将来的翻译实践做好准备。

（二）有利于巩固学生的综合语言能力

英语包括听、说、读、写、译五项技能。作为技能之一的翻译涉及两种语言的转换，所以学生在这一过程中会不自觉地运用之前学到的知识。通过笔译，学生可以巩固语法、词汇和语篇等知识。通过口译，学生锻炼了自己的听力能力、口语能力和交际能力。翻译教学的目的就是培养学生的翻译能力，而翻译能力就是综合语言能力的一种重要体现。因此，翻译教学可以巩固学生的综合语言能力。

（三）有利于培养学生的跨文化交际能力

翻译不仅是两种语言之间的转换活动，更是两种文化之间的沟通与交流，翻译与文化密切相关。因此，要想提高学生的翻译能力，除了要丰富学生的语言知识，还要开阔学生的文化视野，让学生了解中西文化差异，如此，学生的文化知识就会得到丰富，他们的跨文化交际能力也会得到培养。跨文化交际活动的有效进行离不开交际双方对彼此文化的了解，如果不了解文化方面的差异，就很容易引起误解，甚至冲突，而翻译教学可间接培养学生的跨文化交际能力。

（四）有利于满足社会对翻译人才的需求

在不同时代，社会对英语人才的需求也存在差异性。近年来，随着全球化的推进，国与国之间的交往更为紧密，这就需要翻译发挥中介与桥梁的作用。译者翻译得是否流利、准确，直接影响着交际的开展。因此，21 世纪对翻译人才的需求更大、要求更高。所以，开展翻译教学显得更为必要，不仅与 21 世纪的社会需求相符，也有助于培养高标准的翻译人才。

（五）有利于提高学生的英汉语言修养

学生在翻译时，不仅要保证译文的完整性并准确再现源语意义，还需要保证译语风格与源语风格的一致、译语修辞手段与源语修辞手段的一致。因此，通过翻译教学，教师可以引导学生关注这些层面，从而提升学生的英汉语言素养。

对于不同的文体，教师需要引导学生掌握不同文体的特色。例如，对于科普类语篇的翻译，教师需要告诉学生：译文应该做到简练，避免深奥、晦涩，让读者可以轻而易举地获取自己想要知道的信息。在学习翻译时，学生往往会进行多重训练，这对于他们提升自身的语言素养有着重要作用。

二、高校英语翻译教学中的文化差异

翻译不仅是语言间的转换活动，更是文化之间的信息交流活动。因此，跨文化交际对英语翻译教学具有不可忽视的影响，而能否正确解读英汉文化的差异也成为翻译成功的决定性条件之一。因此，在高校英语教学中要注意文化差异对翻译的影响。

（一）思维方式方面

在思维方式上，英汉民族有着显著的差异。英语民族擅长抽象思维，习惯用抽象的概念来表达具体的事物。汉民族习惯具体思维，常用具体的事物来表达抽象的概念。因此，在翻译实践中学生要根据译入语的思维习惯对原文进行改动。例如：

Is this emigration of intelligence to become an issue as absorbing as the immigration of strong muscle?

知识分子移居国外是不是会和体力劳动者迁居国外同样构成问题呢？

intelligence 的基本含义为“智力，理解力”，muscle 的基本含义为“肌肉，体力”。如果直接译为其基本含义必然会造成言语不通，所以译文并没有进行直译，而是灵活地将它们译为“脑力劳动者”和“体力劳动者”。

（二）物质文化方面的差异

物质文化涵盖的内容异常丰富，涉及人们生活的各个方面。在物质文化方面，中西方也有着显著的差异，而且给翻译造成了一定的影响。

以饮食习惯为例，西方人多以蛋糕、面包为主食，中国人多以面食、大米为主食。所以，a piece of cake 如果直译为“一块儿蛋糕”是不符合汉语表达习惯的，也会令人费解。在西方人的生活中，蛋糕是十分常见的食物，制作蛋糕和吃蛋糕都是小事一桩。而在中国，蛋糕虽并不稀奇，但人们很少自己制作，因此译为“小菜一碟”更加妥当。

总之，在翻译实践中要注意中西物质文化差异及其对翻译的影响。只有对中西方物质文化差异有一定了解，才能更好地进行翻译，更好地促进中西文化交流。

（三）风俗习惯方面的差异

在风俗习惯方面英汉差异非常明显，而这也给翻译造成了一定的影响。例如，在称呼方面，英语中无外乎 dad、mum、grandpa、aunt、uncle 等几种称谓，而且在许多情况下经常直呼其名。中国是礼仪之邦，称谓尊卑有别，长幼有序，区分得十分严格，有时一个称谓不止一种叫法。例如“妻子”，英语中只有 wife 一种叫法，但汉语中则有“老婆”“爱人”等多种称呼。再如，“我的外祖父去世了，而外祖母、祖父、祖母却活到了 80 岁以上”应译为“My maternal grandfather died, but my other three grandparents all lived to be over eighty.”。

三、跨文化教育视阈下高校英语翻译教学的方法

在跨文化教育视阈下，高校英语教师应重视对学生文化知识的传授，以提高他们的文化意识，提升翻译能力，培养跨文化交际能力。具体而言，教师可采用以下几种方法开展翻译教学。

（一）文化导入法

翻译与文化之间的紧密关系是不言而喻的，所以在翻译教学中，教师有必要为学生导入一定的文化知识，以提高学生的文化素养，为翻译实践打好基础。

1. 比较法

比较法是指对英汉民族文化进行比较分析，将学生的英语运用能力和跨文化能力结合起来进行培养，使学生在掌握语言知识的同时吸收一定的文化知识，从而培养跨文化意识。例如，在涉及“狗”的句子的翻译时，就要对英汉民族中“狗”的文化含义进行分析。在西方国家，人们将狗看作朋友，对其十分钟爱，所以关于狗的表达多具有褒义。而在中国，与狗相关的词语多为贬义词。如果对英汉文化差异缺乏了解，就很容按照汉语思维进行翻译，进而造成误译。

2. 专题讲座法

专题讲座法就是指不定期邀请一些专家或外教开展关于西方文化的专题讲座，并针对学生学习中遇到的文化难题进行分析和总结。专题讲座的特点与优势十分明显，它时间集中，信息量大，能有针对性地解决学生的文化难题，对于学生全面认识西方文化、提高文化敏感性十分有利。

3. 课外补充法

不可否认，课堂教学是学生获取翻译知识、提高翻译能力的重要途径，但课堂时间毕竟有限，加之翻译课时较少，所以学生很难通过课堂教学全面掌握和运用翻译知识。因此，教师可充分利用课外时间来引导学生自主学习，如鼓励学生在课外阅读英美书籍，观看英美原声电影，或通过网络查阅与学习相关的资料等。这样可以在激发学生自主学习的同时，增强他们思考问题、分析问题和解决问题的能力，进而有效培养其翻译能力。

（二）文化翻译策略讲练法

翻译与文化紧密相关，在具体的翻译过程中时常会涉及文化翻译问题。因此，为了让学生能够通过翻译有效地进行跨文化交际，教师应向学生讲授文化翻译知识和翻译策略，并让学生展开积极练习。

1. 归化策略

归化策略是一种常见的翻译策略，它以目的语为中心，主张用目的语来代替原文中相异于目的语的要素，从而确保译文通俗易懂。在采用归化策略时，译者会以目的语读者为中心，常采用自然流畅的本族语言来进行翻译，这种翻译策略可使译文更加生动地道。例如，“The man is the black sheep of family.”如果直译为“那人是全家的黑羊”会使人非常费解，但译为“害群之马”，其意思便十分明了了。

归化策略在消除文化隔阂方面发挥着独特的作用，尤其是当目的语中找不到与原文相对应的表达时。

例如：

You seem almost like a coquette, upon my life you do—they blow hot and cold, just as you do.

你几乎就像一个卖弄风情的女人，说真的，你就像——他们也正像你一样，朝三暮四。

原文中的 blow hot and cold 字面意思是“吹热吹冷”，但这样翻译显然是不正确的。实际上，这一表达源自《伊索寓言》，是指一个人对爱人不忠实。采用归化策略将其译为“朝三暮四”，能更清晰地表达其含义。

再如：

Both of them always go Dutch at the restaurant.

他俩在饭店一向各付各的。

这句话直译是：“他俩在饭店一向去荷兰。”这样的翻译让译语读者不知所云，go Dutch 在原文中是带有文化色彩的词语，因为荷兰人喜欢算账，无论和别人做什么事，都要同对方把账算得清清楚楚，所以逐渐形成了 let' s go Dutch 的俗语。可见，采用归化法使译文读起来比较地道和生动。

2. 异化策略

异化策略是以源语为出发点、以原作者为中心的一种翻译策略，主张保留源语中富有特色的语言表达方式，从而使读者切实感受源语的民族特色。异化策略有利于保留不同民族之间的差异，保持源语的语言特色和文化内涵。例如，一些词汇原本在汉语或英语的语言系统中是不存在的，后通过异化策略翻译，一些具有浓郁异国文化特色的词语不断被不同文化背景的人们所接受，并广泛传播与运用。可见，采用异化翻译策略丰富了不同民族的语言，使得不同民族间的交流更加频繁。下面列举一些英语和汉语中采用异化策略处理的词语。

功夫 kong fu

因特网 internet

酸葡萄 sour grapes

洗手间 wash hands

再看下面几个例子。

The town’ s last remaining cinema went west last year and it’ s now a bingo palace.

这个城镇留存的最后一个电影院去年也倒闭了，现在它成了一个宾戈娱乐场。

I have a dream that one day even the state of Mississippi, astate sweltering with the heat of injustice, sweltering with the heat of oppression, will be transformed into an oasis of freedom and justice.

我梦想有一天，甚至连密西西比州这样一个充斥着不公和压迫而酷热难当的荒漠之洲，也将变成自由和正义的绿洲。

上述译文采用了异化策略，有效保留了原文的文化特色，有利于读者对其有直观的感受和认识。

3. 归化与异化互补策略

归化策略与异化策略是相对应的翻译策略，二者均有自己使用的范围。但有时在翻译文本时只采用一种翻译策略是很难译好文本的，还需要将二者互补并用，从而更好地进行翻译。

实际上，归化策略和异化策略二者并不矛盾，而是各具优势、相辅相成的。因此，译者在翻译过程中，根据具体语境综合运用这两种翻译策略，从而使译文既保留本民族文化特色，又便于读者理解。

例如：

I gave my youth to the sea and I came home and gave her(my wife)my old age.

我把青春献给了海洋，等我回到家中见到妻子的时候，已经是白发苍苍。

四、跨文化教育视阈下高校英语翻译教学的实践

翻译本身就是一种跨文化行为，或者说是一种不同文化间的对话，在不同语言文化体系间进行语码转换，同时传播另一种文化。因此，翻译教学是跨文化教学的重要组成部分，而翻译教学实践的有效性是决定跨文化教学质

量的关键要素。从中西方文化和思维方式差异的角度解析翻译错误，有助于促进翻译教学实践的展开并提升跨文化教学的成效。

下面通过一则具体教学实践案例来对高校英语翻译教学进行整体把握。

教学任务：收集、展示城市问题标识语，找出其错误并从文化差异和思维差异的角度进行分析，从而探究统一、规范的标识语翻译。

教学目的：探究出现翻译错误的原因，使学生掌握标识语的正确翻译方法。

教学形式：小组活动、师生互动。

教学流程如下。

第一，提前一周通知学生以小组活动的方式，拍摄生活环境中有问题的英文标识语。

第二，上课之前，教师可让学生展示问题标识语，并让学生找出问题所在。

第三，根据发现的问题，教师将学生分成若干小组，并组织学生对问题标识语进行分类讨论，然后每个小组派出代表汇报小组讨论情况。

第四，学生汇报完毕后，教师可对问题进行总结，从东西方文化差异、思维方式和民族心理因素等方面引导学生。

第五，以小组为单位，组织学生对中西方文化差异和思维差异进行分析讨论，并以此为基础找出翻译错误出现的原因。

第六，学生阐述完毕后，教师可引导学生使用之前掌握的翻译方法（直译、意译、增减词、分合译等），从中西方语言文化对比分析角度出发，提出问题标识语的修改意见，并达成共识。

第七，为了切实提高学生的街头标识语翻译水平，教师可组织学生就“如何向有关部门提出改进建议和解决措施”这一问题进行小组讨论，一方面使学生意识到标识语翻译的重要性，另一方面也对城市文明建设起到了促进作用。

实践总结如下。

首先，上述教学实践围绕“课堂讲授现场化、能力培养项目化、翻译资源本土化”的课程目标，让学生走向市场，在实践中获得翻译学习的动力；注重培养学生的合作探究精神；注重课堂教学和地方经济发展的翻译人才培养的结合；提出标识语翻译规范化的建议，对国内众多城市的国际化建设具有现实意义。其次，本教学实践以跨文化交际理论为教学理念和指导原则，采用了以跨文化教学为导向的翻译教学策略，在教学实践中充分考虑到翻译的受众与源语群体在文化背景、思维习惯、文化风俗等方面的差异，顺应了英语语言文化和思维习惯，达到了跨文化交际的目的，有效完成了跨文化翻译教学的任务和计划。

第九章　跨文化教育下大学英语听力与口语教学及实践

听力与口语是英语学习过程中的两项重要技能，前者属于输入技能，后者属于输出技能，它们都是高校英语教学的重要内容。在跨文化教育视阈下，高校英语听力与口语教学的主要目的是提高学生的听力与口语水平，培养学生在跨文化背景下的交际能力，从而顺利实现跨文化交际。

第一节　跨文化教育下大学英语听力教学与实践

一、高校英语听力教学的意义

（一）帮助学生巩固语言知识

教师通过听力教学可以帮助学生巩固英语语言知识，并进一步帮助学生建构自己的知识体系。众所周知，听并不是盲目地听、随意地听，它其实是一个信息处理的过程。在听的过程中，有两个方面是不可忽视的：一是对语言信息的理解，二是对语言信息的输出。可见，通过听力教学，学生既可以训练自己的听力能力，也可以理解信息、掌握语言的规则，从而实现对知识的构建。

（二）帮助学生形成英语思维

良好的英语思维与英语语感对于学生的英语学习而言至关重要，而要形成良好的英语思维和语感，就需要大量的听力训练。通过英语听力活动，学生可以熟悉英语的表达习惯，分析中西语言差异，进而学习和形成英语思维。英语思维的形成反过来又能促进英语听力的顺利进行，并能提高英语说、读、写、译能力。

（三）有助于提高学生的语言运用能力

听是一种语言输入活动，听力教学是语言输入的重要途径。通过听力教学，学生可以对语言的声音符号信息进行辨别和重新组合，进而准确理解所输入的语言信息。这种听力输入活动为以后的语言运用奠定了坚实的基础。听力是提高口语表达能力和写作水平的基础，只有进行足够的语言输入，才能有效进行语言输出。总体而言，英语听力教学能够提高学生的语言运用能力。

二、高校英语听力教学中的文化差异

（一）语言差异

1. 词汇差异对英语听力教学的影响

词汇是听力理解的基础，很多词汇都有着丰富的文化内涵。因此，听力过程中必然涉及对词汇及其含义的编码与解码。众所周知，听力过程很短暂，学生听的机会转瞬即逝，因此需要在极短的时间内快速进行编码和解码。此时，如果学生不了解词汇的内涵，同时受母语思维的影响，就会形成文化的负迁移。例如，drugstore 和 grocery 的字面意思分别是“药店”和“杂货店”，但实际上它们与汉语中的“药店”和“杂货店”不完全相同。学生只有了解词汇及其背后的文化知识，才能顺利进行解码。

2. 语篇差异对英语听力教学的影响

语篇差异对学生听力学习的影响也是显而易见的。学生在听力中经常会遇到这种情况：一段话每个单词都听明白了，但是仍不理解语篇所表达的意思。其实，这是因为学生不了解语篇文化的内涵。鉴于词汇和语篇差异对听力教学的重要影响，教师在听力教学中应向学生多介绍中西词汇和语篇间的差异，并提醒学生多加注意。

（二）价值观差异

因文化的不同，英汉价值观念、审美观念等有着很大的差异，如果不了解英语民族的价值观念以及英汉价值观念的差异，将会给听力造成很大的负面影响。以下通过例子来进行说明。

Jack: I can’ t decide whether to take the car to the garage or just to buy a new one.

Mike: If you buy a new car, you’ ll probably save money in the long run.

在西方国家，买新车的费用并不是很高，但是修车的费用非常高。如果对这一社会现象不了解，则很难理解 Mike 所说的“从长远利益来看，买新车要比修车划算”。中国人素来讲究勤俭节约，认为东西坏了修补一下可以继续使用。可见，中西方的价值观念有着巨大的差异，而这些差异对学生的听力理解有着重要的影响，所以学生在听的过程中首先要了解西方人的价值观念，并学会用英语思维来思考问题。

三、跨文化教育视阈下高校英语听力教学的方法

（一）文化导入法

在高校英语听力课堂教学中，教师可采用文化导入法进行教学，具体可以采取下面几种方法。

1. 通过词汇导入

通过上面的介绍可知，词汇差异对听力活动的影响是非常大的。所以，教师在扩大学生词汇量的同时，要注意向学生讲解词汇背后的文化内涵，丰富学生的文化知识，为听力活动打下坚实的词汇基础。

2. 通过习语导入

习语作为语言的精华，是人类智慧的浓缩，在人们的生活中发挥着重要的作用。每一种语言中都含有大量习语，人们在日常生活中也会经常用到习语，因此在听力教学中，教师要注意随时向学生导入一些英语习语，帮助学生积累更多的习语，为学生顺利进行跨文化交际奠定良好基础。

3. 通过习俗导入

教师在听力教学中还要注意提醒学生多了解一些基本的习俗文化，如打

招呼、称呼、感谢、赞扬、谦虚等，这些对学生听力能力的提高大有裨益。

（二）任务型教学法

在英语听力教学中，教师可采用任务型教学法开展教学。任务型听力教学通过完成真实的听力任务来培养学生的听力理解能力，在完成任务的过程中，可充分发挥学生的认知能力，使学生在积极参与、互动、合作的过程中发展自身的听力能力，同时培养自主学习能力、合作意识和探索精神。任务型听力教学强调学习任务的真实性，具体包含以下三个阶段。

1. 听前任务阶段

听前任务阶段又称准备阶段，这一阶段的主要作用是激活与听力相关的背景知识，为下一步的听力教学打好基础。通常来说，背景知识包括形式背景知识和文化背景知识。形式背景知识是指涉及语言本身的知识，如文章文体、类型、组织结构等。文化背景知识是指不同国家与社会的文化内容。

2. 听中任务阶段

听中任务阶段是任务型教学的最重要阶段，学生在这一阶段要获悉文章大意、获知文章的主要信息。为了提高学生的听力水平，教师可以设计一些细节问题，让学生重复听录音之后口头回答；也可以准备一些没有标准答案的问题，鼓励学生进行讨论并发言。

3. 听后任务阶段

这一阶段也是一个重要环节，目的是检查学生对任务的完成情况，并分析学生出现错误的原因，提醒学生注意改正。此外，培养学生在理解的基础上提取信息的能力也是这一阶段的主要任务。

（三）微技能讲练法

1. 听前预测

听前预测在听力理解中十分重要，教师在听力教学中应该重视听前预测手段的教授。听前预测需要教师引导学生在听力练习之前先熟悉一下测试题，了解题目所考的范围，如人名、地点、数字等。

例如：

A.In the restaurant.

B.In the library.

C.In the dormitory.

D.In the classroom.

上述四个选项都是地点，因此听力材料播放之前，学生就应该对这几个选项进行熟悉，在听力材料播放中主要关注地点。听力原文如下。

M：I' m exhausted today. I' ve been here in the classroom all day reading and doing my homework. What about you?

W：Not too bad. But I' m hungry now. Let' s go to the restaurant, shall we?

Q：Where does this conversation take place?

由于学生在听力材料播放前便已经进行了预测，因此在材料播放中便能收放自如地进行分析，并自觉关注材料中出现的地点。

2. 抓听要点

在听力中抓住要点十分重要。交际是交际者在交际目的的作用下进行的言语活动，在听力教学中，教师应该教授学生抓话语要点的方法，会话中注意信息的侧重，详听主要内容、主要问题、主题句和关键词，略听无关紧要的内容。

3. 猜测词义

猜测词义是听力微技能教学的重要方式。在听力实践过程中，听者往往很难完全听明白材料中的每一个词，此时就可以根据上下文等进行词义猜测，从而更加顺畅地理解材料内容。

在听力实践过程中，切忌一有生词就打断思路，应该从整体听力活动入手，综合使用词义猜测技巧，以保证听力活动的顺利进行。

4. 边听边记

听力活动具有速度快及不可逆转的特点，很多对话都发生在很短的时间内，留给听者的考虑时间很少。在听力考试中遇到十分冗长的材料和较多的干扰选项时，就需要听者结合听力特点，学会记笔记。

在听力教学中，教师应引导学生养成边听边记的好习惯。由于听力时间有限，因此听力笔记不需要十分整齐，只要听者自己能够看懂即可。教师在教学中应该教授学生掌握一些简单的记录符号与缩写。

四、跨文化教育视阈下大学英语听力教学的实践

上面讨论了英语听力教学的意义、文化差异对英语听力教学的影响及在跨文化交际背景下行之有效的教学措施。这里结合这些内容，介绍一个高校英语听力教学实践案例供师生参考。

本实践是在跨文化教育背景下，通过小组合作和小组讨论，以京剧为主题，介绍相关的语言文化知识，包括京剧的起源、道具、音乐，角色和虚拟性等主要内容，从戏曲学习的角度丰富学生的京剧文化常识，同时进行相关语言技能运用的训练。在教学中，教师不仅要让学生学会与京剧相关的词汇，还要通过技能训练提高学生泛听和精听的能力，并进一步通过小组讨论、课后作业等环节，培养学生运用英语表达、传播京剧这一中国传统文化的能力。具体的教学流程如下所述。

（一）引入主题

这一环节主要涉及以下四个步骤。

第一，让学生就“京剧”这一主题展开讨论。

第二，运用图片介绍京剧大师梅兰芳。

第三，欣赏梅兰芳表演的《霸王别姬》（*Farewell My Concubine*）的一个精彩片段。

第四，观看短片之后，引导学生回答问题：“Who are the hero and heroine in video?”。

（二）听前准备

听前准备包括以下几个环节。

1. 基本知识

在这个环节中需要学生对京剧的基本知识进行讨论，具体步骤如下所述。

第一，给学生提供一些京剧表演所使用的道具的图片，让学生根据图片认识道具。

第二，组织小组竞赛，内容主要涉及京剧的起源、服装、角色、乐器和舞台虚拟性。具体操作步骤如下所示。

Divide the whole class into two groups.

State the rules: students should answer the questions incomplete sentences.

Each student can answer two questions at most.

Allow students to have enough time to prepare for the work.

Encourage students to work together for the answers. Have the two groups take turns to answer the questions. Announce the final result of the game.

2. 学习新单词

第一，结合语境、图片提示及英语释义逐个讲解新单词。

mask: something that covers one' s face.

costume: the clothes worn in a play or a film.

acrobatics: movements of one' s body in a skilful way.

treasure: something with special value.

combine: mix two or more things.

词组提示。

句子情景提示。

第二，要求学生在有限的时间内背诵单词。

第三，要求学生根据图片复述单词。

第四，要求学生完成练习，用所给单词补全句子。

（三）听力活动

在听力活动阶段，教师可以通过下列步骤组织课堂教学。

第一，引导学生注意使用听前预测的策略，即通过预览问题预测听力材料的内容。

第二，根据问题，帮助学生找出关键信息。

What skills, where, why loud music and why brightly colored costumes.

第三，改编教材中的听力题目，给学生展示另外一种形式的听力任务。

第四，听第一遍录音，要求学生掌握文章大意。

第五，听第二遍录音，要求学生找出关键信息，并将其记录下来。

第六，处理上述听力练习，要求学生回答问题。

（四）听读教学

在听读教学阶段，教师可进行以下教学活动。

第一，提问有关阅读材料的问题。

What do you think the people in these pictures are doing?

How many people can you see in the picture?

How many people do they represent on the stage of Beijing Opera?

第二，安排学生听材料内容。

第三，利用图片解释阅读材料的内容。

Though we can' t see a real city, we know that people are in a city from the virtual city wall.

Moving with a peddle in the hands stands for boating. Having two flags on each side of a person represents being in a carriage.

第四，处理以下问题，进一步解释听力阅读材料的例子。

① What does the stage look like in Beijing Opera?

Answer: Very simple.

② What kind of role do symbols play in Beijing Opera?

Answer: Symbols play a very important role in Beijing Opera.

（五）小组讨论

小组讨论是英语听力教学的重要环节，下面通过一个例子对这个阶段进行说明。

第一，对比京剧的国际地位和国内年轻一代对京剧的冷淡态度。

① Beijing Opera has been performed in many countries, such as America, Britain, Italy and Japan.

② Many countries have stamps of Beijing Opera, such as Singapore and Korea.

③ Foreigners show their interest in Beijing Opera; they even learn to perform it.

第二，给学生提供三个讨论话题。

① Beijing Opera doesn' t seem to be popular with young people in China. What will its future be like? How important is Beijing Opera? What can be done to protect it?

② Compare Beijing Opera with popular music.

③ Do you like Beijing Opera? Why or why not?

第三，将学生分成几个小组，选择上述任一话题进行讨论。

第四，给学生提供机会表达小组讨论结果。

第五，对小组讨论进行总结、评价。

（六）布置作业

在英语听力教学之后，教师可以适当布置英语听力教学的作业，巩固英语听力课堂教学的效果。

例如，要求学生完成以下作业。

① Visit the teacher' s website for further information about the topic.

② Write a short passage based on the discussion.

实践总结：本教学实践共包括五部分内容：听力主题相关的文化知识学习、听力词汇学习、听力技巧训练、听力阅读理解和听后话题的反馈。教师在充分考虑学生的总体情况、培养正确的中国传统文化观念及学生之间的个体差异、学生学习心理和学习的难点等因素的基础上设计这节听力课。本教学实践采用多种活动方式引导学生更好地进行学习，如分组讨论、小组比赛、情景设置、图文结合等。

本设计主要特点包括：通过小组合作学习，发挥集体的力量，提高学生学习效能，与此同时培养学生的团队协作意识；充分、合理地利用多媒体辅助课堂教学活动的顺利开展，激发学生的学习兴趣，为课堂学习增添色彩和乐趣，活跃课堂气氛；根据学生的个体差异，设计不同的任务，获得最佳的课堂效果；鼓励学生自主组织课堂活动，进行合作探究；在教学环节中贯穿中国传统文化知识的输入，提高学生的传统文化素养，并逐步培养其运用英语对外传播中国传统文化的跨文化交际能力。

第二节　跨文化教育下大学英语口语教学与实践

一、高校英语语教学的意义

（一）口语是语言能力的重要部分

口语能力在很大程度上体现着一个人的语言水平，因此为了提高学生的英语能力，口语训练是必不可少的。如果忽视学生的英语口语交际能力，势必在很大程度上影响英语教学的效果。

（二）口语学习有利于其他语言技能的提升

首先，口语教学能促进阅读教学效果的提升，因为口头复述、课文朗读等都需要口语的参与。

其次，口语教学能促进学生写作能力的提高。通常来说，如果学生口语能力较强，其写出来的文章也不会差。可见，写作能力的提高也离不开口语教学。

二、高校英语语教学中的文化差异

（一）词汇文化差异

要想清楚表达自己的思想，学生首先需要掌握大量的词汇。同时，由于不同语言所处的文化背景不同，因此词汇的文化内涵有时会表现出很大的差异。对此，在英语口语教学中，教师应有意识地向学生介绍词汇文化之间的差异，丰富学生的词汇文化知识，为学生的口语表达奠定基础。

以 wink 一词为例，英语里关于 wink 的习语有很多，教师可以将这些习语有意识地导入口语教学中。例如，现代社会很多人都有失眠的经历，“I didn’ t sleep a wink last night.”（我昨晚一夜都没合眼），这里的 wink 是“眨眼”的意思，但是 forty winks 的含义并不是“眨四十下眼睛”，而是“小睡”。教师可以通过此类习语引导学生将其巧妙地运用于自己的口语交流中。

（二）社交文化差异

中西方社交文化存在诸多差异，这些差异对口语交际及口语教学的影响是显而易见的，其直接影响着口语交际者在交际过程中的应答或反应。这里主要从以下几个方面介绍中西方社交文化差异。

1. 寒暄

中国人初次见面时常常会问及对方的年龄、工作、家庭情况等，如“你今年多大了”“你是做什么工作的”“你结婚了吗”等，有时也会表现出对对方的关心，如“你脸色不太好，是不是不舒服？”“你好像瘦了，要注意身体啊”等。在平日的寒暄中，中国人通常会说“去哪啊”“吃饭了吗”等。但是对于西方人来说，如果他听到“吃饭了吗”，会以为对方要请他吃饭，从而产生误会。

英国人见面寒暄时往往不会谈论个人的年龄、收入、家庭情况、住址、信仰等问题，因为这是个人隐私。他们通常讨论的话题是天气，这是因为英国的天气变化无常，有时一天中甚至会出现犹如四季的变化，导致人们对天气产生了一种特殊的感觉。总之，学生在跨文化交际过程中应多了解这些不同的文化背景，避免因涉及个人隐私问题而引起别人的反感。

2. 称赞

在称赞或对称赞的反应方面，中西方存在区别。

例如：

A（美国外教）：Hi, you have a pair of beautiful shoes.

B（中国学生）：Thank you, my friend bought them for me in Shanghai. Do you like them?

A：Oh, yes. They look very comfortable.

B：Well, if you like them, I' ll ask my friend to buy another pair for you.

上述对话中，美国外教只是想礼貌性地称赞一下对方的新鞋子，因为西方人认为对他人的新服饰或打扮表示欣赏是良好修养的一种表现。但中国学生并不了解这一点，而是热情地要为对方买一双一模一样的鞋子，这种交流往往使双方哭笑不得。

3. 客套

中国人一般很注重形式，讲究礼仪。西方人多是直线性思维，讲究效率和价值，没有过多的顾虑，不像中国人那样注重形式。

4. 关心

在跨文化交际中，中国人往往会出于善意表达对对方的关心，但由于文化差异，反而会惹得对方不高兴。如下面两段对话。

例 1：

A（中国人）：Put on a sweater. Otherwise you' ll get a cold.

B（中国人）：OK, Mom.

例 2：

A（中国朋友）：Hi, it' s so cold today, why do you only have a T-shirt? Aren' t you cold?

B（美国外教）：I' m fine.

在上述第一个小对话中，中国学生自然而然地接受了妈妈的关心。在第二个小对话中，中国学生也是按照中国的习惯想表示自己对朋友的关心：天冷了多加件衣服。但是这对于美国人来说是让人难以接受的，因此其只是简单地回应“I' m fine.”。这是因为在西方人看来，穿衣打扮纯属个人喜好，他人如此“关心”等于在说自己不能自立，这对于崇尚个性独立的美国人来说是很难接受的。可见，这样的对话最后只能导致双方不欢而散。

5. 迎客

中国人深受孔子思想文化的影响，非常重视礼仪。当有尊贵的客人来访时，主人通常会出门远迎，在见面时会采用握手礼，在一些较为庄重的场合甚至要行鞠躬礼，问候语也有很多。例如：“欢迎！欢迎！”“别来无恙？”“与您见面真是三生有幸！”“您的到来令敝舍蓬荜生辉。”

西方人除了在外交场合会出门远迎客人，在一般的场合都没有这种习惯。此外，西方人也多采用握手礼，在一些庄重的场合还要行拥抱礼或吻颊礼。问候语通常是“How are you?”或“Glad to see you again.”。

6. 道别

与迎客时相同，在道别时中国人也常常会远送。客人和主人互说一些叮嘱的话。最后，客人通常会说“请留步”，主人说“走好”“慢走”“再来”等。“送君千里，终须一别”就描写了主人与客人之间依依惜别的情形。

西方人在道别时并不会如此注重形式，双方示意一下、做个再见的手势，或说“Bye.”“See you later.”“Take care.”即可。

7. 答谢

在收到别人的感谢时，常常需要答谢。这是一种礼貌的行为，能够维持良好的人际关系。但中西方在答谢方面体现出明显差异。

具体来说，中国人在答谢时往往会说“不用客气”“别这么说”“过奖了”“这是我应该做的”等，以表示谦虚。但如果与西方人交往时回答“It' s my duty.”就不妥当，因为“It' s my duty.”的意思是“这是我的职责所在”，是不得不做的。

此外，中国社会推崇“施恩不求报”的美德，因此人们在被答谢时往往推脱不受，对受惠者给予的物质回馈或金钱奖励常常当场拒绝，实在无法拒绝而收下时也会说“恭敬不如从命”。

西方人对待别人感谢之辞的态度与中国人有很大的不同，他们常常会说“Not at all.”“It’ s my pleasure.”“Don’ t mention it.”，或“You’ re welcome.”。在收到物质回馈或金钱奖励时也往往高兴地接受，他们认为这是对自己善举的肯定和尊重。

8. 宴请

宴请是每个社会和群体中都存在的，但由于文化不同，往往会产生不同的宴请方式，学生对此应当多加了解，为以后的跨文化交际打好基础。

中国人历来重视礼仪和形式，讲究礼尚往来，在受到别人的帮助后出于感谢，会请客吃饭，宴席举办前会发请帖以示尊重和敬意。宴席之日，东道主会在门口亲自迎宾。宴席开始后，席间的客套话也有很多，如“略备薄酒，不成敬意”等，主人向客人敬酒，客人回敬。此外，中国人十分重名声，因此宴席往往会尽力操办。近年来，中国倡导厉行节约，反对铺张浪费，引导人们珍惜粮食，得到民众的支持，并引发了一场“光盘行动”，这有利于节约资源、保护环境，有利于弘扬中华民族节约的传统美德，并推动社会进步。

西方人在进行宴请前通常会向客人发出电话或口头邀请，将具体的时间、地点和活动内容等说明清楚，并请求对方给予答复。西方人认为没有说明时间、地点和活动内容的邀请就不是真正意义上的邀请，因此非常重视对方的回复。受邀者通常也会明确拒绝或爽快答应，并表示谢意。

此外，西方人在安排宴席时更看重饮宴现场的情调。他们会进行精心的布置，选择静谧温馨的、新颖奇特的或是热烈火爆的场所。饮宴的形式多以自助餐、酒会、茶话会等为主，客人十分随意，没有过多的客套话，主人也仅会说一句“Help yourself to some vegetables，please.”，此后客人便可以自由吃喝。在饮宴结束离开时，也只是轻握一下手或点头示意即可。

三、跨文化教育视阈下高校英语语教学的方法

（一）文化渗透法

众所周知，语言是文化的重要载体，语言直接反映文化。由于每种语言

都处于不同的文化背景中，因此需要结合文化来理解语言的具体含义。教师在口语教学中可以进行归纳总结，通过在教学中渗透英语文化来快速提高大学生的英语口语表达能力。具体来说，教师可以采取以下几种方式。

1. 文化对比法

在高校英语口语教学中，教师可以通过对比英语文化与母语文化来提升学生对英语文化的理解程度，培养学生的跨文化意识。教师可以首先向学生传授中西方文化的各种差异，然后指出学生在交流中容易犯的错误，并表明这些错误正是不注意中西方文化差异造成的。在反复对比和讲解中，学生既了解了英语和汉语及中西方文化间的差异，又了解了这些差异对交际产生的重要影响。通过了解，学生在交际过程中便能养成尊重不同文化的习惯，并具有正确处理语言与文化的关系的能力。

2. 教师引导法

教师在口语教学及与学生的交流中应当时刻注意进行有效的引导。特别是在学生产生交际障碍时，教师及时进行启发性的引导，既充分尊重了学生的主体性地位，又发挥了教师的主导作用，同时对学生进行了文化知识的熏陶，激发了其学习和运用语言的兴趣。

3. 交流学习法

大学生经过几年的英语学习，一般已经有了一定的英语水平，有的学生也有一些跨文化交际的经历。教师可以充分利用大学生的这些特点开展课堂交流，通过交流促进学习。

第一，教师可以在课堂上为学生创造有效的英语口语交流环境，设定明确的交流主题，让学生沉浸在有效的英语语言交流氛围里。

第二，教师可以将学生分成几个小组，开展小组讨论活动，让学生交流他们在语言学习上的困难，分享跨文化交际的经验。学生在交流中可以发现自身存在的错误并及时改正，还能通过学习跨文化交际中涉及的文化因素，避免在以后的交际过程中出现文化差异因素引起的交际失误。

4. 情境设置法

在英语口语表达练习中，教师可以为学生创设真实的交际情境，使学生在真实的情境感觉中自觉选择使用不同的语体来表达自己的思想感情。

在情境设置法中，教师可以运用角色扮演法来进行口语教学。活动结束后，教师在了解学生的分享结果后可以有针对性地讲述相关的英语文化常识，从而更好地帮助学生掌握文化知识。

（二）文化植入法

1. 什么是文化植入

“植入”最初是医学用词，现被广泛应用于非医学方面，其中用得最多的概念是“植入式广告”。在英语口语教学中，文化植入与广告植入的理念类似。具体来说，如果让人们直接看广告，即使广告再精彩，看多了也会厌烦，起到适得其反的作用。文化学习也是如此，如果只是生硬地开设文化课，学生会因为文化内容的高深而退却，从而失去学习的兴趣和动力。因此，在英语教学中植入文化，也许能对学生产生潜移默化的影响，从而加深他们对文化的印象，同时产生学习文化的兴趣，最终提高口语学习的效果。

2. 文化植入需遵循的原则

教师在选择文化植入的内容时要遵循一定的原则，具体来说主要有以下几条。

第一，植入的内容在精不在多。在口语教学中，教师在进行文化植入时要注意找到一个恰当的“切入点”。因为文化知识背景复杂、内容繁多，通过“切入点”的“植入”，不仅可以激发学生对相关文化内容的兴趣和关注，也有助于学生对口语进行学习和操练。一旦打开文化世界的大门，学生会自己主动学习。

第二，植入的内容在适合而不在难度。换句话说，植入的内容要符合学习者的兴趣爱好，深入浅出，切实帮助学生提高口语水平。首先，教师要充分了解学生的兴趣所在，并找到学生感兴趣的文化内容。其次，教师要在深入了解植入内容的基础上，尽量通过直观、简易的方式将其呈现出来。如果植入的文化内容做不到“深入”，文化内容过于肤浅，便没有了“植入”的意义；如果做不到“浅出”，就需要学生花费很多时间进行理解，那么文化植入不仅不能帮助学生进行口语学习，反而会成为学生学习过程中的阻碍，严重的甚至会削弱学生的学习兴趣。

第三，植入的内容应服务于口语教学。文化植入的一切内容都要围绕口语教学进行，并与主题紧密相关。这是因为文化植入的最终目的是帮助学生更好地应用口语，掌握口语课的教学内容，所以文化植入的内容一定要凸显服务功能。

3. 文化植入的具体方式

文化植入并不是生硬地插入，否则就和一般的文化课程就无异了。教师在教学中要采用合适的植入方式，将内容很自然地融入教学中，使其服务于口语教学，这里要注意不能喧宾夺主，而是要起到潜移默化的作用。具体来说，文化植入的方式主要有以下两种。

（1）直接呈现

直接呈现是指教师选择一些与教学内容密切相关的文化主题，然后在课堂上将其直接呈现给学生，并引导学生理解这个文化主题。教师在呈现时，可以通过一定的手段将其导入教学内容，如借助多媒体教学设备进行呈现。

例如，在教学有关建筑物的口语课堂上，有很多关于建筑的描述和表达方式需要呈现和练习。此时，教师可以利用多媒体设备，向学生展示不同建筑的时代背景、风格特点等，同时融入教学要求掌握的一些表达方式。在课堂上导入教学主题，引导学生了解和学习，并使用所学内容进行操练。通过呈现，学生了解了不同建筑的风格后，在其表达练习中会更有针对性，也更容易加深印象、掌握知识。

（2）间接呈现

间接呈现是指教师根据教学要求和学生实际情况灵活设计一些小活动，如游戏、竞赛等，并将文化内容有效植入这些活动。例如，在有关商务用餐的口语表达学习中，教师要植入“酒文化”。在学生经过前期学习，对酒文化有一定了解的基础上，教师可以组织“抢答竞赛”的小活动。具体来说，教师可以设计一些实用又有趣的英文选择题供学生抢答，每题结束后再结合直接呈现方式，通过图片或视频等向学生介绍该题所包含的文化内涵。学生在互动中锻炼了自身的口语能力，同时拓宽了知识面。

（三）多媒体教学法

多媒体教学法是随着近年来多媒体的应用而逐渐发展起来的。在英语口语教学中，如果能有效采用多媒体开展教学，将会使学生置身于真实的语言环境中，为其学习提供大量语言信息。近年来，慕课教学作为一种在线教学与学习方式得到越来越广泛的应用。所谓慕课，即大型开放式网络课程（massive open online courses, MOOC），它并不是网络资源的简单堆砌，而是以主题的方式对教学资源进行科学的呈现。

1. 仿真对话教学

具体来说，仿真对话教学是指由专业的英语教师直接与学生进行模拟对话，帮助学生提高口语能力。在对话过程中，教师可以提出问题，增强学生对口语仿真训练模式的直观感受，帮助其提升口语学习效果。

2. 为学生的口语练习提供平台

在慕课教学中存在海量的资源，且这些资源以共享方式被提供给学生，学生只需登录就可以进行口语学习。这些资源内容丰富并具有很强的即时性，能帮助学生开阔视野、拓展思维。

四、跨文化教育视阈下高校英语语教学的实践

通过上述讨论可知，中西方文化的诸多差异对英语口语教学产生了重要影响，教师需要结合文化因素，采取适当的教学方法。这里介绍一则口语教学案例，供师生参考。

本教学实践属“写作探究式”口语教学，以“旅游”为话题，训练学生的口语表达。在开课前，教师可借助图片、视频材料等帮助学生掌握一些旅游方面的知识与单词。学生通过对自己旅行经历的描述，了解各地或各国的风俗习惯。旅游可以说是培养学生文化意识的有效方法，不同的文化意识在旅游时表现得尤为突出。对课堂内容的学习和口语表达可以帮助

学生了解不同国家和地区的风土人情，丰富学生的地理知识。具体教学流程如下所述。

（一）主题报告

以两人对话或小组的形式来讲述每个人难忘的旅行经历，从而引入主题：旅行计划及旅行前的准备。教师可以组织学生分享自己旅游的照片和视频，让其他学生感受其中的乐趣并了解更多的旅游知识。

设计意图：以“我的一次旅行经历”为主题，让学生根据自己的亲身经历，向别人介绍与分享自己旅行中的照片，让其他学生一起感受自己当时旅游的乐趣，并在一种轻松和谐的气氛中引入本课的中心话题——旅行。

学情预设：利用学生熟悉的话题，有效地激发学生的学习兴趣。但是要想让每名学生都参与进来，就要使学生之间增强互动。教师可以将学生分为小组进行口语对话练习，这样不仅可以增强学生的自由表达能力，还可以提高学生的其他英语方面的知识，如词语法等。

（二）图片展示

Show some pictures about the places of interest in the world on the screen, and ask the students to guess. The places of intterest are Tian'anmen Square, the Great Wall, the Potala Palace, Wuyi Mountain, Eiffel Tower, Pyramid, Sydney Opera Hotuse, Disneyland, Hawaii, the Statue of Liberty, and so on.

设计意图：这些图片都是学生较为熟悉的中外著名景点和名胜古迹，在复习景点名称的同时，可让学生领略各地的风景，活跃课堂气氛，拓展学生的视野及知识面。

学情预设：有些名胜古迹的名称学生可能表达不上来，教师可以给予适当的提示，如 the Statue of Liberty 可提示 statue 或 liberty，再引导学生组织语言说出“自由女神”的英文。这样可使学生加深印象，也给学生提供了记忆的方法。教师可以根据学生的兴趣向他们介绍一些旅游景点。

（三）观看视频

Watch a video about Oahu in Hawaii. After that, answer the following questions.

Q: Which place does the video introduce?Where is it?

A: It introduces the island—Oahu, in Hawaii.

Q: How are you going to get there?

A: By car, by foot, by boat, by plane, by train, and by ship.

Q: What should you prepare or consider if you go there?

A: Money, clothes, sun glasses, hat, swimsuit, water bottle, umbrella, raincoat, tent, first aid kit, map and compass, etc.

Q: What other things you should pay attention to?

A: Learning something about their cultures and customs before traveling. Besides, learning some words and expressions for everyday use will help to communicate with the local people more easily.

Q: How do you like travel?

A: In my opinion, travel is interesting and helpful. When I travel I can learn a lot. I can enjoy local customs, cultures and beautiful scenery.

设计意图：播放一段关于夏威夷瓦胡岛的视频，从视频中获取相关信息，并让学生根据这段视频总结旅行前所需的物质准备和知识准备，以及交通路线的换乘方案等。这有助于培养学生从视频材料中提取信息的能力，让学生设身处地地做好旅行前的计划。这项活动旨在提高学生自主学习的能力，扩大学生的知识面，并且进一步锻炼学生的英语思维及听说能力。

学情预设：在视频后的五个问题中，前四个问题学生都能回答出来，教师可以给予适当的提示与引导。第五个问题由学生自由发挥，表达自己的观点，锻炼学生用英语思考问题的能力。另外，如果学生对景点不熟悉，教师可以进行简单的补充介绍，或者更换另一著名景点的视频，视频最好配有英文简介。

（四）两人对话

Show a map of Fujian Province. There are many places of interest in each city. Give the students some minutes to make a travel plan. The requests of the task:

Sanming is the beginning.

Choose the place(s) you want to go, and plan the travel routing.

The plan includes the means of transportation and your preparation.

Wuyi Mountain in Nanping

Hakka House in Longyan

Dongshan Island in Zhangzhou

Gulangyu Island in Xiamen

Qingyuan Mountain in Quanzhou

Meizhou Island in Putian

West Lake and Zuohai Park in Fuzhou

Xuanwu Lake in Nanjing

Ask some students to act out their conversation：

S1: The summer holiday is coming. Where are you going to?

S2: I want to have a trip in our province.Would you like to join me?

S1: That’ s a good idea. I’ m glad to. What’ s your plan?

S2: I plan to start in Sanming. Then I will take a train to train to Zhangzhou to Dongshan Island and then to watch the sea.

S1: So do. And then?

S2: And then I will take a bus to Xiamen. Gulangyu Island is well known to us, which is the place I plan to go. At last I will fly to Fuzhou, because I have never taken a plane before. In Fuzhou, I will visit Zuohai Park and West Lake Park, and go to have some seafood.

S1: That is to say, you circle the province.

S2: Yes.

S1: That sounds good. I will join you. What should we prepare?

S2: We should bring the first aid kit, some clothes, money, umbrella, water, swimsuit, sunglasses and some food.

S1: OK. Let' s go to the supermarket to buy them.

设计意图：结合旅行前的准备及必须考虑到的事情，就学生熟悉的本省旅游景点进行小组对话，这样有助于提高学生的语言组织能力、知识运用能力、口语能力及团队合作能力。

学情预设：这一活动将所学知识融入实际生活，学以致用，使学生在旅行计划的轻松气氛中巩固所学的知识。

（五）小组活动

There are four pictures: spaceship, Mount Huangshan, Hainan Island, and forest. Give each group one picture. According to the pictures, given questions and expressions of good wishes, discuss in four and make a performance.

Questions:

（1）Where are you going for your holiday(s) and why are you going there?

（2）What should you prepare for your travel?

（3）How was the flight?

（4）What' s your plan to…?

（5）Have you ever considered…?

（6）How long are you going to stay here?

Expressions of good wishes:

Have a good day/time!

Have fun!

Take care!

设计意图：教师将学生分为小组，四人一组。教师提供四张图片，每组安排一个任务，每个学生都要参与其中，都要有开口表达的机会。学生在进行对话练习时要用到前面所讲的主要内容，即与别人交流表达意愿的话等。在学习知识的同时锻炼学生的语言组织能力。

学情预设：通过前面的学习，学生对旅游的相关知识已经有了一定的了解。教师可以给学生提供一些旅游方面的对话，使学生对旅游英语的语言运用有系统的认识。对于基础不是很好的学生，教师应该就其水平给予一定的指导，争取使所有的学生都能有所学。

（六）课后作业

课堂教学结束后，教师为学生布置以下两项课后作业。

（1）Write a journal about your last travel.

（2）Preview the reading on page 18, and think of the questions in pre-reading.

设计意图：每个学生在课后按照正规格式再写一篇关于旅行的日志，复习这节课所学过的知识，达到巩固和加深印象的目的。预习下一节的内容，让学生养成积极的学习态度和自主学习的好习惯。

实践总结：本案例以小组讨论和语言交际的形式为主，既可以在学生练习口语的同时渗透其他知识，又可以锻炼学生的英语综合表达能力。这个案例活动形式多样，可以以个人的形式进行，也可以以小组的形式进行，从而充分调动学生的学习积极性和兴趣。在本案例中，教师没有单纯让学生进行口语对话，而是通过多种形式的教学模式来激发学生的学习热情。教师还将实际生活和英语口语教学很好地结合起来，用生活中常见的话题把学生引入口语教学的主题。在本案例中，教师很好地解决了口语教学中任务型教学途径和过程性评价的融合问题。

第十章　高校英语跨文化教学的融合与改革

第一节　跨文化交际能力与高校英语教学的融合

一、跨文化交际与高校英语教学

英语语言文化是高校教学内容的重要组成部分，跨文化语言交际能力在高校英语教学中具有十分重要的意义。高校英语教学不能只停留在传授机械的语言知识的层面，而是要深入研究英语的语言文化背景，培养学生的思维探究能力和语言应用能力，不断提高学生跨文化交际的能力。高校教育注重培养的是全方面发展的高素质精英，因此在英语教学过程中，教师要树立理论与实践相结合的教学理念，在打好语言知识基础的前提下，注重培养学生英语语言的实际应用能力，不断改善和提高英语教学的效果和水平。

高校英语教学的最终目的是培养学生进行跨文化交际的能力。由于世界各民族文化存在鲜明的差异性，不同的语言文化自然会呈现出不同的语言形态。因此，在高校英语教学过程中，教师不仅要指导学生认识中西方语言的差异性，还要积极引导学生探究中西方文化的差异性。只有联系语言环境，把握不同文化与语言之间的内在发展规律，学生才能更好地掌握英语语言，学以致用，有效进行跨文化语言交际。

近年来，高校英语教学逐渐由以前的结构主义理论和教学方法转向交际性教学原则和方法。与此密切相关的原则就是交际教学中语言与文化的关系。新的教学大纲对于英语教学的交际性原则、语言与文化的关系等做了较为明晰的论述。《英语教学大纲》对文化教学的要求是：熟悉中国文化传统，具有一定的艺术修养，有较扎实的汉语基本功；熟悉英语国家的地理、历史、发展现状、文化传统、风俗习惯；具有较多的人文知识和科技知识，掌握基本的数理化知识；具有较强的英语口头和书面表达能力；具有较强的创新意识和一定的创新能力。注重培养跨文化交际能力。在专业课程的教学中要注重培养学生对文化差异的敏感性、宽容性及处理文化差异的灵活性。有效地在高校英语教学中培养学生交际能力的第一步就是解决交际能力与文化教学之间关系的问题。

（一）关于交际能力

语言交际能力包括语法能力，即语音、词汇、语法等语言知识；社会语言学能力，即语言使用的社会规则和话语使用方式；会话能力，即超出句子层面的语篇交际能力；应变能力，即语言和非语言的交际能力。然而，尽管语言交际能力模式比较贴近语言教学实际，但似乎没有超脱母语教学的范围，与以不同的文化背景为特征的第二语言教学的要求仍有一定的距离。美国英语教学协会在其提出的外语能力学习中已将文化教学列入交际能力的内容，认为交际能力应包括下列五个方面的内容：①语言，指掌握语法知识；②功能，指运用听说读写四个方面的能力；③语境，指选择与所处语境、话语场所相适应的话语；④交际者之间的关系，根据对方的身份、地位、社会距离，说出合乎自己身份的话语；⑤社会文化知识，语言是一种“社会实践”。这其中后三个方面综合起来就是一点：语言得体性。也就是说，学生应掌握扎实、宽泛的语言知识和言语技能，熟悉语言结构和语言单位所隐含的民族文化成分；在语用方面，能够识别所学语言文化特有的语言和非语言行为，并能解释其功能，具备超越句子的篇章交际能力，懂得不同语境中语言使用的社会规则和话语使用方式，了解不同语言行为的民族文化定式，熟悉话语的文化背景和文化契约；在行为能力方面，了解不同社会背景人的语言特征，并能用适当的言语行为和非言语行为表达不同的人际关系，熟悉不同社会环境的语言行为习惯和方式，并能主动适应不同的语言行为习惯和方式。

交际能力的培养就是使学习者在与对方交流中，根据话题、语境、文化背景讲出得体、恰当的话。这种能力反映出学习者对该语言所代表文化的了解程度。语言得体性离不开社会文化知识。文化语言学研究表明，语言中储存了一个民族所有的社会生活经验，反映了该民族文化的全部特征。学生在习得一种民族语言的同时，也在学习该民族的文化。所以，语言和交际不可能脱离文化而单独存在。由于语言所具有的作为文化的表现与承载形式的特征，不了解该文化也就无法真正学好该种语言。

（二）文化教学的概念

我国文化教学概念的提出，理论上源于人们对语言功能的新认识和语言与文化关系研究的新成果，借鉴了国外一些新的教学理念和方法，是我国教学思想、教学观念、教学内容和教学方法的一次新的飞跃，标志着我国英语教学由传统模式向现代化教学模式转变的新阶段。英语跨文化交际学所指的文化教学的主要内容概括为以下四个方面：在教授语言（语音、语法、词汇、文体）的同时，结合语境和文化背景、文化内涵教学；分析文化因素干扰造成的语言错误，从而提高学生对文化的敏感度，使他们认识到跨文化交际绝不只是掌握语言形式就能顺利完成的；开设有关所学语言国家的历史、文学、概况等课程，系统地传授知识文化；开设有关语用学、语言国情学、语言与文化、跨文化交际学等课程，从理论上提高学生的跨文化交际能力。

应该说文化教学是针对传统教学模式只注重语言本身和语言教学的弊端及危害而言的，是英语教学的一部分，文化教学不能脱离语言教学本身。其应该是英语教学的基本原则，是英语教学的有效手段、重要内容和主要方法。

（三）文化教学的作用

由于语言和文化是不可分割的，在教学中渗入文化是十分必要的。教师可以利用现代的多媒体教学手段，向学生传递丰富多彩的文化知识。通过教学双方的共同努力，可以对学生和教学效果产生双重效应。

1. 文化教学可以优化学生的知识结构

不同的言语表达形式受所学语言国人文、地理、历史、社会制度、生活方式、风土人情、社会传统、民族习俗、言语礼节，以及民族心理、伦理道德、行为规范、传统观念等一系列因素的影响，相同的概念会有许多不同的表达形式。例如：讲汉语的人说“天生有福”，俄罗斯人说“穿着衬衣生下来的”，英国人说“生来嘴里就含着一把银勺”，德国人说“梳好了头才出世的”；讲汉语的人说“一箭双雕”或“一举两得”，俄罗斯人说“一枪打死两只兔子”，英国人说“一石打死两鸟”，德国人说“一个拍子打死两只苍蝇”。在教学中通过文化分析可以优化学生的知识结构，使学生具有知识比较能力。

2. 文化教学可以优化学生的能力结构

跨文化交际的成功有赖于对不同文化模式的了解。文化教学致力于揭示英语教学中的交际文化，必然会涉及不同的语言结构、认知和交际知识，以及身势语、社交礼仪、交际环境、交际方法、交际态度等方面的非语言文化知识。这无疑能促进学生英语应用能力的提高，避免或减少跨文化交际失误，解决说什么、怎么说的问题。如“你吃饭了吗？”这句话，以中国文化模式解码，这只是一句客套话，一种人际间的寒暄；若以西方文化模式来理解，它就是要求别人共同进餐的信号，而绝不会产生客套、寒暄的感觉。中国人点头表示“同意”，而在印度和希腊等地的意思恰好相反。

3. 文化教学可以提高学生的社会文化敏悟力

文化敏悟力指的是透过语言的外表，对语言深层次结构的综合理解能力，在英语教学中属于背景知识的范畴。英语教学的目的是培养学生的跨文化交际能力，而文化敏悟力本身就是一种交际能力。例如，学生在学习时会遇到这样的句子：“You chicken! He cried, looking at Tom with contempt.”或“The stork visited the Howard Johnston yesterday.”，如果不知道 chicken 指“懦夫”或“胆小鬼”，不知道 a visit from the stork 指“孩子诞生”，仅用母语文化的定式去理解，这两个句子是怎么也翻译不好的，由此可以看出文化敏悟力对英语学习的重要性。跨文化交际敏悟力的提高可以分为四个阶段：首先是产生好奇心；其次是与本民族文化比较，意识到一些难以想象或不合道理的细微复杂的文化特点；再次是在此基础上，通过理性分析认为这些文化特点是可信的；最后通过与本民族文化的比较，体会和了解这一文化，并学会在适当的场合运用这一文化。教师应鼓励学生通过读外国文学著作、看外国电影和纪录片等方式了解世界各国的风土人情。在课上和课外，教师要有目的地组织文化观大讨论，进行对不同文化、风俗、习惯的比较，让学生产生文化比较的意识。

4. 文化教学可以激发学生的学习兴趣

学生能学好英语，兴趣是一个重要的因素。有了学习的兴趣才会有学习的动力，才能激发学习的主动性和能动性，让学生充分发掘、发挥自身的能力。文化教学无论是在方法上还是在理论上都有别于传统的语言教学。其中最显著的特点是不局限于对语言材料做机械、枯燥的解词释义，即就词讲词或就语法讲语法，而是通过语言看文化，通过语言文化的比较了解不同民族的生活习惯和不同的语言特点，使教学内容由原来的枯燥、单一转向丰富、生动，从而引起学生探索语言的热情。例如，apple 在汉语里对应的词是“苹果”或“苹果树”，而英语里的 apple 有许多引申意义，如 custard apple（番荔枝）、love apple（番茄）、crab apple（海棠）、wise apple（傲慢的年轻人）、the apple of one' s eye（掌上明珠）、the Big Apple（纽约城）、as American as apple pie（典型美国式的，地道美国式的）。学生通过对汉英词语的比较，以及对一些典故的了解，极大地激发出学习英语的兴趣，既学到了语言知识，又领略了英美民族的传统文化。

（四）交际能力与文化教学的关系

交际能力与交际环境和文化之间是密切相连的，但不同文化的成员对于交际行为会做出不同的解释。简单地讲，交际能力就是与他人进行有益对话的能力，与陌生人交往的能力，处理与别人交际时出现的误解的能力，适应不同文化、不同交际风格的能力，建立和维护人际关系的能力和准确理解别人情感的能力，与别人有效合作的能力和情感同化的能力，与不同社会习俗和行为方式的人进行成功交际的能力，等等。

英语教学的根本目的就是实现跨文化交际，与不同文化背景的人进行交流。全面提高英语教学的效率和质量，大幅度提高学生的英语应用能力，既是中国国民经济发展的迫切需要，也是跨世纪中国高等教育的一项紧迫任务。为了实现这个目标，教师需要认识到英语教学是跨文化教学的一环，将语言看作是与文化、社会密不可分的一个整体，并在教学大纲、教材、课堂教学、语言测试及英语的第二课堂里全面反映出来。跨文化交际者不能仅仅掌握有关文化差异和文化标准方面的知识，因为该知识尚不能保证让交际者在具体的交际过程中从陌生的表达方式里识别出不同文化差异和文化标准。

在英语教学中，文化教学是一种特有的形式，是一种教学手段，它不是教学本体而是教学辅助。英语教学和文化教学之间的关系应该具有同步性、互补性和兼容性。所以，在英语教学中体现文化教学可以优化学生的知识结构，通过语言学习所学语言国家的人文、历史、地理、政治、经济、教育、社会制度、生活方式、风土人情、社会传统、民族习俗礼节及民族心理、伦理道德、行为规范、价值观念等一系列知识，从而丰富学生的知识，激发学生的求知欲。

（五）高校英语教学引入跨文化交际的必要性

1. 英语教学和跨文化交际

英语教学的最终目的是使学生运用所学的语言进行交际。跨文化交际既是英语教学的目的，也是英语教学的手段。在英语教学中应体现交际性，不但要传授语言结构知识，而且要将语言结构运用到一定的交际情景中。美国英语教学协会在其提出的外语能力学习中已将文化教学列入交际能力的内容。他们认为语言首先是一种“社会实践”，交际能力应包括语言、功能、语境和交际者之间的关系。语言指掌握语法知识；功能指运用听、说、读、写四方面的能力；语境指选择与所处语境、话语场合相适应的话语；交际者之间的关系是指根据对方的身份、地位、社会距离，说出合乎自己身份的话语。这其中后三个方面综合起来就是语言交际得体性。交际能力的培养就是使学生掌握在与对方交流中根据话题、语境、文化背景讲出得体恰当的话语的能力。因此，在英语教学中，跨文化因素的导入能够使学生更清楚地认识到英语的结构和本质，能够预测、解释、改正和消除母语对英语学习可能产生的错误，极大地提高英语教学的效果。

2. 语言教学和文化教学

语言是文化的一部分，是一种民族文化的表现与承载形式；文化是语言的底蕴。人类通过语言沟通彼此的思想和感情，同时，语言也存储了前人的劳动和生活经验，记录着民族的历史，反映着民族的经济生活，透视出民族的文化心态，蕴含着民族的思维方式，是文化的载体和结晶。这里可以用与定义文化完全相同的措辞来定义语言。它包括一个人想要理解的一切，以便能够以一种他可以接受的与自己的方式相对应的方式，与其他语言使用者进行充分交流。从这个意义上来说，一个社会的语言是其文化的一个方面。人类在创造文化的过程中必须交流思想、协调行动，而语言则是人类最主要的交际工具。与此同时，语言作为思想的直接现实，又是信息和知识的载体。

一个民族各层次的文化必然会在这个民族所说的语言上留有印记，由此体现了语言的文化载储功能。而文化作为语言表现的基本内容，制约着语言的形式，不断地将自己的精髓注入语言之中，丰富和更新着语言的文化内涵。语言是随着民族的发展而发展的，语言是社会民族文化的一个组成部分，两者密不可分。世界上不存在脱离语言的文化，也不存在脱离特定文化背景和内涵的语言，因此不了解文化就无法真正学好该种语言。

3. 语言能力和交际能力

从广义上来说，交际能力包括语言能力和语用能力。交际能力是语言的构成规则和语言的使用规则在一定情景中的具体运用，作为交际工具的语言不能成为脱离交际活动实践的绝对自足的封闭系统，交际能力的培养必须建立在语言能力的基础之上。从狭义上看，语言能力也不是指自说自话，它既指规范语言本身，又指规范语言的合理应用。正是在这个意义上，人们同意在性质上对同一事物做以下双向度的区分和描述：语言能力、交际能力。应充分注意20世纪50年代以来在世界范围发展起来的一门学术及应用学科——“跨文化交际”，又叫“比较文化”，它强调对语言进行整体研究，强调语言的应用，强调反映语言和语境的关系，注意说话者、听话者、话题、交际方式、时间、地点的统一。

交际能力正是语言的基本结构在语境中的复现，它使语言知识在语境中得以应用。任何话语的运用，往往都能同时完成三种行为：一是言内行为，一切以语音表达的有意义的话语及按句法规则连接的词所表达的概念、意义；二是言外行为，依照说话人和听话人之间存在的特定关系进行的言语行为；三是言后行为，其功能并不直接体现于话语之中，而取决于言语的情境。在这里，言内行为已超脱传统意义上的语义学、句法学的范畴，而是视言外行为和言后行为的需要呈现出语言所固有的丰富品格。也就是说，三者协调一致，共同完成话语的表意功能。

4. 语言、文化与交际“三位一体”的关系

文化被视为信仰、价值观、习俗和行为举止的一个共享体系，人们用其与他人和世界交流，并通过学习的方式将其传承，这就说明文化由共享的行为模式（交际）和意义系统（语言）组成。另一种观点则认为，文化包括物质实体、价值观、行为模式等要素。文化“是一个社会成员共同拥有、所思考和所做的一切”。也就是说，语言和交际是文化的一部分，即语言、交际和文化是不可分割的一个整体。

在由语言、文化与交际共同构成的人类活动体系中，语言是重要的交际模式，文化是交际依存的环境，交际是信息传递的过程。交际不仅传递思想内容，而且传递有关交际双方之间关系的信息。前者主要通过语言传递，后者往往通过非语言手段传递。在整个交际过程中，语境起着非常重要的作用。语境包括两方面：地理位置和周围布置等客观环境、场合特点和人际关系等社会文化环境。这些环境因素不仅直接影响语言的使用和非语言行为，而且对所传递信息的感知和理解也产生影响。而环境本身蕴含丰富的文化内容，来自不同文化背景的人会对相同的客观环境和社会文化环境持有完全不同的理解，因此可以说文化决定着语言和交际。

语言的使用反映了人们的价值观念、生活方式和思维习惯，社会文化的发展变化是语言赖以生存和发展的基础，交际则是联系语言和文化的纽带。因此，语言、文化与交际之间是一种水乳交融、不可分割的“三位一体”的关系。

总而言之，在语言、文化、跨文化交际三者的关系中，语言反映文化，

文化影响语言的使用和发展；在以一种语言为媒介的跨文化交际中，交际者应遵循该语言的文化语用规则。英语教学的最终目的在于使学生掌握并熟练运用地道的语言，能结合目的语国家的文化规范，运用准确的目的语进行交际。在英语教学中，必须将跨文化的交际性作为教学的主导原则，以语言的应用及交际能力为出发点设计教学。教师应意识到跨文化交际教学是英语教学过程的一个重要环节，教师有责任提高学生的跨文化意识，在传授语言的同时同步传授文化知识。在英语教学中，不仅要注意语言结构的教学，而且要注意将比较文化引入英语教学中，注重英语的功能、交际和语用方面的教学，以帮助学生正确熟练地学习使用英语母语者普遍接受的英语，即地道的英语。

二、跨文化交际能力与高校英语教学的融合

（一）跨文化交际能力与高校英语教学融合的背景

大学生跨文化交际能力的培养已成为国内外英语教育界广泛关注的课题。《高等学校外语类专业本科教学质量国家标准》明确了跨文化交际能力在高校英语教学和英语专业教学中的重要地位和发展路径，为全国高校下一步教学改革指明了方向。语言是文化的载体，高校英语教学的过程在某种程度上也是跨文化交际能力的培养过程。但在教学操作层面，语言技能与跨文化交际能力的结合仍然碎片化，缺乏系统性。目前，我国高校英语课程体系内有单独开设的跨文化交际课程，但对语言学习的关注不够；也有涉猎跨文化交际内容的英语技能课，但将英语技能与跨文化交际技能有机融合的课堂教学实践却不多。联合国教科文组织颁布的《跨文化教育指南》明确指出跨文化教育不是一门独立的、新增的高校课程，它的理念应该融入高校的教育体制和各门课程的教学，尤其是英语教学，它在其中发挥着非常重要的作用。有鉴于此，高校英语课堂作为培养跨文化交际能力的重要场所，践行跨文化交际能力培养目标的一条切实有效途径就是将跨文化交际有机融入高校英语教学，通过设计、实施、检验有针对性的教

学目标和任务，实现学生语言能力和跨文化交际能力的同步发展。

（二）跨文化交际能力与高校英语教学融合的原则

跨文化交际能力与高校英语教学融合应当遵循以下原则：相关性原则，跨文化交际的目的是提升学生的英语能力，尤其是提升其英语交际能力，因此相关的培养工作都应当将教材内容和日常交际衔接在一起，激发学生学习语言和文化的兴趣，在实景教学中提高学生的文化内涵；适度性原则，高校英语教学任务开展应当重视学生的学习能力，保持跨文化交际的适度性，增强英语交际的针对性，避免由于教学难度过高引起学生的抵触情绪；综合性原则，跨文化交际能力涉及多学科的内容，这就需要学生完成学科间的穿插学习，把所学的知识和英语结合在一起，完成各类知识的归纳总结；实践性原则，在英语教学跨文化交际过程中教师要引导学生把英语应用到实践中，在实践中提升学生的英语应用能力，跨文化交际不能仅仅从书本中学习知识，更应当融入真实场景中，在动态真实的背景下获得体验和训练；系统性原则，跨文化交际的融合要保持连续的动态过程，有层次有系统地开展教学工作，减少教学随意性，加强跨文化交际的针对性。

第二节　跨文化交际教学中身份的重构与意识的提高

一、身份的要义

首先要解决“我是谁”这个问题，只有清楚了自己是谁，才能采取相应的交际策略与他者互动，因此了解自身和对方的身份不仅是互动的起点，更是跨文化互动的起点。高校英语教师也与其他任何互动的双方一样，需要自审“我是谁”，而且因特殊的职业角色，其身份构成更为复杂。

总的来说，身份是社会学术语中的主要词语之一，常出现在社会学互动理论中。社会学的互动论视角更注重社会的微观方面，主要考察人们在日常生活中如何交往，又如何使这种交往产生实质性意义。社会学互动理论认为，在某种意义上，社会结构最终是由行为体的行为和互动所构成和保持的，因此互动论致力于发现人际互动的基本过程。显然，身份作为交际者的属性并非静止的，它在确立后也会随着互动的发展而不断调整变化。这说明身份是动态的，可以在互动中建构，是随着互动进程的发展而变化的，更确切地讲，互动的结构中形成的共有观念使双方的身份得到进化。共有观念是温特建构主义的核心词汇，在建构中起到至关重要的作用，而共有观念即文化。由此可见互动中的文化与互动者身份之间存在建构关系。

此外，一个行为体的身份是多重的有机结合的复合物，行为体的多样身份并不孤立存在，而是以情境为基础结合起来的。情境不同，行为体的身份也会不同。为简化，可将身份分为三类，即作为人的身份、社会身份及个性身份。其中行为体的社会身份表明其社会团体的归属，如民族、职业、年龄、家乡等。显然，社会性与文化是不可分割的，社会属性为行为体身份打下深深的文化烙印。在跨文化交际中，社会身份自然是重点研究的对象。

如上所述，情境不同，行为体的身份亦不同。一个行为体的身份是多重的、复杂的，根据不同的情境，行为体会自然选择不同的身份与他者互动。例如，在教室这一情境中，某人可能是教师，但他在家庭中的身份可能是母亲、妻子等。

总之，一个行为体的身份是在互动的过程中形成的，它是多重的，而且不是一成不变的，会随着互动的发展而发展变化，是个不断建构的概念。其建构的来源是互动结构中不断形成的新的共有观念，即文化。情境对互动者在交际过程中选择何种身份起决定性作用。

二、教师的身份建构

首先需要说明的是，为了避免过于复杂影响重点，可将高校英语教师当作一个文化主体进行分析，也就是说需要探讨高校英语教师作为一个文化群体的身份特点。当然，需要注意的是，不同的个性特点对高校英语教师的身份建构也具有重要影响。

身份是交际者在互动过程中形成的，互动中形成的共有知识又与交际者形成建构关系，促使其身份不断变化、发展。教学活动也是一种交际过程，在这一过程中教师明显与学生形成互动关系。但是在英语教师的教学活动中还存在交际对象，对教师的身份建构起到重要作用。这个交际对象就是教学材料，与文本的交流是种特殊的交流形式，是单向式交流过程。读者不断与文本互动，从文本中获得新的观念、知识。身份就是指一个人经过反思形成的自我概念或自我形象。而在与文本的交流中，读者从文本获取的新的观念、知识反过来作用在读者身上，使其不断自省、反思，形成读者的身份，而原有的身份得以发展。高校英语教师在与文本的互动过程中其身份也如其他读者一样，存在重新建构的可能性。此外，由于其所交流的文本的特殊性，高校英语教师面临特殊的身份建构过程。高校英语教师一般母语为汉语，但其交流的文本却是英语，这使得教师与文本的交流过程变为跨文化交际的过程，教师身份面临跨文化的发展建构。

一般而言，当个体处于新的文化环境中时，会在情感、认知、行为等层面发生复杂的身份的变化，如阐述个体身份改变时提到的那样，个体在保持自身文化传统的同时也经历了发展变化，从认知、情感和行为层面与社会融合，形成其有机整体的一部分。简单地说，个体与新文化接触一般有蜜月期、文化休克期、调整期及文化适应期等几个阶段。理想的状态是个体在对新文化的知识积累中，在交际动机的激励下，依次经过不同阶段，直至文化适应阶段。在这个阶段，个体不仅内化了新的文化知识，如新的价值观、标准等，而且发展了新的文化身份。经历了跨文化，获得新的文化身份的个体能够运用多重维度的思考方式、更为丰富的情感智慧及多样的角度去解决问题。实际上，这种积极的身份建构过程也是跨文化意识的提高过程。因此，在跨文化活动中，个体身份的建构与跨文化意识的提高有直接关系。

但是，高校英语教师面对的教学资料如文本，是否可以构成文化环境呢？众所周知，语言是文化的重要组成部分，是文化的重要载体和表现形式。而用于高校英语教学的文本由于其本身的特色，这些文字本身构成由文字形成的文化、社会环境。高校英语教师的教学对象是非英语专业学生。高校英语教材在帮助学生学习语言知识的同时，也试图给学生呈现纷繁复杂的现实社会，以使学生了解语言是如何在真实的社会、文化环境中使用的。

此外，以话题为主线进行单元设置使学生有机会了解英美社会的方方面面，而且在内容难度设置上符合大学生的认知特点，利用文字对社会、文化深入挖掘，触及文化体系及价值观。虽然各个领域的研究者对文化做出了纷繁复杂的表述，但文化大致可由表象到本质、由具体到抽象分为三个层次。最表层的是物质文化，如上述某些概念中提到的艺术、技艺、绘画、建筑、礼仪、器物文化等；更内层的是制度文化，包括政治制度、经济制度、社会制度和法律制度等；最深层的是思想、信仰和道德等，其核心便是文化价值观。因此，尽管文化的表象是多样的，但其核心是价值观。价值观是文化的深层内涵，是一种文化的沉淀，对某一类文化群体有着长久的、潜移默化的影响，并最终导致特定行为和手段的产生。显然，高校英语教材的文本构成了由文字组成的人文社会，提供了文化环境。个体在与文本的交流中，不仅可以较全面地感知新文化环境，更能够便捷地进入新文化的价值观层面去认识、了解新文化的核心。当然，其他教学资料如影视图像等以更直观的方式呈现了另一种文化的方方面面，其模拟现实的表现方式可帮助个体更感性地了解新文化环境。

三、教师的身份重建与跨文化意识的提高

英语教师在教学过程中身份的重建与跨文化意识的提高有必然联系。在面对新文化环境时，个体一般会经历若干阶段。不同的文化学者绘制不同的阶段，但在他们的描述中，基本都有一个共同的阶段，即文化休克期。在这一阶段，个体在新的文化环境里不仅感到沮丧，严重的还会产生器质性疾病。个体一旦成功跨越这一阶段，不仅会内化新的文化知识，如新的价值观、标准等，而且会发展新文化身份，因此跨越的过程也是跨文化意识提高的过程。对于高校英语教师而言，虽然其并未生活在真实的新文化环境中，但在与新文化文本、音视频材料接触的过程中，也会面临无法理解、欣赏新文化知识

等问题，这些问题产生的原因与文化休克产生的原因极为相似。

跨文化接触不会自动带来相互的理解。人们的头脑（心智）蕴含基本的价值观，这些价值观因在生活中习得，故变得如此自然，以无意识状态存在于人们的大脑中。在与新文化的接触过程中，这些价值观会成为人们评判新文化的依据。因此，受自身文化的影响，人们会在一个与原来文化不同的环境中感到压抑、无助。显然，个体负面情绪产生的原因是无法理解新文化并认同新文化。英语教师处于由文本等新文化知识构成的情境中，也会不自觉地以自己的传统价值观来评判新文化，出现对新文化无法理解、不能认同等问题。其后果反映在教学活动中便是对新文化知识潦草处理或干脆省略、不做处理，使学生失去深入了解新文化的机会。因此，理解传统文化和新文化间的不同之处，客观理解新文化，不仅能够帮助教师内化新的文化知识，丰富、重建自身的文化身份，而且这个过程也是自身跨文化意识的提高过程。最终，通过教师有意识的引导，这种提高会反馈在学生的英语学习中。

对于英语教师而言，如何才能尽量减少自身传统价值观的影响，客观理解新文化呢？简单而言，可以在心理上养成时刻留意的习惯，在心智上积极扩充关于新文化的知识并在行动上运用相关的技巧。

心理上养成时刻留意的习惯是应对的基础和起点。心理上的时刻留意也意味着时刻警觉，其实质是要求英语教师保持对文化的心理敏感度。教师也如其他生活在本族文化情境下的个体一样，深受本族文化的影响，自然形成某种文化价值观。但这种价值观基本是隐性存在于个体头脑中的，对人们的认知、评判及行动产生潜移默化的影响。因此，个体需要时刻提醒自己感知本族文化情境，并深入挖掘本族文化嵌入个体头脑中的那些以无意识状态存在的知识。传授新文化语言和文化知识的教师更应比普通个体保持警觉，时刻注意内省，体验本族文化给自己带来的影响，并深入挖掘潜藏在心智深处的文化知识，努力将潜意识的本族文化知识上升到意识层面来分析。

时刻留意的态度也意味着对新文化不同之处的留意。但这种留意是不带有任何感情色彩的，即对新文化的不同之处努力采取客观看待的态度，而不急于做快速的评判，避免文化中心主义的影响。文化中心主义是个体与新文化接触后自然发生的一种情感。个体对新文化很难保持客观的态度，人类面对与己不同的文化具有一种优越感，这是人类的自然趋向性。在此基础上形成的文化中心主义认为自己的文化是所有文化的中心，自己的文化高人一等。文化中心主义就像一扇窗，本族文化以自己的角度从这扇窗往外看，以此感受、了解并评判其他所有文化，导致对另外文化产生主观评价。显然，文化中心主义会使人们对新文化的认识产生偏见，阻碍人们对新文化的理解和交流，有碍跨文化意识的提高。但因其是人类自然的天性，避免起来有相当难度。因此，英语教师更要时刻保持留意、警觉的态度，观察自己面对新文化文本及语境时，是否受到文化中心主义的干扰，在教学中情不自禁地表现出对自己文化的扬和对新文化的抑，努力客观地将新文化知识传授给学生，减少主观评论带来的对新文化的曲解和误解。教师对自我有意识的监控和调整过程，实际上也是对自我文化身份进行调整和重建的过程，更是跨文化意识提高的过程。

在时刻留意、保持警觉态度的基础上，个体还应不断掌握、积累关于新文化的知识。有时因为知识储备不足，教师很可能忽略或放弃对教材中某些有文化内涵的语言现象做深入挖掘，也使学生丢失了学习的机会。如果教师能够在课堂上将该词的文化内涵传递给学生，可极大地帮助他们以此为线索，独立、广泛地探索新文化。显然，教师在处理教学材料时，应时刻留意字里行间有哪些是能够进行文化挖掘的，时刻保持对文字的敏感度。而这种敏感度的形成是需要以教师深厚的文化知识为保障的。在获得知识的过程中，通过对知识的理解、内化，教师的文化身份得以延展，其跨文化意识也相应得到提高。

在心理上留意和知识的积累基础上，在真实生活环境中，个体还可以通过有意识的实践来更好地理解新文化，如学习理解新文化中各种符号、象征，认识新文化及实践新文化仪式等。但对于英语教学而言，除了在教学中有意识地介绍、解读并理解新文化中的象征、符号及文化仪式等，更要将具体的实践形式转变为运用某些学习技能提高对新文化的理解力。

比较和对比是行之有效的方法。对本族文化和新文化进行对比，找出相同点和不同点并进行分析，能够清晰、明确地了解文化差异，有助于对新文化的理解。当然，对于英语教师而言，找出相同点和不同点只是第一步，重要的是透过现象看到文化的本质。通过相同点，人们可了解文化的共同性，而通过不同点，人们更需要直击文化内核，从价值观层面来解释，以便更深入地理解和把握新文化。比如，在涉及中西方文化不同的现象时，一般可从集体主义和个体主义的文化维度进行解释。这个维度是跨文化交际学中最基本的文化维度之一，反映了中西不同文化的价值观。在具体的教学活动中，英语教师可通过教材提供的文本案例，先帮助学生归纳出中西文化的相同点和不同点，而后进行进一步分析，找出不同之处的根源所在，引导学生从集体主义和个体主义价值观的高度来讨论现象的不同。这样的教学要求教师提高自身的素质，建构自己的文化理论高度，并以新的视野审视教学素材，其结果不言而喻。在这一过程中，其获得的理论知识提供给教师进行比较分析的新角度、新内涵，有力地帮助了教师建构身份，并使教师的跨文化意识得到提高。

写反思日志也是很好的方法。反思日志能够提高教师的教学反思能力。教师的成长等于经验和反思，没有反思的经验是狭隘的经验，至多只能形成肤浅的知识。只有经过反思，教师的经验方能上升到一定的高度，并对后继行为产生影响。可见，只有经过反思，教师才能每天在教学中成长进步。通过教学反思，教师每天都会有新的发现、获得新的启发，帮助他们走出封闭、超越自我。当然，对于英语教师而言，通过思考和学习，其对英语语言和文化的洞察和理解通过语言的形式反馈，成为自己跨文化方面新的体验和经历。这种自觉的、有意识的做法，有效地帮助了英语教师跨文化意识的提高，同时也实现了其身份的重建。

总之，从事英语教学的教师与教学材料的接触过程也是一种跨文化交际过程，在这一过程中教师的身份会随着对教学材料的认识、理解而得到建构。在建构过程中，英语教师同样会面临与在新文化环境中生活的跨文化者相似的跨文化体验阶段，其中最为重要的阶段是文化休克阶段。虽然语言教师面临的文化休克的表现形式与在真实环境中生活的人们的表现有所不同，但其形成原因极为相似，都是源于交际者自身的文化价值观。这种价值观基本是隐性存在于个体头脑中的，对人们的认知、评判及行动产生潜移默化的影响。在教学活动中，教师如果能够采用积极有效的策略应对自身价值观的影响，不仅能够成功克服文化休克，提高自身的跨文化意识，以新视野、新角度重新定位自身，而且还能够有意识地、有针对性地对学生的英语学习予以高效指导，帮助学生顺利地进行语言、文化的学习。

第三节　跨文化交际视角下高校英语教学的作用

随着全球经济一体化，中国与世界各国之间的交流与合作更加频繁。全面提高英语教学的效率和质量，提高学生的英语应用能力，既是中国经济发展的迫切需要，也是中国高等教育的一项紧迫任务。教育界越来越认识到语言与文化的关系已成为英语教学的一个重要课题。英语教学不仅是语言知识的传授，更应包括文化知识的传播。因此，是否将跨文化教育纳入英语教学内容，是区别传统英语教学和现代英语教学的主要标志之一。所以，高校英语教学在尊重不同文化的前提下，应使跨文化教育有目的、有计划地渗透教学，促进不同文化间的相互了解、相互借鉴。所以，高校英语教学中加强跨文化教育的意义与作用包括以下几个方面。

一、满足英语教学发展

人们的语言表现形式总是受到各种社会文化因素的制约，中国人在跨文化交际的语境中因为文化障碍而碰壁的现象时有出现。文化错误要比语言错误严重得多，因为语言错误至多是言不达意，无法把心里想说的东西清楚地表达出来，文化错误往往使本族人与异族人之间产生严重的误会，甚至敌意。只有具备了一定的跨文化交际能力，说话者才能有效地避免不同文化背景造成的交际障碍和交际摩擦，顺利实现交往的目的。英语教学不仅是语言教学，而且包括文化教学。任何一种民族语言都是该民族文化的重要组成部分和载体。在语言材料中，篇章、句子，甚至每个词无不包含着本民族的文化信息。

将英语教学与文化教学相结合，有助于学生开阔眼界，扩大知识面，加深对世界的了解，借鉴和吸收外国文化精华，提高文化素养，这已成为广大英语教育工作者的共识。

二、适应21世纪中国社会经济发展

随着中国改革开放的深入开展，国际交往日益频繁，中国需要更多的国际人才从事国际贸易、处理国际事务、加强国际文化交流。国际化人才的标准不仅是知识结构的优化和语言能力的强化，更重要的是文化理念的国际化，了解外国文化传统和交往礼仪，具有跨文化的交际能力。跨文化交际能力是在对双方文化相互理解的基础上，通过文化的双向交流、互动实现的。要顺利、得体地与外国人交往，仅有丰富的词汇和地道流利的语言表达能力是不够的，还必须了解对方的历史、习俗、生活方式和价值观等。为了培养能胜任对外交流、具有国际竞争能力的英语人才，满足我国科技、经济和文化等发展的需要，在高校英语教学中要重视跨文化教学，把高校英语教学的重点由原来培养学生的听、说、读、写能力转变为培养学生全面交流的实用交际能力。在高校英语教学中，要重视文化差异的导入，加强学生对不同文化背景的了解，拓展学生的知识面，培养学生的跨文化交际能力，为国际化人才的培养打下良好的基础。

三、促进大学生社会性发展

人是社会中的人，并承担一定的社会角色。个人与社会之间是相互依赖、相互影响的。人要在社会中生存和发展就必须学习，而学习又离不开社会的方方面面，通过学习引导学生认识与自己生活密切相关的社会环境、社会活动和社会关系，不断丰富和发展自己的经验、情感、能力、知识，加深对自我、对他人、对社会的认识和理解，并在此基础上养成良好的行为习惯，形成社会的主导道德观、价值观和判断能力。大学教育就是大学生社会性发展的推动力。今天，我国青年的社交对象更为多元，社交方式更为多样，应通过跨文化教育来培养学生与不同的人进行合作的意识，提高学生跨文化交际、交流的能力，让他们认识到世界的发展、社会的进步。跨文化教育与当前青年学生实现社会化的目标不谋而合，其目标与理念是追求平等、尊重差异和倡导合作，使每一个学生的知识与能力都能得到最大限度的发展，充分发挥他们的聪明才智。人们应该认识到英语教学中的跨文化教育不是空泛的。社会发展也必将使跨越不同文化的人类交流愈加频繁，注重跨文化教育，能增强不同文化的认同感和包容性，能够有互相尊重、平等合作的精神和能力，也是他们在现代社会和未来社会生存与发展的最基本的能力，从而更好地促进语言和文化的发展，以及促进不同语言、文化间的交流和沟通，它是大学生社会性发展的需要。

四、实现中华民族自立自强

面对中国相对弱势经济地位的现实，要实现中华民族的伟大复兴和民族的自立自强，就要以学习英语为途径，博通西方智巧，辩证吸收，内化融合强大自我。同时，应当清醒地看到西方文化给中国带来的巨大的、垄断性的冲击。这个文化急流和狂涛是一把双刃剑，即在文化科技交流上、“三外”（外资、外贸、外债）等外事来往上有着积极的作用，又为意识形态领域带来了严峻的挑战。随着改革开放的深入，中国综合国力增强，国际交往增多，我国所需要的是面向世界、对异国文化有深刻理解力的人才。这就要求在高校英语教学中重视跨文化教育，将之提高到应有的高度，使学生在实际交流中具备多元文化的包容性。因此，在英语教学中进行跨文化教育意义深远。

五、顺应高等教育国际化发展趋势

凝练、提升世界高等教育的主流意识，是进一步深化高等教育办学理念的基础。这样实施跨文化教育已成为高等教育发展的必然趋向。它有助于我国学习国外的先进教育理念与办学模式，理性看待中国高等教育与民族文化，综合考虑全球性与民族性的问题。找到本土经验与国际经验的交融点，从而把握主流意识创新发展，突出特色，进一步促进我国高等教育的发展。

随着全球经济一体化进程的推进，中国高等教育中外合作办学不断发展。在办学的过程中，由于教育主客体的多元化、教育环境的多元化、信息来源的多元化、思维方式的多元化及社会习俗的多元化特点，人才培养的过程必然受到不同文化的影响。因此，研究中外合作办学过程中的跨文化教育意义重大。

首先，我国高等教育面对的不仅有国内市场的挑战，还有世界范围大市场的挑战。现在对国际型人才的需求在全球范围内日益增加，这无疑对世界各国高等教育发展与改革起到了推动的作用。其次，中外合作办学是一种世界各国文化平等、双向碰撞、交流融合的有效形式。跨文化教育已被世界各国特别是经济开放型国家视为促进本国与国际社会经济交流、迎接国际经济竞争挑战的一种战略性手段。全球一体化对各国的商品、服务、信息，尤其是人员的跨境开放，已经使高校成为加速全球一体化进程、增加相互了解的最有效途径，也可以说高校正史无前例地变成提升国家竞争力的代表。办学多元化的发展使越来越多的高校通过多种方式不断增强自身的软实力，逐步从培养各类高级人才的全球意识和国际交往及跨国工作能力出发来关注、推动跨文化教育的发展。英语作为一种文化载体，代表着先进的科学技术发展成果。

另外，无论是教育家还是科学家要取得国际认同的成果都必须进行国际交流，在这种交流中必然伴随着思想文化的交流与融合。英语作为交流的工具就要顺应这一潮流，因而在加强英语教学的同时，必须强化文化教育，使这种文化载体和传播媒体充分发挥传播、融合不同区域、不同属性文化的功能，促进国际经济的交流、科学技术的发展。所以，在英语教学中要鼓励采取比较研究方法，增强交叉学科开设，增加人文社会科学教育知识，加强各院校、学科、专业、课程之间的沟通与交流，增进互补。将英语语言教学与英语文化教学有机结合，培养的人才要朝着具备复合型知识结构的方向迈进，使跨文化教育发挥应有的功能，并促进社会经济效益发展。中国高等教育部门与高校要重视并加强跨文化教育，使我国培养的大学生既了解世界文化，又是中华民族文化的传播者、宣传者。同时，突破文化差异的障碍，掌握不同文化差异背后的共同本质和规律，也是高校加强跨文化教育的重要使命，使培养出的人才具有世界创新意识，在建立世界文化新格局中发挥应有的作用。世界范围内，文化差异仍然存在，具有不同文化背景的人在交往中因缺乏对不同文化的了解而产生误解，甚至还可能产生文化冲突，有效的方法就是通过跨文化教育来使国与国之间互相理解。这一切都要依靠高等教育，要加强与世界先进国家之间的沟通与交流，迎接高等教育国际化的发展新趋势。这就要求在英语教学中将跨文化教育提高到应有的高度，对其有足够重视，尽快转变观念、采取措施。

第四节 跨文化交际视角下高校英语教学的改革

一、提高教师的跨文化综合素质

英语教师自身应具备很强的跨文化意识，这需要教师通过各种方法丰富自己的英语文化知识，对跨文化交际和比较文化差异有深刻的造诣，不断提高自身的文化修养。教师不掌握文化背景，就不能够教好语言。语言是文化的一部分，不懂得文化的模式和准则，就不可能真正学到语言。高校英语教师是高校英语习得的主要引导者，是沟通学生个体文化和英美文化的桥梁。高校英语教师所具有的跨文化知识和意识的强弱，将从根本上直接影响学生的跨文化素质及其最终的跨文化习得和运用。虽然目前已经有高校英语教师在高校英语教学过程中意识到了跨文化教育的重要性，并且也尝试在高校英语教学过程中进行跨文化教育，但是由于缺乏跨文化教学理念的指导和实践的经验，因而步履维艰。所以，跨文化教育的发展首先应当加强高校英语教师的跨文化教育，提高高校英语教师的跨文化素质。

（一）英语教师必须不断提高自身的文化修养

英语教师必须不断学习，可以通过结交外国朋友、涉猎各种形式的文学作品、观赏精彩的外国电影、欣赏格调高雅的外文歌曲等各种渠道来了解外国文化，不断提高自身的文化修养，提高自己进行跨文化教育的能力和水平。

首先，教师要熟悉教材中的语言文化知识及文化特点，尤其是英语国家的典型文化背景知识。其次，英语教师要具备双重文化的理解和教授能力，既不能死抱着本民族文化不放，也不能只注重对英语国家文化的讲解，而是要注重培养学生的社会文化洞察力。在课堂上，教师在教授英语知识的同时，应引导学生注意作品的社会文化背景，揭示关键词的社会文化含义；或组织小范围的讨论，以培养学生对社会文化的敏感性和分析能力。

（二）对教师继续教育的内容和方式进行改革，增加英语教师的跨文化教育知识

首先，在英语教师培训的基础课程中增开人类学、民俗学等课程，以及国内外的历史、地理、文学等知识，通过东西方思想方式和文化差异的介绍、东西方文学的比较，分析文化现象背后产生的原因，帮助教师认识外来文化，理解外来文化，树立多元文化和跨文化视野。其次，在英语教学的专业课程中增加“多元文化教育”和“跨文化教育”等内容，这样有助于发展教师的多元文化性，使教师在课程和教学中消除习惯使用的、带有文化歧视和文化偏见的内容，对不同文化间的差异广泛包容和接纳。最后，英语教师继续教育的内容要丰富，教师应具备全球一体化的理念，拥有广博的基础知识，同时教学与辅导中愿意将各种各样的观点呈现给学生。可见，英语教师在继续教育中必须培养扎实的英语专业知识、语言学基础知识、本民族的语言知识及英语教学法知识和英语教学相关的知识，才能担起跨文化教育的重任。

另外，在继续教育模式上，可以采取灵活、多样的形式，例如：①短期培训与长期培训相结合；②进修学习与访问学者相结合；③常规交流与专题跨文化教育研究相结合；④国内学习与国外进修相结合；⑤脱产教育与远程网络教育相结合。

二、培养学生正确的跨文化心态

一般来说，一个人学习异国的语言、习俗和社会规则等虽然不易，但并

不是不完成到的。只要花上足够的时间，具备一定的条件，还是可以做到的。但是要真正了解另一种文化的价值观（甚至接受或获得）却极为困难。一个人可以在另一种文化中生活很长的时间，掌握其语言，了解其习俗，但仍然可能不理解其价值观的某些部分。这就要求教师在实际教学过程中，不仅要帮助学生将从外部世界获得的知识转化为自己内在的知识，还要培养他们对外国文化的鉴赏能力和判断能力，并运用所学知识灵活应对跨文化交际的实践，即要让学生达到对外国文化不仅“知其然”，而且“知其所以然”的境地。只有这样，他们才能正确理解看待外国文化，吸取其所长、补我之所短，将外国文化中优秀的、对祖国建设有用的部分吸纳到我国的文化中来，进而弘扬中华文化。另外，必须帮助学生克服本民族文化对英语学习的影响。应使学生在认识上有一个提高，克服不自觉的民族中心主义。由于受本民族文化的影响，在接触另一文化时，人们往往以自己的文化为基础进行判断，有时表现为文化上的先入为主或“文化偏见”，有时表现为民族中心论，即认为自己的文化是最好、最先进、最标准的文化。

因此，教师要使学生提高对外国文化的认识，抛弃偏见，克服民族中心主义，做到心胸宽广、态度开明，对外国文化采取一种全面、客观的态度，不仅要尊重它们，而且要努力学习、理解、适应它们，而不是将它们当作荒唐可笑的东西加以贬低和排斥，应使学生努力成为双文化者。但是反过来讲，也不应以外国文化为标准，全盘接受而贬低自己的文化。对待外国文化应理解、适应，而不是被它同化。因此，教师不但要帮助学生以开放的心态学习认识英语国家的文化，更要鼓励学生通过英语了解世界万象，培养国际意识和合理的跨文化心态。

三、编写新的教学大纲

尽管英语教学大纲指出“英语教学的目的，是通过听、说、读、写的训练，使学生获得英语基础知识和运用英语进行交际的能力”，但是大纲对跨文化交际能力和文化素养的培养未做具体的要求，如应该掌握哪些情景下的哪些语言功能、哪几种语篇类型、哪些交际策略，应该了解哪些目的语的非言语行为，应该学习哪些目的语的交际习俗、礼仪、社会结构、人际关系、价值观念等。还应在大纲现有的大学英语四级、六级词汇表中增补学术研究和对外交往中常用的词汇，在词汇释义中加入一些实用性很强的释义，在母语文化和目的语文化中有不同联想意义的常用词汇、习语、谚语等要注明其联想意义，对某些词汇还要注明其语体；规定向全体学生开设英美文学欣赏、英美文化、跨文化交际学等选修课。一份细致的教学大纲不但为整个教学活动指明了方向，而且也是检查和考试的依据。任何的教学都离不开检测和考试，但由于跨文化教学本身的特点，英语跨文化的检测形式应有别于语言技能的检测方式。

四、选择适当的教材

（一）优化课程内容

英语课程可供选择的内容繁多，因此所选择的内容必须能鼓励学生积极参与，对事件的反思和分析也要有利于揭示不同区域各民族和文化具有共性与个性的特点，同时还应增加体现本民族文化特色的内容。

（二）对英语教材教学内容进行科学的选择

如何选择有效英语教学内容，应该遵循以下几个方面的原则。

1. 教学材料真实化和语境化的原则

所谓真实的教学材料，是指真实交际环境下所使用的不是专门为教学而设计的材料。真实的教学材料之所以重要，是因为它们将学习者的英语学习与现实生活和真实的社会环境及历史背景联系起来，这样不仅有利于激发学习者的语言学习兴趣和积极性，而且使他们在面对真实的社会交际环境时能够做到从容面对，学以致用，从而提高学习效率。与材料真实化原则紧密相关的是语境化原则。语境化有两层含义：①避免将语言形式从其使用的环境中脱离出来，进行孤立的、纯语言的分析和学习；②避免将文化信息从其文化意义系统中抽取出来作为知识进行分析和学习。因为语言和文化必须是一个系统学习的过程，语言和文化的意义只有在一定的社会环境和历史背景下才能够准确、充分地理解，所以语言与文化教学材料的呈现必须语境化。

2. 对各民族文化尊重原则

要尊重目的语的民族文化传统。重视目的语国家民族的文化及民俗民风，尽可能全面、准确地对目的语国家民族的文化知识进行介绍，不能回避、乱解、生硬更改内容，应以跨文化教育目的为出发点，有目的地介绍目的语民族文化的特点和值得学习、吸收借鉴之处，引导学生获得全面准确的目的语民族文化知识，并具备不断更新知识的能力，还要尊重母语与民族文化传统。虽然全球化潮流势不可当，英语的影响在不断扩大，但民族特色文化不可抹杀，各民族特色文化在交流抗衡中相互影响和交融。因此，尊重民族文化的原则应包括尊重同一目的语为通用语的民族文化传统、不同区域民族文化传统和母语的文化传统。这就要求在教学内容上科学选择。首先，要增加非目的语国家民族的文学作品，只有读了这种英译本，在交际中才能准确表达非目的语国家文化。其次，扩大包含目的语和非目的语民族的政治、经济、文教、史地、社会风俗内容。再次，音、像教学的内容要多样化，让学生听到和习惯各种不同的语音、语调。最后，扩大具有中国历史文化特色的英语词汇、短语、句子及中国的成语等，促进中华文化传播。

3. 注重培养跨文化意识、能力原则

教学内容应将文化内容和英语语言教学紧密结合起来，选择有异国文化习俗、历史背景、民间故事、传说内容的教材，这样有助于学生形成有效的跨文化意识，具备跨文化的比较、参照、取舍、传播能力，也有利于培养学生实际运用英语的能力。

五、改革跨文化测试内容与形式

跨文化测试的内容应包括具体文化和抽象文化，以及文化知识、文化意识、文化态度、文化行为等多个方面，所以采用的评价方法和手段也应多种多样。跨文化知识的测试可以采用填空、选择、正误判断等传统的客观题形式，重要的是将学习者应该掌握的文化知识全面、系统地通过各种测试手段予以体现。跨文化行为的测试既可以采取笔试形式，通过设置模拟现实的任务让学习者书面应答，也可以通过直接观察学习者真实的行为表现来进行评价。目前，高校英语口语考试已在全国推广，在大学英语四、六级考试试题中，检测学生语言运用能力和目的语文化知识，测试跨文化交际能力的内容的比例有很大幅度提高，这都说明英语语言运用能力的测试迈出了可喜一步。但是仍有许多工作要做，如现在评分体系中缺乏“语言的得体性”的标准，没有针对非英语专业学生为对象测试目的语文化知识的内容，学生的文化创造力的测评也是一大难题等，这些都影响跨文化教育的发展，应尽快组织人员进行专题科研，攻克这一难关。

六、其他形式的跨文化教育

跨文化教育不但可以在语言教学上进行，而且还可以利用其他形式进行有效的推广。

（一）利用多媒体教学手段

多媒体教学手段被大量应用于现代英语教学中，这种集图、文、音、像等于一体的互动教学形式，大大增加了课堂教学信息量，不仅有利于提高学习者进行语言交际的积极性，更有助于提高其跨文化交际的能力。日益发展的多媒体技术为在英语教学中进行跨文化的教育开辟了新的渠道。它可以将各种跨文化交际情景真实地展现给读者，让他们有一种身临其境的感受，使英语跨文化教育效果得到显著提高。

（二）充分利用外教资源

中外合作办学的推广，一个行之有效的方法就是互派教师，这已成为跨文化教育师资不可替代的力量，可以让教师学到涉及内容甚广的社会文化知识和本国教师无法接触到也体会不到的文化内容。外籍教师切身讲解、传授他们本国的文化，可以使学生直接感受其他国家文化与本国文化的差异与共有规律。同时，由于外籍教师本身也正经历着所在国家文化的冲击与熏陶，更可以从自身的实际出发，体会跨文化的感受，指出跨文化交际中所应注意的事项。

（三）利用教育网站

当前，英语学习可以通过英语多媒体、互联网等多种形式，尤其是互联网，其为英语的教学提供了丰富的信息，像中国教育网、中国教育热线、中华教育网等网站中就有相当多有关英语国家的文化背景知识和其他相关信息。教师可以在网络上寻找适合学生阅读的文化背景知识，挑选有代表性的知识，通过下载、网址收藏等形式提供给学生，也可以引导学生浏览相关网页，这样不仅所获信息量大，而且知识更新及时，能紧跟时代步伐。这也符合现代大学生对于网络感兴趣、接受新事物快、对新事物也很感兴趣的特点，使得英语文化背景知识的获得与接受变得快捷，掌握起来也较轻松，学习效果也较好。

通过网络获取英语国家的文化背景知识大大提高了语言学习的效率，有效帮助学生使用地道的英语进行交际，提高学生运用英语交际的能力。

（四）举办专题跨文化知识讲座

专题讲座已成为学术交流、前沿知识传播的有效方法，其优势体现在两方面：①主讲人对主讲的内容有充分准备，并且对如何将内容有效传递有充足的设想，讲解也较生动形象，收效也较好；②一般专题讲座内容、题材等都是学生关注或感兴趣的，因而学生会带着问题且抱着较大的兴趣来听讲座，这样有助于学生在一种有别于课堂环境中轻松地接受、讨论跨文化知识，在良好的氛围中学习跨文化知识，提高跨文化交际能力。为了将专题跨文化讲座的效果发挥到最大，应对主讲内容有目的、有计划地科学安排，渗透到每学期的教学内容中，采用专题形式分别进行，如中外风俗差异、中外民间传说等。这样在经过一段时间的训练之后，学生对于跨文化知识的系统性认识将会有很大改变，对目的语国家文化整体的认知也会逐渐深入。

参考文献

[1] 夏丹. 文化与英语教学研究 [M]. 北京：中国纺织出版社有限公司，2021.

[2] 秦盼泓. 文化自信视域下大学英语教学的策略与路径 [M]. 北京：中国书籍出版社，2021.

[3] 李清. 高校英语跨文化教学研究 [M]. 长春：吉林人民出版社，2020.

[4] 肖春英. 跨文化交际与高校英语教学研究 [M]. 天津：天津科学技术出版社，2020.

[5] 金鑫. 高校英语公共教学与跨文化交际研究 [M]. 北京：中国大地出版社，2020.

[6] 王妮. 高校英语中的跨文化教学创新研究 [M]. 长春：北方妇女儿童出版社，2020.

[7] 李培隆，潘廷将，唐霄. 高校教师跨文化能力培养研究 [M]. 长春：吉林大学出版社，2020.

[8] 王娟. 高校跨文化教育及教学模式研究 [M]. 哈尔滨：哈尔滨出版社，2020.

[9] 杜芳. 大学英语教学的跨文化转型与创新路径 [M]. 北京：中国书籍出版社，2021.

[10] 明芳. 跨文化交际与英语语言教学创新研究 [M]. 西安：西北工业大学出版社，2020.

[11] 王静. 高校英语专业阅读与写作教学研究 [M]. 天津：天津科学技术出版社，2020.

[12] 夏荥. 跨文化教育与翻译能力的培养 [M]. 长春：吉林人民出版社，2020.

[13] 高磊. 融入文化因素的英语翻译多维研究 [M]. 长春：吉林出版集团股份有限公司，2020.

[14] 沈冰. 现代英语教学模式创新研究 [M]. 武汉：湖北科学技术出版社，2020.

[15] 张继媛. 英语人才培养创新与发展 [M]. 天津：天津科学技术出版社，2020.

[16] 李婷. 跨文化交际研究与高校英语教学创新探索 [M]. 北京：九州出版社，2019.

[17] 秦梦阳. 高校英语跨文化教学研究 [M]. 长春：北方妇女儿童出版社，2019.

[18] 刘强. 文化全球化与高校英语跨文化教学 [M]. 北京：中国纺织出版社有限公司，2019.

[19] 李金兰. 跨文化交际与高校英语教学研究 [M]. 长春：吉林文史出版社，2019.

[20] 孙伟民. 跨文化交际能力培养与高校英语教学模式改革 [M]. 青岛：中国海洋大学出版社，2019.

[21] 黄净. 跨文化交际与翻译技能 [M]. 天津：天津大学出版社，2019.

[22] 张健堃. 跨文化交际英语教学与研究 [M]. 北京：冶金工业出版社，2019.

[23] 何冰，姜静静，王婧. 现代跨文化英语教学与课程设计研究 [M]. 长春：吉林人民出版社，2019.

[24] 杨俊光. 基于跨文化交际视角的英语教学研究 [M]. 长春：吉林大学出版社，2019.

[25] 鲁巧巧. 跨文化教育视域下的英语教学改革探究 [M]. 沈阳：辽宁大学出版社有限责任公司，2019.

[26] 杨玲梅. 多元背景下的大学公共英语教学与跨文化交际研究 [M]. 北京：北京工业大学出版社，2018.

[27] 张喜华，郭平建，谢职安. 大学英语中的跨文化教学研究 [M]. 北京：北京交通大学出版社，2019.

[28] 魏雪超，马腾，刘东燕. 文化融合思维与英语教学研究 [M]. 北京：中国商务出版社，2019.

[29] 陈玮. 跨文化视域下的当代英语教学新探 [M]. 北京：中国书籍出版社，2020.

[30] 黄芳. 新时代下高校英语阅读与词汇教学研究 [M]. 长春：吉林人民出版社，2019.

[31] 刘涵. 英语人才跨文化交际能力研究 [M]. 北京：知识产权出版社有限责任公司，2019.

[32] 张富庄，董丽. 当代高校英语翻译教学研究 [M]. 长春：吉林人民出版社，2019.